ROBUSTIANO VERA

APUNTES PARA LA HISTORIA DE HONDURAS

(DESDE COLÓN HASTA 1899)

ERANDIQUE
COLECCIÓN

APUNTES PARA LA HISTORIA DE HONDURAS (DESDE COLÓN HASTA 1899)
ROBUSTIANO VERA

©Colección Erandique
Supervisión Editorial: Óscar Flores López
Diseño de portada: Andrea Rodríguez
Administración: Tesla Rodas—Jessica Cordero
Director Ejecutivo: José Azcona Bocock
Segunda Edición
Tegucigalpa, Honduras—Diciembre de 2024

UNA VIAJE FASCINANTE... PERO DOLOROSO

Las páginas de este libro se pueden leer como una novela, con una narración lineal que inicia con el nacimiento de Cristóbal Colón, y concluye con el traspaso del gobierno de Policarpo Bonilla a Terencio Sierra.

El recorrido dura 464 años.

En esta novela hay victimarios y víctimas. Invasores (llamados conquistadores), y pueblos originarios a los que les robaron sus riquezas... y buena parte de su identidad.

Hay aventuras en el mar y a través de las montañas, crueldades inimaginables, engaños, saqueo, imposición de creencias religiosas. Fueron tres siglos de dominación que concluyeron con el inicio de una era de esperanza que duraría muy poco.

Porque muchos de aquellos que exigieron romper las cadenas que nos ataban a España, se convirtieron posteriormente en enemigos de sus propios pueblos. Desde entonces, las guerras entre los países de la región, las invasiones y el uso de la fuerza fueron el pan nuestro de cada día.

Robustiano Vera, un prolífico escritor chileno, lamentó que las guerras civiles provocadas por las ambiciones de los caudillos locales, lanzaran a Honduras por el despeñadero. Así lo hace saber en su prólogo.

"El doctor Soto inició la época de los progresos en Honduras, pero desgraciadamente todo se esterilizó por las revueltas que surgieron durante el gobierno de sus sucesores", escribió.

Vera dedicó su libro a Policarpo Bonilla, el carismático líder del Partido Liberal, que, en 1924, empujado por sus delirios de volver a gobernar, sería uno de los principales provocadores de la guerra civil más sangrienta que ha vivido este país en su historia.

El propio autor reconocer las deficiencias de su libro al aceptar que no tuvo acceso a mejores fuentes.

"No es completo —acepta— por cuanto no hemos podido disponer de todos los datos que se necesitan para hacer algo regular; pero se nos habrá de disculpar, desde el momento que nos separa de Honduras una considerable distancia, y por esta causa no nos ha sido posible ni buscar documentos en los archivos públicos ni consultar a los hombres que estén preparados para satisfacer las exigencias del que escribe la historia de Honduras".

Vera describe a personajes oscuros como Hernán Cortés, Pedro de Alvarado, Gil González Dávila y Cristóbal de Olid, pero también a la otra cara de la moneda, la bondadosa, en la que sobresale fray Bartolomé de las Casas.

"Dedicaban a estos infelices —se refiere a los indios— que eran de contextura débil, a los trabajos más duros, incluso a los de minas. Para ellos no había días festivos, y lo peor era que ni siquiera se les alimentaba y no se les daba en qué dormir, sufriendo los rigores de todas las estaciones. Morían extenuados o bien de inanición. El azote, el palo, la mutilación y los castigos más horribles les estaban reservados por el más insignificante motivo".

La crueldad de los españoles no tenía límite, como queda demostrado en esta otra descripción de Vera.

"Se les marcaba con fierros calientes sin librarse de esta operación infamante ni siquiera las mujeres y, por último, se les vendía como esclavos a los traficantes en este infame comercio. Otras veces los desnudaban y los ataban en los hormigueros o les untaban el cuerpo con manteca hirviendo o los ahogaban en la paja, o bien les daban de garrotazos o los hacían morir de hambre. También los hacían destrozar por perros o los acorralaban y les echaban estos animales y el gusto de ellos era verlos morir en la lucha todos mordidos y magullados".

Una vez independizados, la región es iluminada por las ideas de José Cecilio del Valle y de Francisco Morazán, quienes, acompañados de valerosos soldados como el general José Trinidad Cabañas, simbolizaron al prototipo del nuevo hombre centroamericano.

Una vez muertos Valle y Morazán, Centroamérica pierde la oportunidad de enfilarse por el desarrollo. Vendrán tiempos de batallas entre los países del área y de ataques de piratas y filibusteros.

Honduras sufrirá la tragedia de ser gobernada por malos (o mediocres) presidentes, con excepción de Marco Aurelio Soto. Vera creía firmemente en que el país seguiría la política de conciliación y de progreso. Lamentablemente, no fue así.

Óscar Flores López
Editor Colección Erandique

DEDICATORIA

AL SEÑOR DOCTOR

Don Policarpo Bonilla,

Presidente Constitucional de la República de Honduras, etcétera

EXCELENTÍSIMO SEÑOR:

No tengáis a mal que os dedique este pobre trabajo que tiende a dar a conocer los sucesos que se han desarrollado en vuestra patria, desde su descubrimiento hasta el presente, y a la que habéis gobernado con acierto, debiendo a vuestra iniciativa adelantos en todo sentido, que sea cual fuere la suerte que corra más tarde, os han de recordar y glorificar vuestro nombre.

El Dr. Soto inició la época de los progresos en Honduras, pero desgraciadamente todo se esterilizó por las revueltas que surgieron durante el gobierno de sus sucesores, hasta que por fin subisteis vos a la presidencia de esa República, y entonces los habéis hecho renacer con ventajas y consolidados en lo posible, dados los pocos elementos con que habéis contado para tan noble objeto.

De hoy en adelante nadie detendrá ese progreso, que ha de ser creciente, dado el buen sentido del pueblo hondureño y de sus nobles aspiraciones.

Cuando leáis, Excmo. señor, estas páginas, fío que lo hagáis con indulgencia, para no ver en ellas sino simples estudios que puedan servir más tarde a los hijos de ese país, para hacer la narración completa de la historia de esa República, estudiando a fondo los sucesos ocurridos durante la época de cada uno de los que han gobernado.

Por desgracia, nosotros no hemos podido disponer de ese material, ni recibir informaciones concretas para presentar algo acabado a vuestra consideración; pero esto no era un motivo que nos desanimara en tal deseo, desde que no tenemos la pretensión de presentaros una historia completa de ese país, sino simples estudios que la den a conocer a grandes rasgos, dejando para otros la tarea de realizar el pensamiento que tuvimos al emprender esta publicación.

Mientras llega el día de ver realizado este deseo, pensamos que este libro puede ser útil, y por eso lo ponemos bajo la protección de vuestro respetable nombre.

Aceptadlo, señor presidente, porque en él solo encontrareis el deseo de ser útil al país cuyos destinos habéis regido con honradez, talento y patriotismo.

Vuestro atento y seguro servidor
Robustiano Vera.
Santiago de Chile, septiembre 21 de 1898.

PRÓLOGO

I

La historia de la República de Honduras no se ha escrito todavía, y ya sea que esto se deba a un descuido o bien, a que se la suponga de escaso interés, se hace, no obstante, necesario llenar cuanto antes ese vacío.

Mientras más pronto se emprenda este trabajo será mejor, antes que el tiempo haga olvidar sucesos que deben enseñarse a las generaciones que se levantan, como una gloriosa tradición del pasado.

Las Repúblicas de Guatemala, Nicaragua, El Salvador y Costa Rica, han recogido con noble entusiasmo los hechos que se sucedieron desde el descubrimiento de sus territorios hasta el presente, ofreciéndonos estudios completos en esta materia, a tal punto, que el que quiera conocer la tradición de estos pueblos, logra su objeto en obras de bastante mérito. Mas, si se quiere buscar lo mismo con relación a Honduras, nada se encontrará, por cierto, donde satisfacer ese deseo.

No cabe duda de que en los colegios y escuelas de Honduras no se enseña a su juventud la historia de este bello país, lo que tal vez se encontrará muy raro desde, a no dudarlo, se le hará aprender la historia de otras naciones, sin que se comience ese aprendizaje por la del país en que se nace.

II

Centroamérica dependió en un principio del virreinato de México. Más tarde, las provincias de Chiapas, Guatemala, Honduras, El Salvador, Costa Rica y Nicaragua, formaron la Capitanía General de Guatemala; pero desde el momento en que cada una de estas provincias tenía su gobierno especial y hechos distintos, justo es saber la historia de ellas en particular.

Por otra parte, no fue un mismo conquistador el que descubrió estos territorios, ni los pacificadores de ellos fueron los mismos. Tampoco estaban poblados por una misma tribu, sino que las había de diferentes clases en valor, en costumbres y en ilustración. De aquí es que cada uno de estos países tiene historia propia, con hechos que les son característicos, que deben enseñarse a la juventud que se forma, para que esta, a su vez, las transmita a los que vengan después y conozcan el verdadero origen de estos pueblos.

Es verdad que puede, tal vez, haber mucho de común en el descubrimiento y conquista de Honduras con los de El Salvador, por estar en un mismo plano de tierra y ser el uno desmembración del otro, y tal vez en su pacificación haber figurado los mismos personajes; pero no habiendo sido después de la conquista los mismos gobernantes, ni tampoco después de su independencia la metrópoli, es claro que Honduras tiene historia propia, que se debe estudiar y escribir para que ella se enseñe a la juventud al comenzar en la escuela a aprender los primeros elementos del saber.

La geografía y la historia de cada país son necesidad primordial, y sin esta base no se puede pasar a otros estudios, ni hay derecho para exigir conocimientos históricos, sin que primero se enseñe la geografía y la historia del país a que el hombre pertenece.

III

Nuestro trabajo tiende, indudablemente, a llenar esta necesidad. Declaramos, desde luego, que él no es completo, por cuanto no hemos podido disponer de todos los datos que se necesitan para hacer algo regular; pero se nos habrá de disculpar, desde el momento que nos separa de Honduras una considerable distancia, y por esta causa no nos ha sido posible ni buscar documentos en los archivos públicos ni consultar a los hombres que estén preparados para satisfacer las exigencias del que escribe la historia de Honduras.

Mas, esta imperfección no nos desalienta. Por el contrario, creemos que, si logramos crear el gusto por los estudios de la historia nacional de Honduras, nos será grato saber que se levantan jóvenes a mejorar y completar lo que nosotros hemos hecho, para hacer desaparecer los errores en que hayamos podido incurrir, o bien, con estudios más completos, escriban esta misma historia en mayores proporciones.

La obra no es, pues, difícil, desde que ya va a existir una base, la cual, más o menos regular, está llamada a servir para que otros trabajos de investigación la mejoren, hasta que se pueda presentar un libro completo y útil, al cual se le dé con propiedad el nombre de Historia de Honduras.

Nuestras aspiraciones quedarán verdaderamente satisfechas el día que en la bella Honduras aparezcan numerosos trabajos sobre esta materia, rivalizando entre sí por el mérito. Entonces podremos decir que nuestros deseos se han realizado por completo y tendremos la honra de haber sido los instigadores de estos estudios.

Nuestro cariño a ese hermoso país, así como nuestra admiración por los hombres que hoy lo gobiernan con tanto patriotismo, nos ha decidido a presentar el croquis en que más tarde se ha de formar esa historia, cuya falta dejamos bosquejada a la ligera en estas breves páginas.

Robustiano Vera

PRIMERA PARTE:
DESCUBRIMIENTO Y CONQUISTA

CAPÍTULO I: LOS VIAJES DE CRISTÓBAL COLÓN

I. Antecedentes de Cristóbal Colón hasta que obtuvo protección de los reyes católicos. II. Primer viaje de colón a descubrir tierras. III. Sus primeros descubrimientos y su regreso a España. IV. Segundo viaje de Colón a América y su regreso a Cádiz. V. Tercera expedición de Colón y su regreso a España cargado de cadenas. VI. Cuarto y último viaje de Colón a América; su muerte; lo que ha ocurrido con sus restos. VII. Viajes y descubrimientos en América después de la muerte de Colón. VIII. ¿Por qué se llamó América al continente que descubrió Colón? ¿Era descubrimiento nuevo o ya eran conocidas esas tierras?

I.

Cristóbal Colón nació en Cogoleto, cerca de la ciudad y puerto de Génova en Italia, en 1435.

Fueron sus padres Domingo de Colón o Colombo, fabricante en tejidos de lana, y Susanna Fontanarrosa.

Tuvo, además, dos hermanos llamados Bartolomé y Diego, y otra hermana que casó con un tocinero, Santiago Vavarello.

El padre de Colón murió muchos años después de los descubrimientos de su hijo, y era poseedor de dos casas en Génova, teniendo, además, la fortuna necesaria para proporcionar a sus hijos las ventajas de una educación superior a su clase.

Después de haber recibido Cristóbal Colón los primeros conocimientos en una escuela de Génova, pasó a educarse a la Universidad de Pavía, permaneciendo allí hasta que enteró catorce años de edad. Después se dedicó a la marina, colocándosele al lado de su pariente Colón el Mozo, célebre marinero que fue sobrino de Francisco Colón, capitán de los ejércitos navales del rey Luis XI.

Por los años de 1469 a 1470, ya mandaba Cristóbal Colón uno de los buques de Colón el Mozo, y en los mares de Portugal se empeñó un reñido combate entre la escuadra que mandaba este almirante y cuatro galeras venecianas que regresaban de Flandes.

A causa del ataque, las dos escuadras se acercaron notablemente y la matanza fue espantosa. El buque que mandaba Cristóbal Colón se enredó con otro buque veneciano que estaba ardiendo y sujeto por los garfios al de aquel, no pudo desprenderse, y, por consiguiente, hubo también de quemarse.

La tripulación pereció por entero y solo se salvó un hombre, el cual, después de luchar con las olas asido a un remo, logró ganar la costa a dos leguas de distancia del lugar del siniestro. Era este Cristóbal Colón, a quien la providencia salvaba para gloria de la humanidad.

Como el náufrago se encontraba cerca de Lisboa, se dirigió a esa ciudad, sin más equipaje que la ropa mojada que lo cubría y sin otra esperanza que la caridad pública para satisfacer el hambre que lo aquejaba.

Colón tenía entonces 34 años de edad y muchos conocimientos como navegante.

Casóse más tarde allí con doña Felipa Muñiz Perestrello, hija de don Bartolomé Muñiz, hábil y experto marino, que era, además, de noble linaje.

Los libros de viajes, diarios de navegación, cartas geográficas o mapas y otras obras útiles que dejó el suegro de Colón, y que constituían la herencia de su mujer y su aporte al matrimonio, los estudió Colón con entusiasmo y detención, hasta que quedó al corriente de los derroteros seguidos por los portugueses hasta entonces. Esta lectura despertó, además, en Colón un gran deseo de viajar, como en efecto lo hizo hasta la Islandia.

Fue de esta manera como el célebre marino formó el conocimiento de que la tierra era redonda y que, por lo menos, debía encontrarse en el oeste otra tierra, que equilibrase la del continente oriental, teoría que, por supuesto, era contraria a lo que se pensaba en el siglo XV, pues se creía por todos que la tierra era necesariamente plana y que aventurarse en el Océano Atlántico demasiado lejos de las costas europeas y africanas, era exponerse a parecer con toda seguridad. Mas como Colón pensaba de un modo contrario a todos los de su época, tenía para sí que siendo esférico el globo, podría llegar al Asia por el oeste, como lo habían logrado los portugueses dirigiéndose al este. No era posible, se decía él, la existencia de un hemisferio ocupado solo por el agua y de aquí deducía también la posibilidad de encontrar tierras en él.

Con esta fe inquebrantable en la existencia de otro hemisferio, se dedicó Colón a buscar quien le diera elementos para realizar su proyecto.

Lo primero que hizo fue trasladarse a su patria, para ofrecer aquello que necesariamente debía darle un descubrimiento de gran valor; pero por desgracia, su proposición fue rechazada con sarcasmo. Presentóse enseguida en el Portugal y don Juan II aprovechando la narración que le hizo Colón, le retuvo allí artificiosamente y entre tanto envió exploradores portugueses a través del Atlántico, para que si realizaban el descubrimiento que indicaba Colón, se debiera esto solo a la marina de su nación. Las tempestades obligaron a estos exploradores a regresar bien pronto a su patria, sin haber podido arrebatar la gloria a Colón.

El digno marino genovés, al conocer esta felonía, abandonó esa costa a fines de 1484, y a pesar de estar pobre y sin recursos, pasó a España, que en esa época se encontraba gobernada por los reyes católicos don Fernando de Aragón y doña Isabel de Castilla. A esta tierra noble y generosa llegó Colón acompañado de su hijo Diego, como de ocho años de edad, y se hospedó en el convento franciscano de la Rábida, cerca del puerto de Palos, donde le dieron generosa hospitalidad los padres fray Juan Pérez y fray Antonio de Marchena.

Por esta época los reyes católicos estaban empeñados en la última guerra con los árabes de Granada, que desde siete siglos antes habían invadido y dominado ese país.

Los padres de la Rábida oyeron con entusiasmo los planes de Colón y convinieron en prestarle todo apoyo, dándole al efecto cartas para personas influyentes en la Corte. Una de ellas era para el duque de Medinaceli, que fue uno de sus mejores protectores, a fin de que lo presentaran a los reyes y le apoyaran en su empresa. Dejó Colón a su tierno hijo en el convento de la Rábida y se dirigió a Sevilla y de allí a la ciudad de Córdoba.

Los reyes residían en Santa Fe, ciudad que está al frente de Granada. Allí esperó la terminación de la lucha, que duraba ya diez años, la que concluyó con la rendición de Granada y consiguiente salida de Boabdil el chico, lo cual se verificó el 1° de enero de 1492.

Los reyes católicos al fin recibieron a Colón y oyeron sus proyectos y, aunque no creyeron irrealizables los planes del pobre peregrino, resolvieron nombrar una comisión para que los informara al respecto, la cual fue compuesta en su mayor parte de teólogos, presidida por fray Hernando de Talavera, confesor de la reina, el cual era un adversario poderoso de Colón. Ante ellos el pobre marino hizo la exposición de su proyecto, empeñándose, principalmente, en demostrarles la posibilidad de la navegación hacia el occidente. El informe de la comisión fue desfavorable a Colón y en él se establecía que era imposible ser verdad lo que aquel hombre decía. Agregaban que era un iluso, puesto que pretendía saber más que los padres de la iglesia y los cosmógrafos de la Edad Media, y, por último, exponían que las pretensiones de Colón eran contrarias a la Biblia.

Los reyes, en vista del informe de la Comisión de Sabios, no tomaron por el momento resolución alguna, sino que aplazaron la consideración del proyecto de Colón.

Fray Diego de Deza, que más tarde fue arzobispo de Sevilla, se puso entonces de parte de Colón. Le llevó a Salamanca, dónde hizo que lo oyeran los doctores de esa universidad y maestros en teología del Convento de San Esteban. Estas conferencias se celebraron a fines del año de 1486 y principios del siguiente, resultando opiniones favorables a los proyectos de Colón, lo que contribuyó notablemente a modificar la opinión de los sabios que había presidido fray Hernando de Talavera.

Pero, al fin, Colón cansado de esperar protección de España, resuelve dirigir sus pasos a Francia y regresa a la Rábida para recoger a su hijo. Fray Juan Pérez, que había sido antes confesor de la reina, se dirige a la corte y obtiene que se le llame a Colón otra vez y se le detenga en su viaje.

El mal estado de la hacienda pública era lo que arredraba a doña Isabel la Católica para lanzarse en esta empresa.

Luis de Santángel manifestó a su soberana la importancia de la empresa de Colón y la necesidad de realizarla, y viendo la reina que ya no podía Colón sufrir tanta tardanza, manifestó, llena de entusiasmo, que, si era necesario buscar dinero prestado sobre sus joyas para preparar una armada, se procediera por Santángel sin tardanza a la obra, en el supuesto que ella indicaba. Santángel, de rodillas, besó la mano de su soberana y le dio las gracias por la aceptación de su opinión.

II

El 17 de abril de 1492, se extendieron las famosas capitulaciones en Santa Fe, por las que se concedían a Colón y sucesores el título de almirante de todas las islas y tierras que descubriese, así como el gobierno de ellas con el cargo de Virrey y con derecho a la décima parte de sus productos. Por carta especial de privilegio, de 30 de abril de ese mismo año, se le concedió, además, el título de Don, reservando expresamente a las personas de alto rango. Por otra orden real se determinó que los vecinos de Palos suministraran a Colón de las dos carabelas con que habían sido condenados por el consejo a servir doce meses a su costa.

A pesar de las medidas prontas y enérgicas de la reina, tuvo Colón que vencer muchas dificultades en el puerto de Palos; pero en todo esto le ayudó notablemente su protector fray Juan Pérez.

En la mañana del 3 de agosto del mismo año, Colón se daba a la vela en dicho puerto en busca de un mundo que para él tenía precisamente que existir, acompañado de 146 hombres tan valerosos como él, conducidos en tres carabelas, llamadas la Santa María, en la que Colón enarboló su pabellón y que era la mayor de ellas y la única que tenía cubierta entera; la otra era la Pinta, que la mandaba Martin Alonso, y la tercera, al mando de Vicente Yáñez Pinzón, se denominaba la Niña. Iban armadas con provisiones para un año.

El costo de esta expedición no excedía de veinte mil pesos fuertes o sean cuatrocientos mil reales.

Una multitud de espectadores vio alejarse esa débil flota, elevando sus ruegos al cielo, pidiendo protección para una empresa que suponían necesitada de los favores de Dios, porque de seguro que, en vez del mundo que se iba a descubrir, solo se encontrarían tempestades y acoso todos ellos muerte segura, sin amparo y sin defensa.

La expedición tocó en las islas Canarias, donde permaneció cerca de un mes para hacerle ciertas reparaciones a la Niña para que pudiera continuar el viaje.

El 6 de septiembre partió Colón de la isla Gomera, y tomando el medio del océano, dirigió su rumbo al occidente, perdiendo luego las playas del Mundo Antiguo.

Después de tres semanas de navegación solo divisaban esos osados navegantes la inmensidad de un mar desconocido. Con esto comenzó también el descontento de los tripulantes, y las consiguientes sublevaciones a bordo. Muchos querían regresar y otros intentaron asesinar a Colón, habiéndolo salvado la energía de su hermano Bartolomé.

Colón tenía fe en su empresa, y cuando a los dos meses le exigían con amenazas regresar a España, pidió prórroga solo de tres días, al cabo de los cuales, si no encontraban tierras, les prometió que accedería a sus deseos.

Por suerte, a las dos de la madrugada del tercer día fijado por Colón, el marinero de la Pinta, Rodrigo de Triana, divisó en las brumas del mar una luz movediza como proveniente de tierra. Al amanecer del 12 de octubre de 1492, la realidad vino a hacer lanzar a todos un grito unánime de entusiasmo: ¡Tierra! ¡Tierra!

Todos postrados ante los pies de inmortal Colón le piden perdón por las ofensas que le habían hecho en los momentos de duda y de desesperación.

¡El Nuevo Mundo que imaginaba Colón acaba de quedar descubierto!

III

Colón mandó echar anclas a una legua de tierra y, vestido con su más rico traje y llevando en una mano el estandarte real, bajó a tierra en una chalupa, acompañado de los otros dos capitanes y seguido de una numerosa comitiva. La ribera estaba cubierta de hombres desnudos que querían presenciar un espectáculo enteramente nuevo para ellos.

Al pisar en tierra, doblaron todos la rodilla ante un crucifijo que mostraba Colón; besaron enseguida el suelo y, después, en nombre de la Corona de Castilla, tomaron posesión del país, con las formalidades que usaban los portugueses en casos análogos.

La tierra en que se encontraban era una isla a la que sus pobladores llamaban Guanahani, y que Colón denominó San Salvador, que formaba parte del grupo de las Lucayas, y se cree que esta isla sea la que hoy se conoce con el nombre de Watling.

Sucesivamente descubrió Colón diversas islas en la dirección suroeste, a las que puso por nombre Concepción, Fernandina e Isabela. Reconoció el noroeste de Cuba, cuya gran extensión le hizo creer que era Catai, o sea la China, la que llamó Isla Juana. Haciendo después rumbo al oriente, descubrió el extremo norte de Haití, que llamó Española.

Desgraciadamente, en el reconocimiento de esta costa, naufragó uno de sus buques, la Santa María, y Colón tuvo que embarcarse en la Niña. Alonso Pinzón se había separado de allí con la Pinta, y, como creyó que este se adelantaba a llevar a Europa la noticia del descubrimiento, dejó allí 35 hombres a cargo de Diego de Arana, con orden de organizar la primera colonia y él se dirigió a España el 4 de enero de 1493, llevando consigo productos de la tierra que había reconocido y algunos indios. A poco andar encontró Colón a la Pinta, y, fingiendo aceptar las disculpas que le dio su capitán, por el abandono que había hecho de él, continuó con ella su viaje a España.

En la travesía estuvo a punto de perecer por causa de una tempestad que se levantó el 12 de febrero de ese año; pero como la suerte le favorecía evidentemente, logró arribar a una de las islas Azores, y de aquí a Lisboa. En el acto envió Colón a los reyes católicos noticias de su llegada. El entusiasmo del pueblo español fue indescriptible al saber el feliz resultado de esa atrevida expedición.

Los reyes recibieron al almirante en Barcelona el 16 de marzo de 1493, con los honores y agasajos que convenían al que les daba un mundo, que hasta entonces era desconocido.

El capitán de la Pinta, Martín Alonso Pinzón, llegó al puerto de Palos horas después que Colón. En su despecho, pues quería arrebatarle su gloria, como lo dejó ver al abandonarlo en las costas de Haití, no quiso bajar a tierra en ese día, cosa que hizo después ocultamente, yéndose a su casa abatido y enfermo. Falleció quince días más tarde, atormentado por la envidia y los remordimientos, justos jueces que concluyeron con su existencia.

IV

Apenas Colón había descansado de las fatigas de su viaje, cuando procedió a preparar una segunda expedición, que salió del puerto de Cádiz el 25 de septiembre de ese mismo año, compuesta esta vez de tres navíos y de catorce carabelas, tripuladas por mil quinientos hombres.

Por concesión real se le permitió a Colón usar en el escudo las armas de Castilla y de León, con otros emblemas de sus títulos alusivos a sus descubrimientos.

En este segundo viaje llevó Colón, además, caballos, vacas, ovejas, aves, herramientas de labranza, semillas, etc.

Le acompañaban sus hermanos Bartolomé y Diego, como en el primer viaje; un médico y un cronista de la expedición, que lo era Diego de Chanco. Iban también con él Diego Velásquez, que desempeñó un papel tan importante en la conquista de Cuba, Alonso de Ojeda, Juan Ponce de León y otros personajes de algún valer.

En este viaje reconoció Colón las islas de Dominica, María Galante, Guadalupe, Santa María la antigua, San Martín, Santa Cruz y las Once Mil Vírgenes, que pertenecen al grupo de las Antillas Menores. Descubrió también la isla de Puerto Rico y a Jamaica, y, por fin, aumentó sus reconocimientos en la costa sur de Cuba y dio vuelta por completo a Haití.

El Fuerte Navidad que había levantado en su primer viaje con palos de la Santa María en la Española, había sido destruido por completo por los indios, quienes dieron muerte a los españoles que Colón había dejado allí a cargo de Diego de Arana, antes de su llegada a Europa. Levantó entonces un poco más al este, en la misma costa norte, la ciudad de Isabela. Por último, regresó Colón al puerto de Cádiz después de todo lo que dejamos relatado y llegó a él el 11 de junio de 1496.

V

Esta vez permaneció Colón un tiempo más largo en España.

La tercera expedición salió del puerto de Sanlúcar de Barrameda el 30 de mayo de 1498 y se componía de seis navíos, tres de los cuales despachó directamente a la Española, y con los restantes se dirigió a Cabo Verde.

Además de los tripulantes llevaba Colón doscientos colonos.

De Cabo Verde siguió rumbo al Ecuador. El 1° de agosto de este año tocó en la isla de Trinidad, que es la más meridional de las Antillas Menores, y, siguiendo por la costa de la América del Sur, llegó hasta la desembocadura del caudaloso Orinoco, donde estuvo a punto de perecer en las corrientes de ese majestuoso río y, haciendo Colón un estudio de él, comprendió por el curso que llevaban sus aguas, que debía pertenecer a un continente que todavía él no conocía.

Después hizo rumbo al puerto de Santo Domingo, fundado por Bartolomé Colón en la costa sur de la Española. En esa isla ocurrían por entonces violentos disturbios, y las quejas y recamos se hicieron llegar hasta la Corte de España. Tal situación obligó a los reyes católicos a enviar un árbitro o comisario real con el objeto de que dirimiera las cuestiones que allí se habían suscitado. Recayó esta elección en don Francisco de Bobadilla, enemigo encarnizado de las glorias del almirante Colón. Era este hombre de carácter perverso y creyó que haciendo a un lado a Colón podría él usufructuar de sus sacrificios y quedar dueño absoluto de las tierras que había descubierto. Con este objeto hizo prender al viejo marino, y como si fuera un gran criminal, le puso grillos y lo cargó de cadenas, enviándolo enseguida así a España en calidad de reo, juntamente con sus hermanos Bartolomé y Diego.

El pueblo español, noble y justo, al saber que Colón llegaba preso y encadenado, levantó un grito de indignación contra el infame Bobadilla, que había querido sacrificar al hombre que les había dado tierras, gloria y riquezas.

Se le quitaron a Colón sus grillos y cadenas; se le oyó en justicia y su vindicación fue completa. Se destituyó al torpe Bobadilla del cargo que se le había confiado y Colón no desmereció en nada en el concepto de la Corte, que le satisfizo cumplidamente sus amarguras. Bobadilla fue reemplazado por don Nicolás de Ovando, quién hacía regresar a España a Bobadilla con las riquezas que había adquirido en los mismos momentos en que Colón llevaba a la Española.

El tiempo amenazaba tormenta y Colón, con su perspicacia de experto marino, indicaba una próxima borrasca y generoso y noble, como siempre, le advirtió al gobernador Ovando que no expusiera los buques ni a sus tripulantes; pero no se hizo caso a su advertencia y los buques se hicieron a la mar.

Aún no habían llegado a la punta oriental de la isla Española de donde salían, cuando un terrible huracán hizo perecer veinte y uno de ellos, con toda su tripulación y cuanto llevaban. Ahogáronse Bobadilla y la mayor parte de los enemigos de Colón que iban de regreso a España, librándose del desastre el buque que llevaba los restos de la pequeña fortuna de los Colones. El océano se tragó no menos de diez millones de oro y piedras preciosas. Así pereció castigado por la providencia el hombre que había tratado de arruinar al magnánimo Almirante.

VI

Después de estos sucesos, todavía el valeroso almirante emprendió un cuarto viaje a América, contando ya 66 años de edad.

Salió de Cádiz el 9 de mayo de 1502, con cuatro carabelas y con 150 hombres, llevando a su lado a su hermano Bartolo, con su segundo hijo, Fernando, que contaba trece años de edad y que era fruto de su segundo matrimonio.

El 20 de mayo tocó en las Canarias; reconoció la isla Martinica el 15 de junio, desembarcó en Domínica; recorrió la costa meridional de Puerto Rico; pasó por el sur de la Española, pero no desembarcó en ella porque el sucesor de Bobadilla, don Nicolás de Ovando le negó la entrada en el puerto y salió a Jamaica por su costa meridional. Exploró enseguida las costas del Darién y llegó a la isla llamada Guanaja en las costas de Honduras. De allí siguió a Punta Casino, hoy Trujillo, y tomó posesión de este país en nombre de los soberanos de España. Descendiendo después hacia el sur, reconoció toda la costa de América Central y de Colombia hasta el golfo de San Blas.

Descubrió las comarcas que se llaman Mosquitos, Nicaragua y Costa Rica o Veraguas, lo cual se verificó en los meses de octubre a noviembre de 1502.

Notó Colón con no poca sorpresa que los habitantes de Guanaja eran más civilizados que los de las Antillas.

Se propuso después regresar a Cuba, pero el mal estado de sus naves no se lo permitió y se vio obligado a arribar primero a Jamaica, lo que verificó el 23 de junio de 1503, al lugar llamado Puerto Bueno. Allí fueron abandonados los buques y sus tripulantes se vieron obligados a quedar botados en aquella isla y condenados, tal vez, a morir de hambre o a manos de los indígenas, permaneciendo Colón y los suyos un año entero en esta triste situación, sin que quisieran socorrerlo las autoridades de la Española, que eran sabedoras de lo que le había ocurrido.

Diego Méndez, fiel amigo de Colón, que pasó en una débil canoa a la Española con Bartolomé Fieschi, logró equipar con no poca dificultad una nave, y en ella fue a recoger a Colón y a sus compañeros.

Pasó el almirante entonces a Santo Domingo, permaneciendo aquí menos de un mes, y, por fin, el 12 de septiembre de 1504, regresó a España enfermo y abatido. Allí encontró que su protectora, doña Isabel, había muerto el 24 de noviembre de ese año, pocos días antes de su llegada a Cádiz.

El rey, don Fernando, recibió fríamente al almirante y no se preocupó ya para nada de él. No se le pagó tampoco lo que se le debía y, como no se le oyera en sus reclamos, se fue a Sevilla para esperar que al fin se le restableciera en las dignidades y derechos que le correspondían. Pasó entonces a Valladolid y allí falleció el 20 de mayo de 1506, olvidado de todos y en suma pobreza, contando poco más o menos 70 años de edad.

La prensa de México ha publicado el siguiente y curioso documento que se supone encontrado entre los papeles de Colón y el que reproducimos, dejando su valor histórico a la apreciación del que nos lea.

"¡Ah!, ¡Estas cadenas son hoy mi único tesoro y serán enterradas conmigo, si tengo la felicidad de encontrar una sepultura, porque quiero que el recuerdo de una acción tan injusta muera conmigo, y para honor del nombre español ella sea para siempre olvidada!... Ojalá que los siglos venideros no sepan nunca que ha habido en este miserables, bastantes viles para creer que contraían un mérito cerca de Fernando, acusando al infortunado Colón, no por razón de crímenes, sino por haber descubierto y dado a España un nuevo mundo. Fuisteis vos ¡oh, gran Dios! quién me inspirasteis y me condujisteis. Tened piedad de mí, perdonadme esta desgraciada empresa.

¡Que la tierra entera llore por mi suerte! Y vosotros, ángeles santos del cielo, que conocéis mi inocencia, perdonad al siglo presente, demasiado envidioso y endurecido para compadecerme.

Estoy seguro que los hombres que están por nacer, llorarán cuando algún día se les diga que Colón, con su propia fortuna, a poca costa y aún sin mucho gasto de parte de la Corona, con peligro de su vida y de su hermano, en veinte años y cuatro viajes, ha hecho a España servicios como ningún otro hombre ha podido hacerlos nunca a ningún príncipe o reino de la tierra, y, a pesar de esto, sin acusarlo del más pequeño crimen, se le deja perecer pobre y miserable después de haberle quitado todo, con excepción de sus cadenas, de tal manera que el que ha dado a la España un nuevo mundo, no ha podido encontrar en este, ni en el antiguo, una choza siquiera para su familia y para él.

Pero si el cielo debe perseguirme todavía, y se muestra descontento de lo que he hecho, como si el descubrimiento del Nuevo Mundo pudiese ser fatal para el antiguo; si debe por castigo, poner término en este lugar a mi desgraciada vida... ¡oh vosotros ángeles santos, que socorréis al inocente y al oprimido!, haced llegar este papel a manos de la reina Isabel. Ella sabe cuánto he sufrido por su gloria y su servicio, y es bastante justa y piadosa para permitir que el hermano y los hijos de un hombre que ha dado a la España riquezas inmensas y aumentado sus dominios con vastos imperios y reinos desconocidos, sean reducidos al extremo de que les falte un pan y a vivir de limosna. Ella verá, si es que ella vive, que la ingratitud y la crueldad provocan la cólera del cielo. Las riquezas que yo he descubierto serán un pregón que llame al pillaje al género humano y me proporcionará vengadores. Quizá la nación será castigada algún día por los crímenes que hoy cometen la maldad, la ingratitud y la crueldad.

CRISTÓBAL COLÓN".

Enterrósele en el convento franciscano de esa ciudad, a pesar de que él en su testamento había ordenado que se le enterrara en la isla de Santo Domingo, colocándosele en el ataúd las cadenas y grillos con que lo había cargado el inhumano Bobadilla, cuando de la Española lo envió preso a España, lo cual se hizo por haberlo ordenado así Colón. Su hijo Fernando, que estaba a su lado con algunos otros fieles amigos de su padre, dieron exacto cumplimiento a este deseo del almirante.

Años más tarde, estos restos venerables se trasladaron al Convento de los Cartujos de Sevilla. Después, en 1536, se exhumaron de allí y se les trasladó a la Catedral de Santo Domingo, y se depositaron a la derecha del altar menor de este templo metropolitano. En 1526 se inhumaron también ad latere los restos de don Diego Colón, hijo del almirante; y en 1572 los del nieto de este, don Luis Colón.

A la fecha del tratado de Bale, o sea el de Paz de Basilea, en 22 de julio de 1795, por el cual se efectuó la cesión de Santo Domingo a Francia, el gobernador general, señor Aristizábal, cumpliendo órdenes superiores, hizo trasladar el sarcófago de Cristóbal Colón a la Habana, y allí fue depositado de una capilla de la catedral, construida por los padres jesuitas.

La exhumación de estos restos se efectuó en Santo Domingo el 20 de diciembre de ese año, y, por fin, en medio de gran pompa eclesiástica, militar y civil, se inhumaron definitivamente el 19 de enero de 1796 en la Habana, como ya lo hemos dicho, al lado del altar mayor de la catedral, en cuyo lugar se puso en 1822 una lápida que tenía esculpido en un medallón el retrato del almirante, hecho a capricho.

¿Son estos o no los restos de Cristóbal Colón? Muchos pretenden que se equivocó la tradición al designar en la Catedral de Santo Domingo la ubicación de los restos del almirante. En 1877 corrió la voz de que en esa iglesia se habían descubierto unos restos que, por las inscripciones de la caja en que se encontraban, debía creerse que eran los del descubridor de América.

El viajero alemán Rodolfo Cronan, cuenta que unos trabajadores que se encontraban ocupados en renovar el piso del santuario y hacer otras reparaciones en la Catedral de Santo Domingo, tropezaron el 10 de septiembre de 1877 con una pequeña cripta situada a la derecha del altar mayor, entre la pared y la cripta vaciada por los españoles. Esta cámara solo estaba separada de la otra por una pared de 16 centímetros de espesor, era algo mayor que la vaciada por los españoles y contenía también un ataúd de plomo bien conservado que medía 23 centímetros de altura por 44 de largo y 21.5 milímetros de ancho. Reconociéndolo más atentamente se vio que contenía restos humanos y ostentaba diferentes inscripciones que hicieron deducir que los españoles no se habían llevado en 1795 el verdadero féretro y auténticos restos de Cristóbal Colón, sino que estos eran los que acababan de descubrir los trabajadores.

Don Onofre Roque Cocchia, obispo de Santo Domingo, conociendo la importancia del descubrimiento, mandó reconocer inmediatamente y con la mayor escrupulosidad en presencia de gran número de testigos, que los constituían individuos del Gobierno, los cónsules de las naciones extranjeras residentes en Santo Domingo y otras personas distinguidas los restos hallados y, terminado el reconocimiento, convinieron en que estos eran los verdaderos despojos mortales del almirante, y que los llevados la Habana eran con gran verosimilitud los de Diego Colón, hijo del gran descubridor, que había sido enterrado junto a su padre.

Prosiguiendo las investigaciones descubrieron una tercera cripta, que la señalaremos en el grabado que va a continuación con el núm. 3, y que contenía, al lado de los restos humanos, los de un ataúd de plomo en que se leía esta inscripción:

"El almirante don Luis de Colón, Duque de Jamaica, Marqués de Veragua".

Como es natural, el hallazgo del ataúd descubierto en la cripta, hizo gran ruido en todo el mundo civilizado, dando ocasión a numerosas polémicas. Tomó parte en este torneo literario del obispo

Roque Cocchia, el canónigo don Javier Bellini y el sabio don Emiliano Tejera, que residía en Santo Domingo, los cuales abogaban por la autenticidad de los restos, contra la opinión de los españoles López Prieto y Manuel Colmeiro, que opinaba que el tal hallazgo era una falsificación, y que lo más que concedían era que los restos fuesen los de aquel Cristóbal, nieto del descubridor.

Estos caballeros, como se comprenderá, mantenían firme la opinión de que los verdaderos restos del almirante eran los que habían sido transportados a la Catedral de la Habana.

Cronan dice que el 11 de enero de 1801 practicó nuevas investigaciones en Santo Domingo, y que se formó el convencimiento de que los restos de Colón reposan ahora, como antes, en la Catedral de Santo Domingo. Igual opinión sostuvo don Pedro, emperador del Brasil, en uno de los últimos congresos americanistas.

Pero Cronan comete una inexactitud. Los restos de don Luis se descubrieron primero, y su hallazgo fue lo que dio origen a las investigaciones siguientes, en busca de los de su padre don Diego y no de don Cristóbal, y que se suponían trasladados a la Habana, aun cuando, como manifiesta el arzobispo Cocchia, había una vaga tradición de que los trasladados a esta ciudad no eran los del almirante, cosa que parece confirmar el hecho de que en el acta de 1795 ni una sola vez aparece su nombre, refiriéndose el escribano Hidalgo a los restos o reliquias como de algún difunto o de aquel cadáver.

Para España, así como para nosotros, no queda duda alguna de que los restos de Colón son los que en 1796 se llevaron a la Habana; pero dejando a un lado esta cuestión de apreciación, tenemos que perdida últimamente Cuba por los españoles, todo han podido abandonar, menos los preciosos restos del descubridor de la América.

El 27 de septiembre de 1898 se exhumaron de nuevo y, el 13 de diciembre de ese año, se trasladaron a bordo del crucero Conde de Venadito, que zarpó para Cádiz el 15 de ese mismo mes, escoltados por el Alfonso XII y por el Infanta Isabel, llevando esas reliquias para no dejarlas en poder de los vencedores.

Iban, pues, envueltos en los pliegues de las banderas de la patria en duelo, pero en medio del respeto y del cariño que le merecen a esa nación, que, si ha perdido la joya más preciada de su corona, salva siquiera las cenizas del que le dio tanta gloria y tanta riqueza.

Estos preciosos restos llegaron a Cádiz y se recibieron allí con toda solemnidad, abriéndose el féretro que los contenía ante una pequeña concurrencia, compuesta de varios funcionarios públicos, y se constató que casi nada quedaba del descubridor de América, sino apenas una treintena de huesos despedazados y algunos puñados de cenizas. Se cerró enseguida el féretro y se colocó en el Giralda, anclado en el Guadalquivir, para que los trasladara a Sevilla, a donde llegó en la tarde del 18 de enero de 1899.

La población entera concurrió a este acto. Las autoridades civiles, militares y eclesiásticas y un sinnúmero de extranjeros, contribuyeron a dar realce al acto. El Giralda atravesó el muelle de San Telmo y, bajado el féretro, entró por la puerta de Jerez hasta que se le colocó en el Panteón de Arzobispos, por no estar terminado en el monumento en que deben descansar definitivamente esas reliquias.

El mausoleo se ha traído también de la Habana, y es el mismo que en 1892 acordó erigirle el Gobierno de España, y para lo cual abrió un concurso para premiar al mejor proyecto que se presentara, y cuyo premio obtuvo don Arturo Mélida. En él se representa el ataúd de Colón colocado en hombros de cuatro heraldos, representativos de los antiguos reinos de León, Castilla, Aragón y Navarra, pero no en actitud reposada, como es costumbre en los sepulcros, sino en pie, andando y como dispuestos a trasladar su preciosa carga cada vez que se les ordene.

Solo falta armar este precioso monumento, que los españoles no han querido dejarlo abandonado en la Habana, y que lo trasportaron con las cenizas del descubridor de América.

El duque de Veragua, descendiente De Colón y representante del Gobierno, presidió en Sevilla la ceremonia de la recepción de los restos del almirante. El marqués de Villapanés, grande de España, fue honrado con la representación de Su Majestad la Reina, así como los señores don Alfredo Herazo, alcalde de Sevilla, y don Manuel Gómez Imaz, que fue el iniciador de la llevada a Sevilla de los restos de Colón, estuvieron presentes al acto.

El día 20 de ese mismo mes y año se celebró en la referida Catedral de Sevilla, un solemne servicio religioso para honrar la repatriación de las cenizas del descubridor del Nuevo Mundo.

La ceremonia fue de los más imponente, y una enorme concurrencia de nacionales y extranjeros llenaba no solo las naves del templo, sino también las plazas y calles vecinas.

Por acuerdo del Gobierno se tributaron a esos restos los honores que corresponden a un capitán general, muerto en acción de guerra.

Granada tiene la tumba de los reyes católicos. Cerca de Huelva está la Rábida, San Fernando tiene el panteón de los marinos ilustres.

Sevilla guarda la tumba del arzobispo don Diego de Deza, y tiene también la cartuja de las cuevas y, por fin, guardó la tumba por espacio de 30 años del primero almirante, desde 1507 en que fue traído su cuerpo de Valladolid, donde falleció, hasta 1537.

Sevilla es la poseedora del Imago Mundo y del libro de Marco Polo, que juntamente con aquel, sirvió a Cristóbal Colón para trazar el plan de su viaje.

También en Sevilla vivió y murió y yace sepultado el cosmógrafo de don Hernando Colón, hijo del almirante, que trabajó extensos edificios, huertos y jardines a orillas del Guadalquivir.

En Sevilla está el archivo de Indias, testigo silencioso de las glorias de España en los países descubiertos por Colón.

La Catedral de Sevilla guarda autógrafos del inmortal descubridor de América, así como los libros que le sirvieron para sus estudios y cartas de sus consultores Gorricio y Toscanelli.

Fue también en Sevilla donde Colón organizó su segundo viaje a las Indias y sevillanos eran muchos de los que le acompañaron y esa ciudad fue la que ennobleció el recién inventado arte de la imprenta, dando a la luz la primera relación del descubrimiento de América. Fue también el centro del comercio con las Indias, merced a los privilegios concedidos a su Casa de Contratación. Por fin, la voluntad del almirante expresada por boca de su hijo Diego, fue de que quería que su cuerpo se enterrase en esta ciudad.

En Sevilla está también la Biblioteca Colombina, que fue fundada por don Hernando Colón. ¡Justo es, entonces, que en Sevilla descansen para siempre los restos del descubridor de América, ya que tantas veces se le ha turbado su eterno descanso!

En efecto, desde el 20 de mayo de 1506, en que murió en Valladolid, rodeado de sus fieles amigos, los frailes franciscanos, hasta la fecha, los restos de Colón han pasado por seis sepulturas distintas, hallándose en espera de ser llevados a la séptima, o sea, a la Capilla de Nuestra Señora de la Antigua, dónde tal vez queden ya por los siglos de los siglos.

En Valladolid estuvo un año el cuerpo de Colón. Al siguiente se le trasladó a la Cartuja de las Cuevas en Sevilla. En este monasterio, y en la capilla del Cristo o de Santa Ana, fue la estadía más larga, porque hasta después de 1537 no se le llevó a la Isla Española o de Santo Domingo por su nuera doña María de Toledo, que creyó cumplir así la voluntad de su difunto suegro.

Por espacio de más de dos siglos y medio poseyó la Española los huesos del almirante, y cuando llegó la hora de entregar a Francia por el tratado de Basilea la isla predilecta de Colón, sus restos se llevaron a la Habana y se colocaron al lado del altar mayor, quedando el nicho cubierto por una modesta lápida hasta 1823, que se cambió por otra más lujosa. Por fin se llevaron a Cádiz y de allí a Sevilla como ya lo hemos dicho.

MAGALLANES

Siguiendo ahora nuestro relato, interrumpido por causa de los incidentes que dejamos referidos y que hemos creído de importancia para la historia, tenemos que después de la muerte de Colón se sucedieron varias expediciones a distintos puntos de América.

El intrépido portugués, Hernando de Magallanes, en 1519, estando al servicio de España, salió de Sanlúcar con el mismo rumbo que cuatro años antes había salido Juan Díaz de Solís y descubrió, en 1521, el estrecho que lleva su nombre y navegó el mar que se denomina Pacífico. Los salvajes lo mataron en las islas Filipinas; pero sus extenuados compañeros continuaron la marcha y ella duró tres años. Cruzaron los mares de la India; doblaron por el sur del África y llegaron, por fi n, a España el 4 de septiembre de 1522, siendo ellos los que primero dieron la vuelta alrededor del mundo.

El mar Pacífico había sido descubierto siete años antes por Vasco Núñez de Balboa, pasando por el Istmo de Veragua, es decir, el 25 de septiembre de 1513, y le había llamado Mar del Sur.

Guiado por los indios y acompañado por algunos españoles trepó Balboa las escabrosas montañas que hoy formal el Istmo de Panamá, y fue así como visitó ese inmenso y desconocido mar. Se preparaba para navegarlo cuando se presentó Pedro de Arias, ósea Pedrarias Dávila, su suegro, con títulos de gobernador del Darién en 1514. Este dispuso en 1516 diversas expediciones a cargo de Hernán Ponce y de Bartolomé Hurtado para que recorrieran las costas de Nicaragua y de Costa Rica. Llegaron hasta el golfo de Nicoya y enseguida regresaron a Panamá.

En 1519 mandó Pedrarias prender a Balboa, que era su yerno, acusándolo de quererse rebelar contra el rey, y lo hizo inhumanamente degollar el 13 de enero de ese año, conjuntamente con cuatro de sus compañeros.

En 1520 salió otra expedición de Panamá al mando de Gaspar de Espinosa, y conquistó el territorio llamado Castilla del Oro, venciendo para ello al bravo cacique Urraca.

En 1548 fundó Pedrarias la ciudad de Panamá. Entre los españoles establecidos allí se encontraban dos viejos capitanes: eran estos Francisco Pizarro y Diego de Almagro, de oscuro linaje y tan ignorantes que no sabían leer ni escribir. Se asociaron en 1527 con el acaudalado párroco don Fernando de Luque para emprender el descubrimiento del rico imperio que, según los indios, existía en las riberas del Mar del Sur. Después de penosas exploraciones se descubrió el codiciado imperio, que fue denominado Perú.

Hernán Cortés había salido de España en 1504, arribando a la Española.

En 1511, cuando Diego de Velásquez emprendió la conquista de Cuba, Cortés se enroló en esa expedición y se distinguió por su valor a toda prueba.

En 1518 emprendió Cortés la conquista de México, saliendo a la cabeza de una escuadrilla, burlando la vigilancia y las órdenes de Velásquez.

La escuadrilla constaba de once embarcaciones tripuladas por ciento diez marineros, y el ejército se componía de 533 hombres mal armados y de 16 caballos.

Llegó el intrépido Cortés al puerto de San Juan de Ulúa, desembarcó el 21 de abril de 1519 y siguió de triunfo en triunfo contra los indios que le impedían el paso y, al fin, pudo realizar de ese extenso y rico territorio.

Era Cortés de distinguido linaje y hombre ilustrado. Hablaba y escribía el español a la perfección y se puede decir que no había otro en esa época en América que le aventajara en conocimientos.

El rey de España, que lo era Carlos V., al saber de la conquista del Perú, ordenó que este país se dividiera en dos gobernaciones, siendo la del norte para Pizarro y la del sur para Almagro.

Los dos gobernadores se disputaban el Cuzco, porque no se sabía a quién pertenecía, a causa de que la orden real no fijaba la demarcación de cada una de estas dos gobernaciones. La cuestión quedó sin resolverse porque Almagro emprendió entonces la conquista de Chile, país situado al sur del Perú. En julio de 1535 salió Almagro del Cuzco, seguido de 300 infantes y de 200 jinetes españoles, acompañado, además, de una multitud de indios peruanos que cargaban los víveres y los pertrechos de la expedición.

Los expedicionarios atravesaron las regiones que formal el interior de lo que hoy se llama Bolivia y que antes se conocía con el nombre de Alto Perú, y a los cinco meses de una marcha llena de sacrificios, llegaron hasta los Andes de Copiapó. Siguieron avanzando hasta las actuales provincias de Aconcagua y Santiago, después de haber perecido muchos españoles e indios en la travesía, a causa de los fríos y de las nieves. Mas como Almagro no encontró tesoros ni otras riquezas y los indios que habitaban esas regiones eran sumamente pobres, regresó al Perú.

La casualidad le hizo llegar a tiempo para salvar a los pizarros que se encontraban sitiados por más de veinte mil indios, y que indudablemente habrían perecido a manos de ellos sin el oportuno auxilio de Almagro. En pago de este servicio Francisco Pizarro hizo capturar a Almagro y lo encerró en una prisión. Enseguida lo hizo condenar a muerte y lo ejecutó sin piedad, a pesar de estar ya viejo y enfermo.

Con esto el Perú quedó sometido a Pizarro, quien no contento con el crimen cometido en la persona de Almagro, persiguió de muerte a los partidarios de su víctima. Eran tantos los sufrimientos de estas gentes que al fin, para libertarse, resolvieron asesinar a Pizarro, determinación que se llevó a efecto en Lima. El hijo de Almagro fue entonces proclamado gobernador del Perú.

Pedro de Valdivia, que antes de este suceso había emprendido la conquista de Chile, se dirigió a ella por el desierto de Atacama, llegando los expedicionarios después de cinco meses de marcha al valle del Mapocho y, el 22 de febrero de 1541, fundó Valdivia la ciudad de Santiago en las faldas del Huelen, hoy cerro de Santa Lucia, a orillas del Mapocho. Después emprendió la conquista de este territorio y con esto comenzaron las guerras con los indómitos araucanos, que hacían tenaz resistencia a la civilización que se les ofrecía.

Los venecianos Juan y Sebastián Cabot, fueron los primeros que reconocieron en 1497 las costas de los Estados Unidos.

Ponce de León descubrió la Florida en 1512, la que en 1562 a 1565 trataron los franceses de colonizar.

Verazzane visitó en 1524 todas las costas septentrionales de la América hasta el grado 34 de latitud.

En 1584 a 1614 los ingleses hicieron en América importantes descubrimientos.

Los holandeses siguieron sus pasos y colonizaron el territorio de Nueva York, al que le dieron el nombre de Nuevos Países Bajos.

Diego Velázquez colonizó a Cuba en 1517, y Francisco Hernández de Córdova, en este mismo año de 1517, desembarcó en Yucatán y llegó a Campeche, habiendo tenido que abandonar a este país por la bravura de los indios que lo poblaban. Después de 1518 prosiguió esa conquista Juan de Grijalva. Entró al rio Tabasco y llegó a Oaxaca y a San Juan de Ulúa, y de aquí se volvió a Cuba. Ya en 1519 Pizarro había descubierto a México. Alonso de Ojeda en 1499 descubrió la parte de Venezuela, que había dejado sin recorrer el almirante Cristóbal Colón en 1493, previniéndose que en 1529 comenzaron a establecerse algunas colonias en este territorio.

En 1531 Francisco Pizarro descubrió y conquistó el Ecuador, cuyo territorio, desde la época de los incas, pertenecía al Perú; pero que, en 1718, fue segregado de este virreinato y se incorporó a Nueva Granada.

Sebastián Cabot en 1526 descubrió el Rio de la Plata y siguió explorando el Paraná.

Pedro Mendoza, en 1535, siguió la conquista de esas inmensas tierras, que hoy se denominan República Argentina.

El Uruguay perteneció al virreinato de Buenos Aires bajo el nombre de Banda Oriental. Más tarde fue invadido por los portugueses todo este territorio e incorporado al Brasil.

El mismo Sebastián Cabot descubrió, en 1526, el Paraguay, y Ayolas comenzó su conquista en 1538, debiendo más tarde a los jesuitas la civilización de los indios que lo poblaban,

La Patagonia fue descubierta por Hernando de Magallanes el 21 de octubre de 1521.

El Brasil debe a Pedro Álvarez Cabrales sin descubrimiento, el cual se verificó en 1500; pero su colonización solo comenzóse en 1531.

Diego de Ordaz fue el primero que remontó el Orinoco. Descubrió también el territorio que se conoce con el nombre de Guayanas.

VIII

Ya que tenemos una idea completa de las tierras que forman el Nuevo Mundo y como se les llamó en un principio, solo nos resta saber dos cosas: primero, ¿por qué se denominó América o a qué debe este nombre? Y segundo, ¿era realmente un nuevo mundo lo que Colón había descubierto?

Estas dos cuestiones no son difíciles de resolverse hoy día, porque hay datos exactos de que partir, para poder emitir una opinión fundada.

Sobre lo primero tenemos que se llamó América a las tierras que descubrió Colón a causa de las publicaciones que hizo en Europa Américo Vespucio, que era un florentino que había nacido en 1451. Era hijo de un escribano público de Florencia y que se había educado al lado de su tío Gregorio Antonio Vespucio, docto religioso de la Congregación de San Marcos. En 1490 se trasladó a España y llegó a ser contador de la Casa de Contratación de Sevilla. Fue el encargado del armamento de los buques destinados para el tercer viaje de Colón.

En 1499 hizo Américo Vespucio su primer viaje a América, asociado con Juan de la Cosa, y el segundo con Yáñez Pinzón en diciembre del mismo año. El tercero lo efectuó en 1501 con los portugueses al Brasil y el cuarto con los mismos portugueses a las Indias Orientales, naufragando cerca de la isla Fernando Noroña, previniendo que Vespucio en todos estos viajes iba en calidad de piloto.

Después publicó en Europa las relaciones de sus viajes y, como eran escritas con corrección y llenas de interés, dándose en ellas cuenta de todos los descubrimientos hechos hasta esa época, se tradujeron a todos los idiomas y esto dio bastante celebridad al nombre de su autor.

En 1507 un sabio profesor y librero alemán, conocido con el nombre de Ilacomillo, publicó una importante obra en latín, reuniendo por primera vez las cuatro relaciones de Américo Vespucio, proponiendo dar al nuevo continente el nombre de América.

En 1509 salió de Estrasburgo un tratado de Geografía en que se hacía referencia a Ilacomillo, y en él se hace uso del mismo nombre de América para designar las tierras descubiertas por Colón.

La segunda cuestión se puede resolver estudiando la civilización de los pueblos que ocupaban las tierras que descubrió el inmortal Colón, así como sus costumbres y el origen de esos pobladores.

Según opiniones respetables, no merece el nombre de Nuevo Mundo el continente descubierto por Colón, a pesar de que no fuera conocido por él y de ignorarse su existencia en toda la Europa, ya que hemos visto que en el siglo XV se creía que la tierra era plana y que suponer la existencia de otro hemisferio era rebelarse contra la ciencia y la religión.

En América había poblaciones en estado de barbarie y otras casi civilizadas. Nada era, pues, primitivo en la América. Sus selvas habían sido precedidas de otras, que tampoco merecían el nombre de vírgenes, ya que ellas habían sido pisadas por el hombre, cuyos restos se encontraban sepultados juntos con los de aquella antigua vegetación.

Los usos de los indios manifestaban semejanza a los del hombre europeo en sus primitivos tiempos.

Las ruinas monumentales encontradas en América hacen ver su remota civilización. Las tradiciones que se iban sucediendo entre los pobladores de América a la época de su descubrimiento hacían ver que había existido allí una vieja civilización, cuya historia, aunque oscura y complicada, probaba la existencia del hombre en ese continente, desde una época muy remota. En efecto, las ruinas de la ciudad de Tula y Nachán, cerca del Palenque, de Utatlán, de Cotzumalguapa, de Copán y otras muchas, dan una idea muy favorable de la arquitectura indígena. Sus construcciones eran de piedra canteada y de calicanto y no carecían de regularidad y elegancia, viéndose en muchas de ellas estatuas y bajos relieves que deben haber sido ejecutados por hábiles artistas. Era admirable el gran alcázar o palacio de los reyes del Quiché, cuya opulencia competía con el de Moctezuma en México y el de los Incas en el Cuzco.

La primitiva población aborigen del continente americano debe su origen al continente oriental, y aunque hubiera estado separado de aquel por un océano de tres mil millas de ancho por un lado y también por una extensión de agua tres veces mayor que el otro, hubo, sin duda alguna, punto de comunicación que permitió la pasada a estas regiones a los orientales. Nos fundamos para ello en que es un hecho que la América se va ensanchando a medida que se aproxima al norte, y allí se adelanta en el océano hasta no haber más distancia que unas treinta y seis millas entre ella y el Asia.

Entonces es fuera de duda que navegantes fenicios fueron los primeros que pasaron a lo que hoy se llama América y que, mezclados con los primitivos habitantes que aquí existían, comenzó así esa civilización, y que los españoles la encontraron ya en su decadencia.

No faltan tampoco quienes supongan que por las islas Aleutianas o por una navegación directa a California, han podido venir los habitantes de Asia a la América, que se extendieron después a México y llegaron hasta Yucatán.

Por otra parte, sostienen todo lo contrario y aseguran que la invasión civilizadora que vino a América siglos antes de su descubrimiento por los españoles, penetró por el este, se fijó en Yucatán y de allí se extendió hasta México por el norte y por el sur hasta Panamá.

Pero sea de esto lo que fuere, lo cierto es que para Colón todo era ignorado, como lo era para la Europa y para el Asia en el siglo XV y que, aunque el continente que aquel descubrió sea tan viejo o más que el mundo conocido hasta entonces, fue nuevo para la civilización, y que sin Colón no se habría tenido noticias de su existencia, o quizás esto se habría verificado más tarde, pero de todos modos ello habría tenido que ser un hecho nuevo y sorprendente. Por eso, esta cuestión en nada amengua la gloria del genio de Colón ni su descubrimiento, y mientras la humanidad exista, reverente recordará al hombre que dio a conocer lo que hoy se llama América, y que en aquella época se denominó Indias Occidentales, puesto que Colón no pensó ni supo que había descubierto un continente, sino que únicamente había llegado a las tierras de Asia. De este error participaron también todos los compañeros del ilustre almirante. Se necesitó que pasaran algunos años para que se supiera lo que verdaderamente se había descubierto por el atrevido navegante, que murió sin saber que él había descubierto un nuevo mundo.

La noche del 12 de octubre de 1492, cuando Colón y los suyos descubrieron tierra, al término de su primer viaje, fue creencia general en ellos haber encontrado el Japón, la China o las Indias, y de aquí es que la América, como lo hemos dicho, llevó por tanto tiempo el nombre de Indias Occidentales.

CAPÍTULO II: PRIMEROS POBLADORES DE HONDURAS

I. Creencia histórica que establece que la raza mongólica fue la que pobló e introdujo su civilización en Centroamérica. II. Tradición antigua sobre Balún Votán. III. La raza Mann se sobrepone a la Tolteca; los quichés y otras razas. División del imperio de Axojil. IV. Los reyes de Cakchiquel. V. Los cakchiqueles vencen a los quichés. VI. Idea de lo que eran los cakchiqueles y los quichés y de su civilización. VII. Sus progresos en la agricultura y en otros ramos. VIII. Los pobladores de Honduras; sus tradiciones y sus costumbres. IX. Frontera y litoral de Honduras. X. Orografía de Honduras. XI. Hidrografía.

I

En el siglo XVI, cuando los españoles estaban ávidos de conquistas, los que llegaron a Centroamérica encontraron todas estas tierras habitadas por pueblos que habían alcanzado cierto grado de cultura, muy superior a los habitantes de otras comarcas de las que recientemente se habían descubierto. Notaron que además tenían su religión, leyes, autoridades regularmente constituidas y, por fin, tribunales para que les dirimieran sus cuestiones.

Las minas que encontraron esparcidas en diferentes puntos de la América Central, los restos de grandiosos edificios y las inscripciones y estatuas, hacen creer que los primitivos habitantes de estas regiones pertenecían a la raza mongólica, deduciéndose de lo anterior que muchos siglos antes que los españoles descubrieran esas tierras, habían llegado allí hombres de una raza extranjera, que mezclándose e identificándose con sus primitivos habitantes, introdujeron los gérmenes de una civilización nueva y positiva, tal como lo hemos dicho en el capítulo anterior.

II

Viejas tradiciones cuentan que un personaje llamado Balún Votán, desembarcando en las costas de Tabasco, encontró todo poblado por tribus salvajes, las que civilizó con sus compañeros de viaje, fundando un vasto imperio en parte del territorio que hoy pertenece a México. Este imperio se llamó Xibalbá, teniendo por capital la ciudad de

Nacham, cuyas ruinas existen y son hoy conocidas con el nombre de Santo Domingo del Palenque.

Terminada la obra civilizadora de Votán, se regresó a su país y, en su ausencia, el imperio de Schibalbay fue regido por una serie de monarcas, que comienza en Chanán y concluye con Akbal.

Seiscientos años más tarde todo estaba en ruinas y aparecieron entonces los nahoas o toltecas, capitaneados por Gucumatz, los cuales fundaron la ciudad de Tula, al suroeste de Nacham, en memoria de la que de este mismo nombre habían antes abandonado. El último rey tolteca emigró en el siglo XI con gran parte de su pueblo a Honduras, donde fundó el reino de Hueylato, fijando su residencia en Copantl, que fue la capital. Este reino abrazó parte de lo que hoy forma el territorio de El Salvador.

III

Vino más tarde otra raza llamada de Mam, corruptela de Mem, que significa tartamudo, por la dificultad que tenían para pronunciar ciertas letras del alfabeto cakchiquel, que destruyendo a Tula y a Nacham se sobrepuso al poder de los toltecas. A su vez fueron más tarde desalojados por las tribus de los quichés, cakchiqueles y zuchiqueles. Estos nuevos invasores establecieron tres señoríos, formando así una monarquía cuyo jefe era Quichú, ocupando a la muerte de este el trono su hijo Axopil.

La tribu de los pipiles pobló parte de Guatemala y el territorio de El Salvador.

A su vez, Axopil dividió su imperio en tres partes, con lo que se formaron tres reinos también distintos. El de Cakchiquel lo entregó a su hijo Jintemal; el de Zutugil a su otro hijo Axicoat, y reservó para sí el de Quiché.

Axicoat llevó la guerra a Jintemal, con el objeto de arrebatarle sus dominios, pero el padre logró restablecer la paz.

Muerto Axopil, pasó a su hijo Jintemal el reino de Quiché, que con tanta facilidad había gobernado su padre.

Su hermano Axicoat le promovió entonces una larga y sangrienta guerra, que solo terminó con la muerte de Jintemal, cuando su hijo Humatipú triunfó completamente de los zutujiles. Fue este un rey valiente y tenido en su pueblo por sabio. Enseñó el cultivo del cacao y el modo de usarlo como alimento.

IV

Los reyes de Cakchiquí fueron más tarde adquiriendo tal preponderancia, que al fin llamó la atención de los quichés. Estos se armaron y, lanzándose sobre aquellos, empeñaron un formidable combate cerca de Quantemalán. Obtuvieron la victoria los cakchiqueles y arrebataron el poderío que los vencidos tenían sobre el territorio.

V

A finales del siglo XV llegó a las costas de los reyes cakchiqueles una embajada mexicana para proponerles una alianza, con el objeto de evitar que los españoles, cuya llegada a las costas orientales ya se sabía, trataran de apoderarse de uno y de otro país.

A pesar del buen recibimiento que se le hizo a la embajada, nada se adelantó en el sentido que había determinado su viaje. Tampoco influyó para ello la proximidad del peligro que les amenazaba. Los quichés volvieron nuevamente a las manos con los cakchiqueles, lo cual ocurría en 1513.

Estos últimos salieron esta vez también vencedores. Entraron al reino de Quiché y derramaron en abundancia la sangre de los vencidos.

VI

Tócanos ahora dar, aunque a la ligera, una idea de lo que eran los habitantes de la monarquía feudataria conocida con el nombre de cakchiquel y del reino de Quiché.

Ambas naciones tenían iguales ideas respecto a la divinidad, así como sobre la creación del universo y de la formación del hombre. Tributaban culto a sus dioses y tenían fe en la existencia del supremo creador.

El culto a los dioses consistía principalmente en ciertas festividades, en las que se hacían ofrendas de frutas y flores, sacrificándose al mismo tiempo hombres y animales. Ejercía las funciones de pontífice el señor de la provincia o alguno de sus más próximos parientes. De los prisioneros hechos en la guerra se tomaban regularmente las víctimas destinadas al sacrificio. Se las abría el pecho con un cuchillo de obsidiana ( ). Hacían con ella también puntas de flechas y de lanzas y arpones para la pesca, y se les extraía enseguida el corazón y se le ofrecía al ídolo. Se cocía el cuerpo de los sacrificados y se lo comían los sacerdotes antropófagos. Entre tanto, la concurrencia se emborrachaba con la bebida llamada chicha.

Los habitantes de Nicaragua conservaban la memoria de un diluvio; creían en la inmortalidad del alma; en el premio de los buenos y en el castigo de los malos después de la muerte.

El gobierno de los quichés era una monarquía aristocrática y hereditaria; pero cuando el monarca moría la corona no recaía en su hijo sino en el hermano mayor, que ya había tenido parte en el ejercicio del gobierno.

Todos los más importantes cargos se obtenían por medio de un ascenso riguroso, a fin de que en ningún funcionario faltase el conocimiento práctico de los negocios que se le encomendaban.

Si por desgracia el jefe de la nación era tirano, la aristocracia tenía el derecho de destituirlo; pero si se frustraba la tentativa de insurrección, el monarca castigaba con la mayor severidad a los rebeldes.

El matrimonio era un contrato puramente civil y se permitía a los hombres tener muchas mujeres, si bien una sola era considerada como legítima.

La propiedad era respetada y, el que no tenía hijos legítimos, al morir se le sepultaba con sus alhajas, sus telas, sus plumas y su cacao, el cual servía de moneda en sus transacciones de compra y venta.

Los quichés tienen como la biblia de los hebreos, su libro sagrado que se llama el Popol Vuh, que comienza con el Génesis, haciendo mención de un creador y formador supremo, que le dan diversos nombres, como ser Señor del planisferio que verdea o Señor de la superficie azulada.

Se establece que el hombre se formó de barro. Después hace una descripción del cataclismo que ocasionó la destrucción de aquella primitiva raza humana que era imperfecta, quedando solo los monos, de donde vino más tarde la nueva generación.

Los quichés se hacían notar por sus deseos de tener familia.

Existía también la práctica de la confesión de los pecados a solas o con las fieras en los campos para librarse de ellas. En Nicaragua hacía de confesor el anciano más respetable de la tribu; pero debía ser soltero, y el confesor les imponía penitencia y consistía en llevar leña al templo o barrerlo.

VII

En materia de agricultura estaban también un poco adelantados. Sembraban el frijol, el maíz y el cacao. Cultivaban el algodón, así como el tabaco, sirviéndose de este último para fumar. Plantaban, además, cebollas, yucas, calabazas, garbanzos y patatas.

No ignoraban tampoco el arte de escribir, consistiendo este en ciertos signos trazados en una especie de papel que hacían con la corteza del árbol llamado amatl.

Sabían pintar y para ello se valían de los colores producidos por tierras metálicas y plantas tintóreas. Para arreglar las tintas empleaban la cochinilla, el añil y el caracolillo.

Suplían la falta del hierro por medio del cobre ligado con estaño.

Tejían el algodón y fabricaban utensilios de barro y loza; igualmente se fabricaban alhajas de oro y plata.

Además, eran muy dados al comercio, y los dedicados a él iban de un punto a otro para vender en las ferias los productos de su industria, haciendo sus viajes por tierra o navegando en sus canoas a remo y velas, por los ríos, lagos y esteros.

Para la división del tiempo tenían su calendario arreglado según el sistema tolteca, contando al principio por lunaciones y concluyendo por arreglarse al curso del sol.

Las diversas tribus se hacían a menudo la guerra, sin declaratoria previa y sin causa justa, movidos solo del deseo de ensanchar sus dominios. Destruían las ciudades tomadas, talaban los campos del enemigo y reducían a la esclavitud a los prisioneros de guerra.

Para la administración de justicia tenían sus tribunales, los cuales prodigaban en extremo la pena capital, incurriendo en ella el homicida, el adúltero, el ladrón consuetudinario, lo mismo que los reos de otros delitos.

El modo de ejecutar la pena capital consistía muchas veces en despeñar desde grandes alturas a los destinados a sufrirla.

Los antiguos indios de Centroamérica construían y tocaban varios instrumentos, tales como el pífano, la chirimía y el tum.

En lo que es hoy República de Guatemala, predominan las lenguas quiché, cakchiquel, pokomam y otras. En el que es hoy de El Salvador la pipil, náhuatl, chosti y pokomam. En la de Chiapa se hablaban la chiapaneca, tloque, mexicana, tzotzil. En Soconusco, la mexicana.

VIII

Contrayéndose ahora a Honduras, expondremos que allí se conservaba la tradición de haber aparecido como doscientos años antes de la conquista, una mujer misteriosa, blanca y muy sabia en el arte adivinatorio, a la que los indios le dieron el nombre de Comizahual, que quiere decir tigre que vuela, la que había llevado por el aire una piedra grande de tres puntas, en cada una de las cuales estaba figurado un rostro deforme, ganando con esa piedra las batallas contra sus enemigos. Esta mujer misteriosa fue la que les enseñó la religión, haciéndoles que adoraran al gran padre, a la gran madre y a otros dioses inferiores a quienes pedían hijos, bienes de fortuna, cosechas abundantes y remedios en todas sus necesidades.

Agregaban que, después de haber dividido el reino entre tres hijos o hermanos suyos, desapareció en medio de una tempestad, volando al cielo bajo la figura de un pájaro.

Los aborígenes de Honduras practicaban también los sacrificios humanos; pero carecían de la bárbara costumbre de comer la carne de las víctimas.

Hablaban el idioma ulba, el chontal y el pilpil.

Hoy día, la raza india en Honduras está representada por numerosas tribus, como ser los chortíes, que se extienden en el departamento de Gracias y que pertenecen a la misma familia de los quichés y cakchiqueles de Guatemala. En una gran parte de la meseta viven los lencas, que son menos civilizados que los anteriores, y cuyos dialectos aún se hablan en las montañas de Comayagua, Tegucigalpa y Choluteca. En la parte noreste de la República se les llama payas, y ocupan un territorio de más de treinta mil kilómetros de superficie. Parecen ser de la misma familia los indios tucas o pacos del valle del Patuca, en el departamento de Olancho.

En la costa del norte, desde Puerto Caballos hacia el este, viven los descendientes de los caribes, expulsados por los ingleses de la isla de San Vicente y trasladados en 1796 a las islas entonces desiertas de Rostan o Roatán. Atraídos por los gobernadores españoles de Honduras pasaron al continente, donde se han multiplicado extraordinariamente. Conservan su lengua y también muchas de sus costumbres y supersticiones; pero constituyen una población muy inteligente, laboriosa y entre ellos se recluta la mayor parte de los trabajadores destinados a la corta de maderas. Manejan con gran destreza el hacha y el azadón y están llamados a prestar grandes servicios en la construcción de ferrocarriles, caminos y puentes.

También se encuentra representado en Honduras el elemento africano. Muchos esclavos fugitivos de Cuba y Jamaica se refugiaron en este país, y en la costa son muy numerosos los zambos.

La población indígena se calcula hoy día en más de ciento veinte mil almas. A la época de la conquista esa población no excedía de nueve mil indios.

Los conquistadores fundaron dos conventos: uno mercedario y el otro domínico. Las ciudades que ellos levantaron eran Valladolid, que hoy se llama Comayagua, Gracias a Dios o simplemente Gracias, San Pedro Sula, San Juan en el Puerto Caballos, Trujillo y Juan Jorge de Olancho o simplemente Olancho.

Los españoles encontraron en Honduras muchas construcciones indígenas, ciudades, templos y fortificaciones en ruinas. La mayor parte presentaban la forma de pirámides truncadas, terrazas y montecillos cónicos.

En la frontera, cerca de Guatemala, se encuentran las famosas ruinas de Copán. Notables son también las de Pueblo Viejo o Terampúa.

Los naturales de Honduras eran, por lo general, gente dócil, gallarda y descansadamente rica y muy apegada a sus hábitos tradicionales; devota hasta la superstición y dada con exceso a la embriaguez, de lo cual se vanagloriaban. Eran, asimismo, glotones con exceso y nada les irritaba tanto como que no los invitasen a sus banquetes la familia o la tribu a las cuales habían regalado en los ágapes domésticos o populares.

En sus danzas hacían gala de una excelente salud, puesto que las prolongaban por espacio de siete u ocho días, no obstante el gran peso de las galas con que se adornaban, cubriéndose no solo de vistosas plumas, sino también de monedas, espejos y chalchihuites.

Ordenaban sus danzas bailando en torno del que tocaba el instrumento llamado tepunaguastle, que es un rústico instrumento músico, a la manera de un cofre, con unas angostas roturas a trecho, que sirven a la consonancia ambiente de las voces y se tocaba al golpe de unas baquetillas de madera sólida, calzadas en los extremos de este, y que eran de una materia resinosa. Danzan cantando alabanzas del santo que se celebra; pero en los bailes prohibidos contaban las historias y hechos de sus mayores y de sus falsas y mentidas deidades.

Criaban a sus hijos fajándoles contra una tabla, desde el pecho hasta los pies, por cuya causa todos los indios tienen la parte de atrás de la cabeza llana y aplastada. Pende del cabezal de la tabla un arquillo sobre el cual ponen un lienzo, que cubriendo el cuerpo de la criatura los defiende de las moscas, del polvo y del viento.

IX

El Estado de Honduras tenía por frontera las Repúblicas de Guatemala, El Salvador y Nicaragua, así como la costa en el Pacífico y en el Atlántico o Mar de las Antillas.

La frontera con Guatemala está delimitada por las montañas de Grita, Espíritu Santo y Merendón.

La del Salvador es una línea imaginaria que divide el golfo de Fonseca en dos porciones desiguales y que, partiendo del costado oriental de la isla de Niauquera, termina en la boca del río Goascorán, y sigue este río aguas arriba hasta su confluencia con el río Pescado, por cuya corriente sigue hasta la confluencia con la quebrada del Zapote y continúa aguas arriba de esta última hasta su nacimiento. Más al norte la frontera está determinada por los linderos de Cacaopera, Arambala, Perquín, San Fernando y Torolá, en el departamento de Morazán, hasta la confluencia de los ríos Magdalena y Torolá; este último hasta su entrada en el Lempa, y desde aquí la margen izquierda del citado Lempa hasta la desembocadura del riachuelo Dulce nombre de Jesús. De aquí, formando una curva, se dirige sucesivamente al norte, noroeste y sureste hasta terminar en la margen izquierda del Sumpul; sigue este río aguas arriba hasta frente y al este de la aldea de El Rodeo. Luego se dirige en línea casi recta hacia el oeste, pasa entre Ocotepeque y Cítala, corta el Lempa dirigiéndose hacia los picos de la cadena Alotepeque Matapán y termina en el Sillón de Alotepeque.

El límite con Nicaragua está marcado en la vertiente de la bahía Fonseca, por el pequeño río Negro; después por la cordillera de Dipilto, divisoria entre los ríos Choluteca y Ocotal, afluente del Segovia. Más al este la frontera, que según propuesta de la comisión internacional de 1870, debía ser una línea que, partiendo de la cuesta del Dipilto, siguiera la divisoria entre los ríos Patuca y Segovia hasta el cabo Falso, entre la laguna de Caratasca y el verdadero cabo Gracias a Dios1; pero los congresos respectivos no ratificaron el proyecto de la comisión.

En el litoral del Mar de las Antillas tiene Honduras 650 kilómetros de costa; en ella, y de este a oeste, se encuentra la laguna Caratasca, la Punta Patuca, en la desembocadura del río de este nombre, el lago Castina, el cabo Comerin, cerca de la desembocadura del río Cape, el cabo Honduras y la Punta Escondida.

Los principales puertos son:

Trujillo, Puerto Cortés o Puerto Caballos, como se le llamaba antiguamente, y Omoa. Cerca de esta costa se encuentran las islas Roatán, Guanaja, Utila, Barbareta, Cochinos y otras, con el nombre de Islas de la Bahía.

En el Pacífico tiene la República unos mil kilómetros de costa en la magnífica bahía de Fonseca, donde están las islas Zacate Grande, Tigre, Güegüense, Exposición, Verde y Garva.

En la playa norte de la Bahía del Tigre se encuentra el magnífico puerto de Amapala, y al norte del golfo, frente a la isla de Zacate Grande, está el puerto de la Brea.

X

Estudiando la orografía de Honduras tenemos que es un país montañoso. La cordillera de los Andes, continuación de los Andes guatemaltecos, la recorre sinuosamente de noroeste a sureste, dirigiéndose hacia el norte varios ramales divergentes; pero existen extensos valles y campos fértiles regados por ríos caudalosos, y otros menores que se dirigen principalmente al Atlántico.

Las costas están cubiertas de selvas vírgenes y bosques frondosos, que ostentan toda la grandeza y vigor de una naturaleza primitiva.

Puede decirse, de una manera general, que el aspecto físico de Honduras es grandioso y bello, y que sus riquezas naturales son inagotables.

Honduras puede considerarse como una meseta de unos 10,000 metros de altura muy desigual y dominada por altas cordilleras que corren en distintas direcciones.

Las principales de estas montañas son:

La sierra llamada en su origen Montañas del Merendón, y en el resto de su curso Montañas de Gallinero o Grita, Montañas del Espíritu Santo y de Omoa.

En la línea divisoria entre Honduras y Guatemala están las montañas de Celaque, en el departamento de Santa Bárbara. Las de Puca y Opalaca e Intibucá al este de las de Celaque. Montecillos, que es la parte de la cordillera que cambia de dirección hacia el norte, entre el valle de Otoro y el de Comayagua, se dirige en varios ramales que forman el valle de Yojoa.

Existen también las montañas de Comayagua al este del valle de este nombre, que forman, por el sur, las montañas de Lepaterique y por el centro el alto ramal llamado montañas o cerro de Hule. Las montañas de Sulaco, al noreste de las de Comayagua, ocupan el centro de Honduras.

Las montañas de Mioco y las de Pijó, que se terminan por los picos de Congrehoy y Poyas, son una dependencia de las de Sulaco. Por último, las montañas de Chile, que son continuación de la cadena. Toman estas montañas en su curso los nombres de Macuelizo y Sierra de San Marcos hasta el cerro Frijolillo. En la primera sierra que separa el valle del río Motagua del Chamalecón, hay altitudes de casi 3,000 metros.

La principal cordillera es la Sierra Madre o de Pacaya, que a partir de la Sierra del Merendón se va encorvando poco a poco hacia el este, paralelamente a la costa del Pacífico y va a formar la Sierra de San Juan. Es el reborde meridional de la meseta, sobre la cual se alejan al norte las citadas montañas de Celaque. Los Montecillos forman el reborde oriental de la meseta y dominan la llanura de Comayagua y la depresión por la que se proyectó que pasara el ferrocarril interoceánico.

En efecto, el gran valle o llanura de Comayagua corta casi en ángulo recto la dirección general de las cordilleras que la limitan por el este y el oeste, y dan paso de un mar a otro. Los ríos Humuya y Goascorán nacen en la parte más elevada de la llanura y muy cerca uno de otro, dirigiéndose el primero hacia el norte, a la Bahía de Honduras, y el segundo hacia el sur, a la Bahía de Fonseca.

La citada Sierra de Comayagua domina la llanura de este nombre frente a los Montecillos.

De los montes de Chile parten varios ramales al norte y al noroeste entre los valles que bajan hacia el litoral del Mar de las Antillas. Son montañas bastante elevadas, porque la cadena de Congrehoy, entre Omoa y Trujillo, y enlazada con la cordillera de Chile por las sierras de Sulaco y Micoco, presenta altitudes de cerca de 2,500 metros. Solo hay en Honduras dos montañas volcánicas, pero extintas y ambas en las Islas de la Bahía, Fonseca, en Zacate Grande y en Tigre.

Merece citarse el curioso fenómeno de la llamada Fuente de Sangre, al sur del pueblo de La Virtud, en el departamento de Gracias. Es una caverna de donde emana un líquido rojo, coagulable, y que entra en putrefacción como la sangre. En la estación lluviosa se mezcla a las aguas de un riachuelo que corre al pie de la gruta, dándoles el mismo aspecto de sangre. Squier atribuye este fenómeno a la presencia de infusorios colorados, y el doctor Le Conte a los excrementos de innumerables murciélagos que habitan la gruta. Pudiera ser que, alimentándose los murciélagos del fruto de Cereus Pitahaya, que abunda en los alrededores de la gruta, sus excrementos estuviesen impregnados de la materia colorante de ese fruto, produciéndose así esa coloración que tiene las apariencias de sangre.

XI

Estudiando la hidrografía de Honduras, resulta que las aguas corren hacia el Atlántico y el Pacífico. Los principales ríos corresponden a la vertiente del primero, porque es más extenso y también porque en ella son más abundantes las lluvias.

En la costa del golfo de Honduras y yendo de oriente a este, se encuentran los ríos Chamalecón, Humuya o Ulúa, cuya cuenca comprende casi la cuarta parte de los territorios de toda la República.

Los ríos Colorado, León, Papaloteca, Caballo, Romano o Agazan, Poyas, Cape, Patuca y Cartago, y por último, el Segovia, Coco, Wanks o Yoro, en la frontera de Nicaragua. Todos estos ríos arrastran grandes aluviones, a los que se debe la formación de penínsulas arenosas, arrecifes y bancos en la costa, la cual, entre los deltas de los ríos, presenta lagunas de agua salada o bahías inferiores, de las que la mayor es la ya citada Caratasca. Algunos de estos ríos, como el Ulua, Aguan y Segovia, son navegables por vapores ligeros o por pequeños botes, llamados en el país Pitpantes.

En el Pacífico, o sea, en el Golfo Fonseca, desaguan los ríos Choluteca y Goascorán.

Los lagos más notables de Honduras, además de los de Caratasca y Cartina, son el lago de Yojoa o Taulebé, situado entre los departamentos de Comayagua y Santa Bárbara, y la laguna de La Criba, al oeste del lago Cartina.

CAPÍTULO III: PRIMEROS POBLADORES DE HONDURAS

I. Primeras poblaciones que se fundaron en Honduras; su ingreso en el proyecto de confederación con otros Estados y como terminó esta bella idea. II. Límites del Estado de Honduras y su extensión. III. Su división actual y su forma de Gobierno. IV. Pedrarias Dávila y Gil González de Ávila. V. Expedición a Nicaragua y Costa Rica y resistencia del cacique Urraca. VI. Descubrimientos y conquistas de Gil Gonzáles Ávila o Dávila. VII. Llegada de Gil Gonzáles Dávila a las tierras del cacique Nicoya y riquezas que recogió en sus viajes. VIII. El cacique Diriangén ataca a Gil González y es aquel derrotado; regresó a Panamá del conquistador español en 1523. Pedrarias pretende que le entregue el quinto real y Gil González lo burla huyendo a Nombre de Dios.

I

Hemos dicho que el territorio de Honduras fue descubierto por Cristóbal Colón en su tercer viaje a América en 1502.

En efecto, el almirante, penetrando en el Golfo de Honduras, desembarcó en el puerto que llamó De Caxinas, y que hoy se conoce con el nombre de Trujillo, el 15 de agosto de ese año.

El 15 de septiembre concluyó de recorrer la costa que llamó De la Oreja, llegando hasta el cabo denominado también por él Gracias a Dios. Después, tomando al sur, recorrió las comarcas que hoy se denominan Mosquitos, Nicaragua y Costa Rica o Veragua, todo lo cual ocurría en los meses de octubre y noviembre de ese mismo año.

Debe Honduras su nombre a las honduras o fondos que los primeros pilotos hallaron en sus costas y porque al abandonarlas exclamaron: ¡líbrenos Dios de estas honduras!

El Estado de Honduras formó parte de la República Mayor de Centroamérica, que se organizó a virtud del pacto suscrito en Amapala con fecha de 20 de junio de 1895, entre las repúblicas signatarias, que lo fueron Honduras, El Salvador y Nicaragua, por el cual se reunían en una sola entidad política para el ejercicio de su soberanía transeúnte, bajo el nombre antes indicado, denominación que debía subsistir hasta que las Repúblicas de Guatemala y Costa Rica aceptasen voluntariamente ese convenio, caso en que se llamaría: República de Centroamérica.

Por el Pacto de Amapala los gobiernos signatarios no renunciaban a su autonomía e independencia para la dirección de sus asuntos interiores. La Constitución y leyes secundarias de cada Estado continuaban en vigor en todo aquello que no se opusieran a las estipulaciones de dicho convenio.

La soberanía transeúnte se debía ejercer por una dieta compuesta de un miembro propietario y un suplente, electos por cada una de las legislaturas de las repúblicas signatarias, por un periodo de tres años, debiendo las resoluciones de esta dieta tomarse por mayoría de votos.

Las atribuciones de la dieta tenían por principal objeto mantener la mejor armonía con todas las naciones con quienes las repúblicas signatarias cultivasen relaciones de amistad, celebrando al efecto los tratados, convenciones o pactos que condujeran a estos fines.

La dieta, además, debería funcionar por un año completo en cada una de las capitales de las repúblicas signatarias, comenzando por la de San Salvador, siguiendo después en Managua y por último en Tegucigalpa, y así sucesivamente.

Por el Art. XIV del Pacto de Amapala, se establecía también que dentro de tres años o antes, si fuese posible, la dieta debería formar el proyecto de unión definitiva de las repúblicas signatarias. Para llevar esto a término debía reunirse una asamblea en el lugar donde a la sazón funcionara la dieta.

Esta dieta se estableció y funcionó un año en San Salvador y otro en Managua.

El congreso que debía dar la Constitución se instaló en esta última ciudad, por encontrarse allí funcionando la dieta, con delegados de las tres repúblicas, y emitió su Constitución, la que se firmó con fecha del 27 de agosto de 1898, debiendo regir desde el 1° de noviembre de ese año.

Conforme a esta Constitución, la República Mayor se debía denominar Estados Unidos de Centroamérica. Los componentes de esta confederación eran las tres repúblicas nombradas y se agregaba, otra vez más, que Guatemala y Costa Rica podían incorporarse, si a bien lo tenían sus Gobiernos, para completar la reconstrucción de la antigua República Federal, que se formó en 1823 y que se disolvió en 1839.

La misma República adoptó por forma de gobierno el federal.

El puerto de Amapala debería ser, con calidad de por ahora, la capital de la República; pero el Ejecutivo provisional podría designar interinamente para tal objeto cualquiera de las poblaciones comprendidas en el Distrito Federal, mientras se reuniera el Poder Legislativo.

El Poder Ejecutivo Federal sería ejercido por un presidente que el pueblo elegiría directamente por cuatro años, sin que pudiera haber reelección inmediata. En las faltas temporales del presidente entraría a ejercer el Poder Ejecutivo uno de los tres designados por la Asamblea General.

El presidente del Ejecutivo Federal sería el comandante general del ejército y jefe de la Armada Nacional.

El periodo presidencial comenzaría el 15 de marzo de 1899; pero mientras tanto, desde el 1° de noviembre de 1898, ejercería el Poder Ejecutivo un Consejo de Gobierno formado por tres delegados que eligió la Asamblea General antes de disolverse y cuya elección recayó en los señores don Manuel C. Matus por Nicaragua, don Salvador Gallegos por El Salvador y don Ángel Ugarte por Honduras.

La dieta seguiría funcionando en Managua, y solo terminaba en sus funciones cuando se instalara en Amapala el Consejo de Gobierno.

En efecto, conforme al Art. 151 de la Constitución de los Estados Unidos de Centroamérica, el 1° de noviembre de 1898, este Consejo de Gobierno tomó posesión de su elevado cargo y comenzó a ejercer sus funciones. Luego procedió a elegir secretarios de Estados para cada uno de los departamentos y todo marchaba perfectamente bien y las tres repúblicas se preparaban para la elección del presidente de la nueva República Federal.

Nada podía hacer presagiar un fracaso de tan noble idea. Ya estaba casi realizada en su totalidad, merced al patriotismo y elevación de miras de los presidentes de las tres repúblicas, que tanto habían trabajado por la realización de este proyecto.

Sin embargo, un hecho no previsto vino a dar por terminada fatalmente la nueva confederación.

El segundo domingo de enero de 1899 debía entregar el mando el presidente de El Salvador, general Gutiérrez y a pesar de que se le denunció que se operaba en su territorio un movimiento revolucionario en su contra, bajo la bandera separatista para que concluyera con la Federación, no creyó en su efectividad, sobre todo, cuando se le daba el nombre del jefe de la revolución, porque era su protegido y su hombre de confianza. Era este el general don Tomás

Regalado. Se apoderó del cuartel llamado Primera Brigada de Artillería, en San Salvador, lo que tuvo lugar el día 13 de noviembre de 1898, mediante la infidelidad de los jefes secundarios de dicho puesto militar, logrando así apoderarse de todas las fuerzas de la ciudad y enseguida de los departamentos de la República, colocándose de este modo en abierta rebelión contra las autoridades federales. En el acto proclamó la separación del Estado de El Salvador de la República Federal y su consiguiente autonomía.

El expresidente Gutiérrez salvó la vida y pudo huir a Honduras, donde encontró franco asilo.

El Consejo Directivo tomó cartas en el asunto.

Honduras armó tropas, y el general don Terencio Sierra aceptó el cargo de jefe de todas ellas y de las que debía prestar Nicaragua para atacar a los rebeldes de El Salvador, según órdenes del Consejo Directivo.

Mas sucedió que Nicaragua no cumplió con iguales deberes ni acató las órdenes del Consejo, protestando falta de recursos para ello y asumió entonces toda su soberanía a virtud de que Regalado ya se había hecho proclamar presidente provisorio de El Salvador.

Con esto ya el Consejo no podía tener existencia, y el 29 de noviembre de ese año, declaró disuelta de hecho la República de los Estados Unidos de Centroamérica; declinó la responsabilidad de la ruptura de la Federación, en primer lugar en el promotor del movimiento separatista, general don Tomás Regalado y en los jefes desleales del ejército salvadoreño que lo apoyaron, y en segundo término en el gobernador de Nicaragua y comandante de armas del mismo Estado, que excusaron el cumplimiento de los deberes que les imponía la Constitución.

En vista de esta determinación del Consejo Directivo, el presidente de Honduras, doctor don Policarpo Bonilla, bien a su pesar, en el mismo día y con acuerdo del Consejo de Ministros, declaró que Honduras asumía de hecho la plenitud de la soberanía, quedando en todo su vigor la Constitución de la República, decretada el 14 de octubre de 1894 y procedió a designar ministros para las secretarias de Estado.

Igual cosa hizo el Gobierno de Nicaragua y, respetando más tarde los hechos consumados, se ha reconocido al general Regalado como presidente provisorio de El Salvador.

De este modo se ha frustrado una vez más la realización del gran ideal centroamericano, pero esta idea ha de triunfar más tarde, cuando esas repúblicas comprendan la necesidad de esa unión para su progreso y engrandecimiento. Si ambiciones meramente personales ahogan esta idea, ella tiene que triunfar en no lejano día.

II

Los límites del Estado de Honduras son al norte por el Océano Atlántico; al este por el mismo Océano y el Estado de Nicaragua; al sur por este mismo Estado y el Océano Pacífico (Bahía Fonseca); al suroeste por el Estado de El Salvador y al oeste por la República de Guatemala.

Comprende, además, varias islas, como ser al norte y en el Atlántico, Roatán, Guanaja, Utila, Barbereta, Murat y Elena; al sur, en el Pacífico (Bahía Fonseca) Zacate Grande, El Tigre Güegüense, Exposición y otras.

Comprendiendo las islas, se calcula la extensión de Honduras en 45,000 millas geográficas cuadradas aproximadamente. Sus costas por el lado norte miden 400 millas, más o menos; y por el lado sur sesenta millas.

III

El territorio de Honduras se divide en 15 departamentos, con sus respectivas capitales: Tegucigalpa (Tegucigalpa), El Paraíso (Yuscarán); Choluteca (Choluteca); Valle (Nacaome); La Paz (La Paz); Comayagua (Comayagua); Yoro (Yoro); Cortés (San Pedro Sula); Santa Bárbara (Santa Bárbara); Copán (Santa Rosa de Copán); Gracias (Gracias); Intibucá (La Esperanza); Olancho (Juticalpa); Colón (Trujillo); Las Islas (Roatán).

Esta división comprende 23 ciudades; 14 villas; 193 pueblos; 888 aldeas y 1910 caseríos.

La población es de 400,000 habitantes aproximadamente.

El Gobierno de Honduras es republicano, democrático y representativo. Se ejerce por tres poderes independientes entre sí, que se denominan: Ejecutivo, que lo ejerce un ciudadano con el título de Presidente de la República; el Legislativo, por una Cámara de Representantes elegidos por el pueblo; y el Judicial por los magistrados que establecen su Constitución.

Ante la Constitución del Estado de Honduras todas las religiones son iguales. Es tal vez el único país de la América Latina donde no existe el favoritismo religioso en el sentido de crear dificultades políticas; porque así no puede haber cuestiones religiosas.

El ejército de Honduras lo forman 38,075 individuos, divididos en esta forma:

Jefes superiores	380
Oficiales	1,695
Clases y soldados	36,000

IV

Previos estos antecedentes ilustrativos y que nos servirán de base para comprender mejor los hechos que vamos a narrar, tócanos seguir ahora con el que continuó el descubrimiento de Honduras, después de los reconocimientos que hizo Colón.

A Pedro Arias Dávila, conocido con el nombre de Pedrarias Dávila, que se había distinguido como jefe de graduación en las guerras de Granada y en la expedición a África, se le dio en España el título de Gobernador del Darién, o sea, de Castilla del Oro, que comprendía también el territorio de Costa Rica en 1513, haciéndose cargo de su destino en 1514. Con él vinieron a buscar fortuna a América muchos nobles arruinados, figurando entre estos Hernán Ponce, Bartolomé Hurtado, Vasco Núñez de Balboa, Hernández de Córdova, Soto, Ojeda, Olid, Pizarro, etc.

Se estableció en Panamá para dirigir desde allí la conquista de los países sobre los cuales debía extender su gobierno.

A principios del siglo XV fue nombrado contador de la isla llamada Española o de Santo Domingo, Gil González Dávila. Antes de salir a hacerse cargo de su destino, conoció en España al piloto Andrés Nilo y a Andrés de Cereceda, que habían estado ya en Castilla del Oro y, entusiasmado por lo que le contaban, propuso al rey de España el descubrimiento de tierras en el Mar del Sur y celebró con él un convenio para el descubrimiento de las Islas Molucas o de la Especería el 18 de junio de 1519.

El gobernador de Castilla del Oro debía entregar a Gil González todos los navíos embargados a Vasco Núñez de Balboa y doce piezas de artillería con sus municiones. Se le entregaron también 3,000 pesos y todo lo que necesitó para el viaje.

Se le extendió el título de Capitán General de la Armada y Caballero de la Cruz de Santiago.

La expedición partió de Sanlúcar de Barrameda el 13 de septiembre de 1519. Acompañaban a Gil González Andrés Niño y Cereceda. La escuadrilla se componía de tres navíos y de 300 hombres.

Arribó Gonzáles Dávila a la Española, y en enero de 1520 desembarcó en el puerto de Tela, como a cincuenta o sesenta leguas del Darién, con el propósito de atravesar el istmo y pasar al Mar del Sur.

V

En 1516 Pedrarias dispuso que Hernán Ponce y Bartolomé Hurtado salieran a cargo de una expedición, la que recorrió la costa sur de las actuales Repúblicas de Nicaragua y Costa Rica. Como los indios de esta última parte, llamados chiuchires se preparaban para atacarlos, no intentaron desembarcar y siguieron hasta el punto que los naturales llamaban Chira, al cual los castellanos dieron el nombre de San Lucas, y que después es conocido con el de Nicoya. Viendo entonces que no podían desembarcar por ninguno de esos puntos, la expedición regresó a Panamá.

Sin contar otras expediciones a los territorios vecinos, merece especial mención la que en 1520 salió de Panamá en dos navíos a cargo del licenciado Gaspar de Espinoza en busca de las islas llamadas De Cebaco. Francisco Pizarro avanzaba por tierra en la misma dirección, peleando con los habitantes de esa comarca hasta dejarlos sometidos No encontrando oro como deseaban y teniendo noticias de que existía en los dominios del cacique Urraca, que entonces se denominaba Burica y hoy Boruca y que pertenece a Costa Rica, se dirigieron allí.

Urraca les hizo tenas resistencia hasta el extremo de estar ya casi perdido Espinoza. En tales apuros se presentó Hernando de Soto que, mandado por Pizarro, hacía una correría por esos lugares. Fueron rechazados los expedicionarios con pérdidas considerables. Huyeron entonces a sus embarcaciones.

Nuevos combates empeñaron más tarde; pero llamado Espinoza por Pedrarias, se dirigió a Panamá, dejando en Burica un corto destacamento a cargo del capitán Francisco Campañón. En cuanto Urraca supo la partida de los españoles resolvió atacar a los pocos que allí quedaron. Campañón, al saber esto, envió mensajeros a Pedrarias y este le envió un navío con cuarenta hombres al mando de Hernán Ponce, auxilio que llegó en momento oportuno.

Entonces resolvió Pedrarias ir en persona a combatir a Urraca. Al efecto llegó hasta donde se encontraba el enemigo con tropas y algunas piezas de artillería. El combate que se trabó fue recio, hasta que por fin el cacique se retiró a los márgenes de un río. Lo atacó Pedrarias y, después de muchos días de combate, no quiso seguirlo más.

Fundó enseguida una colonia española en el lugar llamado Natá, y dejó por teniente suyo al capitán Diego de Alvites y regresó él a Panamá.

Era entonces cuando Pedrarias había hecho degollar a Vasco Núñez de Balboa, y poco antes de este suceso, cuando Niño, Cereceda y Alonso de la Puente se habían marchado a España para pedir los navíos embargados a Balboa a fin de buscar las islas Molucas o de la Especería, que eran objeto de los más ardientes deseos de los reyes de España y de los aventureros que habían pasado a América.

VI

Gil González no pudo obtener de Pedrarias la entrega de los navíos que fueron de Balboa, a pesar de la orden real. Resolvió, entonces, construir otros, cortando la madera en Tela para llevarla al otro mar. Mil dificultades tuvo que vencer en esta obra y, al terminarla, ya había perdido 120 hombres de los 200 que había traído de España. Las embarcaciones resultó que no servían, porque las maderas se habían podrido.

Este contratiempo no desalentó empero a Gil González y resolvió construir otros buques, dando comienzo a este trabajo en la isla de Las Perlas. Pidióle a Pedrarias que le vendiese un negrillo volatín que tenía aquel, ofreciéndole por él trescientos pesos, siendo que no valía cien. Pedrarias convino en ello y se estipuló que los trescientos pesos quedaran en poder de Gil González, como parte con que contribuía a la empresa del descubrimiento, con derecho a lo que proporcionalmente le correspondiera en las ganancias.

Con esto pudo Gil González contar con algún auxilio de indios y de bastimentos y llevar a cabo la construcción de cuatro embarcaciones. Con ellas salió de la isla de Las Perlas el 21 de enero de 1522; pero cuando había navegado más de cien leguas al occidente, notó que todas las vasijas en que iba el agua estaban deshaciéndose y los buques mismos bastante averiados.

Determinó entonces salir a tierra para reparar los toneles mientras carenaban las embarcaciones, para lo cual fue necesario enviar a Panamá un bergantín en solicitud de pez y otros elementos indispensables.

Mientras se reparaban los buques, dispuso Gil González hacer una excursión al interior del país con cien hombres y cuatro caballos, dejando prevenido al piloto que cuando estuvieran los navíos listos, navegase unas ochenta o cien leguas adelante sin desviarse de la costa, y que fondeando en un puerto a propósito le aguardase, pues él iría a reunírsele.

Gil González, al emprender aquel viaje por tierra, era porque creía ahorrar algunos víveres que se necesitaban para continuar la excursión por mar y, además, obtener oro de los indígenas de aquellas tierras.

El piloto Andrés Niño reparó los buques.

Gil González, en el entretanto, partió del territorio de la actual República de Costa Rica y penetró en la de Nicaragua, igual al de toda la América Central, estaba en aquella época abundantemente poblado.

Los caciques y los pueblos recibieron de paz a los españoles y, requeridos para que se declarasen vasallos del rey de Castilla y abrazaran el cristianismo, no pusieron dificultad alguna para hacerlo, bautizándose millares de hombres.

Continuó Gil González su excursión por Nicaragua y se fue apartando por consiguiente de la costa.

Lo fuerte de los soles y el tener que pasar los ríos a pie, produjo a Gil González un doloroso reumatismo, a tal extremo que hubo que llevarle a hombros.

Llegaron así a una isla formada por dos brazos de un caudaloso río y, como llovía abundantemente, se acogieron todos a la casa del cacique de la isla. El agua cundía, la casa se vino abajo hasta que se abrieron boquetes para dar salida a las aguas. Aquello fue terrible: los víveres se perdieron y tuvieron que pernoctar bajo los árboles. Volvieron entonces a la costa y llegaron al Golfo San Vicente, donde les esperaba el piloto Andrés Niño con los navíos ya carenados.

El botín obtenido en esta expedición ascendía a unos cuarenta mil pesos oro, rescatado de los indios que se habían sometido al rey de Espala y a la religión católica.

Dejó este caudal en dos navíos que estaban en el golfo y mandó al piloto que los otros dos continuaran navegando hacia el occidente.

Gil González siguió por tierra la misma dirección, procurando conquistar por la paz a los habitantes del país y haciendo guerra a los que no quisieran someterse, conviniendo en reunirse con los demás al cabo de cierto tiempo en el mismo Golfo de San Vicente.

VII

Gil González llegó a las tierras de un cacique llamado Nicoya, a quien exhortó para que abrazara el cristianismo y prestara obediencia al rey de Castilla. Nada le fue más fácil que esto y seis mil indios recibieron del capellán que le acompañaba el bautizo.

Nicoya obsequió a Gil González 14,000 pesos oro y seis ídolos del mismo metal de tamaño de una paloma, en cambio de ciertas baratijas que le obsequió el capitán de la expedición.

Por Nicoya supo que, como a cincuenta leguas de distancia, existía otro cacique llamado Nicaragua, el cual era poderoso y rico.

El territorio de este cacique era donde existe hoy la ciudad de Rivas.

Antes de llegar Gil González donde este cacique, le envió mensajeros acompañados de intérpretes para ofrecerles la paz.

Los intérpretes ponderaron la valentía de los españoles, la superioridad de sus armas y la fiereza de sus caballos. El cacique impresionado por este relato mandó en el acto cuatro personajes de su corte a decir el capitán español que aceptaba la paz y que abrazaría la religión de que se le hablaba, si le parecía buena. Satisfecho con esta respuesta entró Gil González con su gente al pueblo y fue recibido cordialmente por el jefe indio. Le dio como 25,000 pesos oro, mucha ropa y plumas ricas, en cambio de una camisa de lienzo con que hizo vestir al cacique, un sayo de seda y una gorra de paño grana, obsequiándole otras cosas de muy poco valor.

El capellán comenzó entonces a catequizar al cacique, manifestándole por medio de intérpretes el error de la idolatría y la excelencia de la religión católica. Díjole que no debían hacerse la guerra los unos con los otros, que debían abandonar las borracheras a que se entregaban en sus bailes; les manifestó también los malos efectos de la gula y del pecado contra naturaleza de que se acusaba a esos pueblos y condenó, en fin, los sacrificios humanos y la detestable costumbre de comer carne de sus semejantes.

Estos consejos le parecieron bien al cacique; pero le observó al capellán que con bailar y emborracharse a nadie ofendían. Preguntó si los cristianos tenían noticias del diluvio que arrasó la tierra y si había de haber otro; si al fin de los tiempos se destruiría el mundo o si acaso sobre él caerían los astros y como cesaría el curso del sol y perdería su claridad y lo mismo la luna y las estrellas; preguntó por el porte de esos astros, quien los sostenía y los hacia moverse en el espacio. Acusó a la naturaleza de imperfecta, porque había noches oscuras y fríos en ciertas épocas, siendo que para el hombre era más ventajoso el que hubiera siempre luz y calor. Preguntó a donde iría el alma después de su separación del cuerpo; si morían el pontífice de los cristianos y el rey de Castilla que se le acababan de nombrar; y por fin les preguntó para que querían tanto oro unos pocos hombres.

Gil González quedó admirado de los argumentos del indio, pero a todo se le dio respuesta y fue bautizado. Hizo en seguida llevar en procesión solemne una cruz y colocarla en la cumbre del sacrificatorio que tenían los indios en 1 aplaza del pueblo subiendo el capitán González de rodillas las gradas y derramando lágrimas. Nicaragua tomó también su cruz y fue a colocarla en el templo. La cruz era entre los indios el símbolo de lluvia. Nueve mil personas se bautizaron en ocho días que estuvieron allí los españoles.

Dos caciques de los pueblos vecinos acudieron a solicitar también el bautismo, pasando de 32,000 indios los que siguieron ese ejemplo, tal vez por lo fácil de la ceremonia, que solo consistía en recibir un poco de agua en la cabeza. No había, pues, en los bautizados una verdadera sinceridad.

En las poblaciones inmediatas que recorrió después Gil González le dieron oro, esclavos y abundantes provisiones para él y sus soldados.

VIII

A la noticia de la llegada de los españoles a esas comarcas, apareció un cacique llamado Diriangén con quinientos hombres, cada uno de los cuales llevaba un pavo para obsequiar a estos huéspedes. Diez individuos iban con banderas blancas, seguían después diecisiete mujeres adornadas con muchas placas de oro, llevando unas doscientas hachuelas del mismo metal y por fin, iba el cacique rodeado de los señores de su corte, acompañado de cinco tañedores de pífanos. El objeto de ellos era ver aquellos hombres con barbas y montados en animales de cuatro patas y de quienes tanto se hablaba.

Gil González les recibió perfectamente bien; aceptó el oro que le llevaban, representando un valor de 18,000 pesos. Después de exhortarlos a que abrazaran la religión católica, les preguntó cuándo querían bautizarse. Diriangén pidióle seis días de plazo para resolverse, después de contar a los españoles y de examinarlos perfectamente. El 17 de abril de 1523, aparecieron los escuadrones indios en número de cuatro mil y cayeron de improviso sobre los españoles. Gil González montó en el acto en su caballo y ordenó la defensa para poder resistir a tan considerable número de enemigos. El ataque fue violento y desesperado; siete españoles quedaron heridos y uno fue hecho prisionero por los indios, pero fue rescatado por sus compañeros, al que conservaron vivo los indios para sacrificarlo.

Siguió el ataque hasta que entró el pánico entre los indios y huyeron. Gil González los persiguió hasta muy lejos; pero se resolvió en consejo de guerra abandonar esos lugares y volver a la costa a buscar los navíos, sin perjuicio de seguir la conquista más tarde con más gente. Atravesó Gil González el pueblo donde estaba el cacique Nicaragua sin ser molestado; pero después comenzaron los indios a aparecer por la retaguardia en actitud hostil. Se hizo avanzar a Cereceda con el tren y los enfermos y Gil González se quedó a la retaguardia y disparó contra los indios, cuyo número era ya considerable. El valor castellano los hizo triunfar del ataque: los insurrectos mandaron pedir la paz al jefe español, la que se les concedió y se fueron entonces a su pueblo.

Los españoles llegaron sin novedad al Golfo de San Vicente.

Allí los esperaba Andrés Niño, que había navegado hasta la bahía a la que dieron el nombre de Fonseca, en honor al presidente del Consejo de Indias, que era el protector con que Gil González contaba en España.

Enseguida se dirigió a Panamá, a donde llegó el 25 de junio de 1523. Allí se ocupó en hacer fundir el oro que había recogido, el que ascendió a más de 90,000$ oro, fuera de perlas y otras cosas de valor.

Apartó el quinto real y, cuando se preparaba para embarcarse para Santo Domingo y enviarlo a España, se le presentó Pedrarias exigiéndole la entrega de esa parte, alegando que se podría perder en la travesía.

Gil González le contestó que quien había sacado ese oro con la lanza de manos de enemigos infieles sabría defenderlo por tierra y por mar hasta entregarlo a quien correspondía.

Pedrarias no quedó satisfecho con esta enérgica contestación e insistió en la entrega. Entonces Gil González se marchó furtivamente a Nombre de Dios. Pedrarias salió en su alcance, pero cuando llegó a aquel puerto ya se había embarcado Gil González hacia Santo Domingo, a donde llegó con toda facilidad.

CAPÍTULO IV: HERNÁN CORTÉS LLEGA A HONDURAS

I. Gil González Dávila envía el quinto real a España y se va enseguida a la conquista de Honduras. II. Pedrarias manda una expedición a ocupar las tierras descubiertas por Gil González Dávila y ciudades que se fundan por sus expedicionarios. III. Gil González Dávila ataca a Hernández de Soto en Toreba y lo derrota haciéndolo prisionero; se marcha enseguida a Puerto Caballo. IV. Hernán Cortés, Pedro de Alvarado y Cristóbal de Olid en Honduras. V. Gil González y Las Casas son hechos prisioneros por Olid; asesinato de este último. VI. Pedro de Alvarado y los cakchiqueles. VII. Cortés y Alvarado regresan sucesivamente a México.

I

Lo primero que hizo Gil González fue enviar a su tesorero Cereceda a España, con el objeto de entregar el quinto real y solicitar en su nombre permiso de la corte para salir a buscar a las costas del norte de Honduras el desaguadero del lago de Nicaragua. Al mismo tiempo manó una relación circunstanciada de todo lo sucedido. El rey se dio por satisfecho y concedió la nueva autorización que se solicitaba para González Dávila.

Mientras regresaba Cereceda, se ocupó Gil González en preparar la expedición que iba a llevar a Honduras. Esto se realizó en 1524, desembarcando en el lugar que se llamó Puerto Caballo y que hoy se denomina Puerto Cortés. Debe su primer nombre a las circunstancias de que habiéndosele muerto allí unos caballos, los arrojó al mar sigilosamente para que los indios no advirtieran que aquellos animales, que tanto terror les inspiraban, eran mortales.

Continuó su navegación enseguida hasta desembarcar cerca del cabo de Tres Puntas o Manabique, donde fundó una población a la que le dio el nombre de San Gil de Buena Vista, que fue la primera que fundaron los españoles en esa costa y la que desgraciadamente subsistió muy poco tiempo.

Los naturales de esa comarca, en su deseo de que los españoles se retirasen cuanto antes, invitaron a Gil González para que se internara en el territorio de Honduras, ponderándoles la riqueza del país. En San Gil dejó a algunos de sus compañeros y él emprendió marcha al interior, llegando hasta el valle de Olancho y allí se detuvo.

II

Pedrarias Dávila, que quería desquitarse de Gil González, por haberse ido sin entregarle el quinto real, equipó en Panamá una escuadrilla y la puso bajo el mando de Francisco Hernández de Córdova, con título de teniente general. En ella marchaban como capitanes Hernando de Soto, Gabriel de Rojas y Francisco Campañon, el de las guerras con el cacique Urraca. Debían ocupar todas las tierras que Gil González había conquistado, porque Pedrarias alegaba prioridad en esos descubrimientos, a causa de las expediciones que envió en 1516 a las órdenes de Bartolomé Hurtado y de Hernán Ponce, la que llegó solo hasta el Golfo de San Lucas, o sea, de Nicoya, pero sin tocar en tierra, al paso que Gil González realmente había descubierto y conquistado esos lugares a costa de mil sacrificios.

Hernández de Córdova fundó en el pueblo indio de Orotina una villa a la que le dio el nombre de Bruselas y que también fue destruida poco tiempo después. Pasó a la provincia de Nequecheri y tuvo que sostener con los habitantes de estas comarcas sangrientas batallas.

Fundó la ciudad de Granada a orillas del lago y un templo suntuoso, que fue el primero que se consagró al culto cristiano en la América Central. Una fortaleza que levantó allí servía para la defensa de la población.

Enseguida pasó Hernández de Córdova a la provincia de Imalite, dejando atrás la grande y populosa de Masaya. Fundó la ciudad de León, donde levantó también un templo y una fortaleza y envió religiosos para que catequizaran y bautizaran a los indios.

Recorrió el lago y parte del río San Juan en un bergantín que había llevado en piezas y que con ese objeto lo hizo armar una vez que llegó a ese río; pero no pudo llegar hasta su desembocadura en el mar Caribe, a causa de dos raudales y de unas grandes piedras que impidieron el paso del buque.

Después de haber conquistado y colonizado parte de Nicaragua y de haber fundado ciudades que existen hasta hoy, avanzó Hernández de Córdova hacia el territorio de Honduras. En él se internó llegando hasta cerca de Olancho, donde se encontraba Gil González Dávila, empeñado en encontrar el estrecho que debía conducir al Mar del Sur.

III

La idea de una comunicación interoceánica era el gran problema de todos esos aventureros, pensamiento que acariciaban con el mismo entusiasmo que Colón, olvidándose de arrancar hasta el oro a los naturales.

Al saber Gil González Dávila que se aproximaban españoles a donde él se encontraba, temió que le fueran a quitar el campo de su conquista y resolvió defenderla con las armas.

Hernández de Córdova hizo avanzar a Gabriel Rojas con algunos soldados y se presentó a González Dávila, quien lo recibió con cortesía. Díjole que a él personalmente estaba dispuesto a darle la parte que quisiera en la empresa de aquella conquista; pero que como a capitán de Pedrarias no le consentiría la menor intervención, porque ni aquel jefe ni otro alguno tenían que hacer nada en esa tierra, cuyos títulos se los había conferido el monarca de España.

Rojas se retiró enseguida y dio parte a Córdova del mal resultado de su comisión.

Hizo entonces Hernández de Córdova salir a Hernán de Soto con orden de capturar a González, dándole fuerzas bastantes para ello.

Entre tanto, Gil González, que esperaba este resultado, mandó correos a San Gil, llamando a la tropa que allí había dejado y sin esperar su arribo salió a sorprender a su adversario. En el pueblo indio de Toreba cayó sobre él de improviso y, al grito de San Gil y de mueran los traidores, atacó a Soto, pero este pudo sostener el combate con ventajas. Entonces Gil González pidió paz y se paralizó la lucha y entraron ambos en conversación. Llegó entonces el refuerzo que esperaba González Dávila y con él cayó sobre su adversario y lo derrotó completamente, quitándole 130,000 pesos de oro que llevaba y dejó prisionero a Soto.

En esto supo Gil González que se aproximaba otra expedición. Se dirigió entonces a Puerto Caballo y dio libertad a Soto y a algunos de los suyos.

IV

Nuevos personajes se iban a presentar en Honduras. Estos eran nada menos que atrevidos capitanes de Hernán Cortés, el célebre conquistador de México que quería tomar parte en las contiendas de los conquistadores de Centroamérica, el cual, no haciendo caso de las órdenes de la Corte, obraba por su propia cuenta como se le ocurría.

Las noticias de las riquezas de Honduras habían llegado a conocimiento de Cortés y, como ya él había concluido su conquista y tenía jefes valientes y desocupados, preparó entonces dos expediciones: una por tierra y otra por mar. Encargó la primera a Pedro de Alvarado y la segunda a Cristóbal de Olid.

Olid se embarcó en Vera Cruz el 11 de enero de 1524 en cinco navíos y un bergantín bien artillados y mejor pertrechados. Llevaba 370 soldados y se dirigió a la Habana para recibir allí los auxilios que debía entregarle un comisionado de Cortés, a quien le entregó 7,000 pesos de oro para la compra de ellos.

Debía buscar también el tan apetecido estrecho que debía comunicar los dos mares; poblar una villa en un buen puerto que atrajera a los naturales del país por medios pacíficos y que los dos clérigos que iban en la expedición instruyesen a los indios en los principios de la fe católica.

En abril de 1523 la expedición se hizo a la vela. Iba en ella un individuo de apellido Briones, que había sido capitán de buque y que estaba quejoso de Cortés. Procuró este ganarse la voluntad de Olid, como en efecto lo consiguió. Le sugirió la idea de rebelarse contra Cortés y hacer la conquista de Honduras por su propia cuenta.

En la Habana gobernaba Diego Velázquez, enemigo también de Cortés, y allí todos le aconsejaron lo mismo que Briones y al fin cedió a esos pérfidos consejos y convino con Velázquez en ocupar la tierra de Honduras en nombre del rey y que los provechos que se obtuvieran se distribuyeran entre ambos, debiendo Velázquez proveerlo de lo que necesitara y, además, que por medio de los influjos de aquel en la Corte se aprobara allí ese acto y se le diera a Olid dicha gobernación.

La escuadra salió, como ya lo hemos dicho, de la Habana, y llegó el 3 de mayo a una rada, situada a quince leguas delante de Puerto Caballo.

Olid desembarcó y tomó posesión del país en nombre del rey y de Cortés.

Enseguida fundó una villa que llamó Triunfo de la Cruz. Erigió allí una municipalidad y proveyó entre los suyos los cargos de alcaldes y regidores.

Dividió sus fuerzas en partidas y las mandó recorrer y pacificar los pueblos.

Cortés tuvo aviso de lo ocurrido en la Habana e inmediatamente dispuso la salida de otra escuadra a cargo de su pariente, Francisco de las Casas, para que fuese a castigar al rebelde.

Las Casas hizo anclar sus navíos frente a Triunfo de la Cruz y enarboló bandera blanca en señal de paz. Olid no creyó en esto y mandó armar dos carabelas con la poca gente que le había quedado y se propuso impedir el desembarque a los de la escuadra, y como Las Casas comprendió que por engaño no podía capturar a Olid, resolvió hacerlo por la fuerza. Se armó entonces combate entre las embarcaciones, y como era desigual para Olid, propuso arreglos de paz que aceptó Las Casas; pero Olid lo hacía solo mientras llegaba su gente que había mandado llamar con apuro.

La escuadra de Las Casas, buscando un desembarcadero mejor, se apartó un poco de ese lugar. Los dos jefes usaban de perfidia. Las Casas quería bajar su gente en la noche y capturar a Olid y este esperaba que su gente llegara a socorrerle y por eso ganaba tiempo.

La suerte protegió a Olid. En la noche se levantó un norte recio. Las naves de Las Casas no pudieron ponerse a salvo y las estrelló en la costa. Olid cayó sobre los desdichados náufragos y, capturando a todos ellos y al mismo tiempo a Las Casas, los condujo presos al Triunfo de la Cruz. Hizo jurar a los soldados que le serían fieles y que lo ayudarían contra Cortés si intentara acometerlo. Solo mantuvo prisionero al jefe; pero lo trató con toda clase de consideraciones.

V

Otro prisionero debía hacer compañía a Las Casas. Era este Gil González Dávila, quien al saber de la llegada de Olid a Honduras y cuya conquista había él comenzado primero, trató de no enemistarse con él y le escribió en este este sentido y le propuso alianza, a lo que Olid contestó satisfactoriamente.

Gil González marchaba a Puerto Caballo; pero Olid supo que llegaba con muy poca gente al pueblo de Cholana, por cuanto una parte andaba expedicionando, otra sublevada, al extremo que se vio obligado a ahorcar a un clérigo y a un seglar, autores de ese trastorno y entonces creyó llegado el momento de deshacerse de ese peligroso competidor.

Envió al capitán Juan Ruano y este, a los pocos días, se presentó con él ante Olid, quien, orgulloso de sus triunfos, dio cuenta a Velázquez de cómo le favorecía la fortuna.

Se trasladó enseguida a Naco, un poco distante de la costa, llevando consigo a sus prisioneros, a quienes hospedó en su propia casa y los tenía a su mesa, dándoles un excelente trato.

Olid había mandado a Briones con tropas a pacificar indios y, al saber que Cortés mandaba una escuadra respetable contra Olid, cometió otra traición, rebelándose contra su jefe y aclamando a Cortés.

Las Casas y González Dávila se conjuraron entonces contra Olid, pero antes de proceder Las Casas le exigió a Olid que le dejara partir a México, que él conseguiría de Cortés que le dejara la gobernación de Honduras, pero aquel no aceptó.

En una noche, después de la merienda y estando Olid solo con sus prisioneros, se levantó Las Casas y tomó a Olid por las barbas y le enterró en la garganta un afilado cuchillo que tenía oculto bajo su vestido. Gil González se arrojó al mismo tiempo y lo hirió también cruelmente, haciendo otro tanto los soldados partidarios de Cortés. Así pudo huir y se fue a esconder a unos matorrales. Se denunció el paradero de Olid y se fraguó contra él una especie de proceso y lo condenaron los mismos conjurados a ser degollado, pues aún estaba vivo, lo que en efecto se verificó al siguiente día en la plaza de Naco, donde se habían verificado estos sucesos.

Tenía Olid solo 36 años de edad.

Olid traicionó a Cortés como Cortés había traicionado a Velázquez, y este al virrey Diego Colón. Era Olid un valiente capitán. En México su nombre había conquistado celebridad por su valor.

Las Casas abandonó después de ese suceso a Honduras, pero antes de su partida fundó a Trujillo el 18 de mayo de 1525 y como se había proclamado jefe de la tropa, se dirigió a México llevando a Gil González Dávila en calidad de preso, permaneciendo allá algún tiempo en esa ciudad. Pero, durante una ausencia de Hernán Cortés, logró escaparse y dirigirse a España, donde falleció más tarde.

Fue el primer descubridor de las provincias de Nicoya y Nicaragua, que le fueron arrebatadas por Pedrarias. Fue también el descubridor y conquistador de la provincia de Honduras, que también le fue disputada por Pedrarias y arrebatada por Hernán Cortés y Pedro de Alvarado. En una palabra, agitó la América desde el Darién hasta México.

VI

La expedición de Pedro de Alvarado salió por tierra desde México, el 6 de diciembre de 1523, y tenía por objeto apoyar a Olid en la conquista de Honduras. Se componía de 300 soldados de infantería y 120 de caballería, con 40 caballos de reserva, cuatro cañones de pequeño calibre y una sección auxiliar compuesta de 100 mexicanos y de 200 tlaxcaltecas y un gran número de indios de carga que conducían el tren de la expedición. Llevaba además dos sacerdotes, llamados Juan Gornier y Juan Díaz.

¿Quién era Pedro de Alvarado? Un español nacido en Badajoz en 1485. Pasó en 1510 a América en unión de sus hermanos, llegando a Santo Domingo. Más tarde estuvo en Caba y, por fin, en 1518 formó parte de la expedición de Grijalva, en la cual mandaba un navío, dando entonces su nombre al río que aún lo conserva y en cuya desembocadura está el puerto del mismo nombre. Tomó parte de la expedición de Cortés a México, ganando bien pronto la confianza de este por el valor que mostró en los primeros encuentros que hubo en Tabasco y Tlaxcala, aunque su genio arrebatado e imprudente manifestaba que no era un hombre de quien se podía fiar en circunstancias difíciles. Fue el que capturó a Moctezuma y, cuando Cortés salió de México para ir al encuentro de Pánfilo Narváez, lo dejó en su lugar y cometió el acto más cruel e inhumano de que da cuenta la historia. La flor de la nobleza mexicana se había reunido con su permiso a celebrar las fiestas del mes, Tóxcatl, y cuando se encontraba entregada en el atrio del templo mayor a sus danzas y regocijos, cayó Alvarado sobre ella pasando a cuchillo a más de seiscientas personas, sin que hasta ahora se haya encontrado el móvil de tan negra acción, que dio por resultado el levantamiento de los aztecas y como consecuencia de este la funesta retirada de la Noche Triste y de los demás sucesos de la conquista, que tal vez no habrían ocurrido si Moctezuma hubiera seguido reinando.

Pues bien, este era el jefe que Cortés enviaba en perseguimiento de Olid. Se internó en Guatemala y a la época de su llegada a ese territorio, se conservaban allí tres monarquías indígenas que eran la de Quiché, cuyo soberano residía en Utatlán o Gumarcaak; la de los cakchiqueles, cuya capital era Iximché o Tupan Quauhtlemallan; y, por último, la de los Tzutujiles, que tenía su corte en Atitlán.

El segundo de estos tres reinos solicitó el protectorado de Alvarado y entonces los de Quiché se ligaron con los de Soconusco, concentrando sus fuerzas en esta provincia. La primera batalla se dio en las inmediaciones de Tonalá, y por suerte el resultado fue favorable a los españoles; pero no por esto la derrota desalentó a los príncipes del Quiché. Eligieron entonces por jefe a Tecum y tuvo otro encuentro con Alvarado a orillas del río Tilapa, saliendo también esta vez triunfante el jefe español. Siguió avanzando hacia Zapotitlán, donde se encontraba el grueso del ejército enemigo, y allí se trabó otro combate, quedando por tercera vez la victoria de parte de Alvarado. Después de dos días de permanencia en ese lugar continuó su marcha y trepó la cuesta de Santa María y se batió por cuarta vez con los Quichés en una extensa llanura, alcanzando una nueva victoria después de un reñido combate. En fuerza de nuevos triunfos logró ocupar la ciudad de Utatlán, que era la capital de la monarquía. Condenó a muerte a los monarcas quichés, entregándolos a todos ellos a las llamas.

Precedido de estos triunfos siguió Alvarado a Iximché, siendo recibido perfectamente por los reyes de esta comarca, es decir, por los cakchiqueles, teniendo allí su tropa provisiones de toda clase.

Alvarado prestó a estos su auxilio contra los Tzutujiles de Atitlán, con quienes estaban en guerra desde mucho tiempo atrás. Para ello tuvo que salir Alvarado con su tropa acompañado de sus mexicanos y de los mismos cakchiqueles y, después de algunos encuentros, ocupó la capital de esa monarquía, la que a su entrada se encontraba casi totalmente abandonada. Al dejarla mandó quemar la población y se dirigió a Itzamatitlán, entrando a Paxa después de algunos combates, principiando desde aquí su segunda conquista, es decir, de lo que es territorio salvadoreño, ya que lo anterior era solo referente a Guatemala.

Después volvió a la capital de los cakchiqueles y fundó el 25 de julio de 1524, la antigua ciudad de Guatemala, con el nombre de Santiago de los Caballeros.

A fines de este año recibió Alvarado un refuerzo de 200 soldados españoles que le mandó Cortés y emprendió la guerra de exterminio contra los belicosos cakchiqueles y demás tribus insurrectas, que se habían levantado contra la dominación que él había establecido para conquistar y pacificar esos territorios.

VII

Por esta época Cortés se encontraba en Honduras, puesto que también había salido de México el 12 de octubre de 1524, para proteger en persona a estas dos expediciones.

Llamó entonces desde territorio hondureño a Alvarado para conferenciar con él, antes de que regresara a México o sea a Nueva España. Emprendió entonces viaje con este objeto y al llegar a Chocotea se encontró con una parte de las tropas de Cortés que venían de Honduras y que se dirigían a Trujillo al mando de Luis Marín, y por él supo que Cortés se marchaba por mar a México y las penalidades de su expedición, así como las malas noticias que había recibido de los encargados del gobierno de Nueva España.

Marín y Alvarado continuaron su marcha por el camino que conduce de San Salvador a Guatemala hasta la costa de Pinula. Un nuevo combate de tres días tuvieron que sostener con los indios de Pitapá y, vencidos, al fin se dirigieron al valle de Panchoy, donde más tarde se fundó a Guatemala, que es la que hoy existe. Nuevos combates tuvieron todavía que resistir con más de 30,000 indios y, temerosos de alguna celada, se dirigieron a México.

Cortés había llegado ya y se había hecho cargo del gobierno de Nueva España y los recibió perfectamente bien. Después de descansar de las fatigas de su penoso viaje por Centroamérica se embarcó en Vera Cruz para ir a España en febrero de 1527. Allí obtuvo el título de Don, la Cruz de Comendador de la Orden de Santiago y el título de gobernador y capitán general de Guatemala y el de Adelantado.

Volvió a México en 1528, y en 1530 a Guatemala, y cuando en 1534 se disponía a armar a su costa la expedición que debía recorrer el Mar del Sur en busca de las islas de la Especería, llegaron noticias del descubrimiento del Perú y de las conquistas de Pizarro y quiso ir allí, pero no realizó su deseo, logrando solo vender en cien mil pesos de oro a Pizarro y Almagro, los hombres, buques y pertrechos que formaban el ejército que él había preparado con ese objeto.

CAPÍTULO V: UN REBELDE ENTRE LOS CONQUISTADORES

Hernán Cortés resuelve salir de México en dirección a Honduras para castigar a Cristóbal de Olid; penalidades de su viaje; Pedrarias hace degollar a Francisco de Hernández. II. Causas de las vacilaciones de Cortés para volver a México. III. Pedrarias pretende apoderarse de Honduras; insurrección de los indios de Olancho y disturbios en Puerto Caballo. IV. Diego López Salcedo, gobernador de Honduras; sus pretensiones sobre Nicaragua. V. Pedro de los Ríos es nombrado por la Corte para residenciar a Pedrarias. VI. López de Salcedo hace salir a Pedro de los Ríos de Nicaragua.

I

Cuando Cortés envió a Francisco de las Casas para castigar a Cristóbal de Olid por su traición, pensó después que aquel podía correr algún peligro, a pesar de que estaba seguro de su valor y de su fidelidad, sobre todo, después de haber naufragado sus buques en la playa y que había caído prisionero en poder del rebelde.

Por otra parte, para Cortés tenía mucha importancia el territorio de Honduras y creyendo que Olid se hubiera aliado con Diego Velázquez, presumía que aquel se hubiera adueñado ya de Honduras y desde donde ambos podían hacerle mucho daño. Resolvió, entonces, ir el mismo en persona con fuerzas necesarias para castigar a su subordinado y restablecer su propia autoridad, a pesar de que para ello tenía que abandonar el gobierno de México y recorrer más de quinientos leguas.

Nombró entonces por su lugar teniente, durante su ausencia, para el gobierno de México a su tesorero Alonso de Estrada y el 12 de octubre de 1524 salió con sus fuerzas de la capital, llevándose, para evitar motines y desórdenes, al último emperador azteca Guatimotzín, el rey de Tacuba y a otros magnates, que retenía en calidad de prisioneros, desde que cayó en su poder la capital del vasto imperio mexicano.

Guatimotzín había sucedido a sus dos tíos en el gobierno del imperio, es decir a Moctezuma, muerto en 1520, siendo prisionero de Cortés y al hermano de aquel, que sucedió a Moctezuma y que falleció cuatro meses más tarde.

Cortés había entrado a la capital de México el 8 de noviembre de 1519. Lo recibió el emperador azteca Moctezuma con un traje suntuoso y pintoresco y, después de una semana, resolvió apoderarse de él, como en efecto lo hizo pocos días después.

Acompañaban igualmente a Cortés 250 soldados y un cuerpo de tres mil indios auxiliares, y además un clérigo, un fraile mercedario y dos franciscanos flamencos, los cuales eran excelentes teólogos y además notables predicadores.

Condujo un tren completo de servidores y su rica vajilla para dar a su persona el mayor realce posible.

Cortés eligió el camino de tierra y creyó además encontrar la comunicación marítima entre los dos océanos, si realmente existía por aquel lado. Aprovechó las carreteras hechas por los aztecas, según las anotaciones de un mapa que llevaba de estos indios; pero desde el istmo de Tehuantepec hasta donde empieza la península de Yucatán, su marcha se hizo difícil y peligrosa porque el camino era dificultoso por los ríos y pantanos que se le presentaban. Tuvo que demorar en hacer puentes para atravesar esos ríos y la dificultad en la alimentación de su tropa era notable.

En Tabasco se hundieron los caballos en las tierras pantanosas hasta el vientre. Las poblaciones indias estaban reducidas a cenizas y abandonadas, y como no les habían dejado alimentos, se mantuvieron con mazorcas verdes de maíz. Mandó una avanzada a Ixtapan, ciudad rodeada de pantanos, situada a orillas de un gran río y, recibiendo noticias de ella, movió allí su ejército. Perdido en el camino, su gente moría de hambre; pero al fin, después de una penosa marcha, llegó a esa aldea, situada a orillas del gran río Usumacinta, la que estaba abandonada y reducida a cenizas, pero los indios habían dejado gran acopio de provisiones, que con ellas tuvo el ejército para ocho días.

Era imposible pasar a Honduras en línea recta y por eso se dirigió Cortés hacia el norte y, por fin, llegó a Acalán después de sacrificios más grandes que los que había soportado, teniendo que trabajar un gran puente sobre una extensa laguna. El rey de Acalán les dio los víveres de que pudo disponer y obsequió a Cortés un mapa pintado en paño y al estilo de ellos para que siguiera su viaje al mismo tiempo guías indígenas conocedores de esas localidades.

El primer domingo de cuaresma del año de 1525 movióse el ejército, pero, durante la marcha por el fértil territorio de Acalán decretó Cortés la muerte del infortunado Guatimotzín y del rey de

Tacuba, a quienes les supuso que conspiraban contra él. Este acto de Cortés fue estimado, en general, por muy injusto y, sobre todo, obró con suma ligereza, pues en veinticuatro horas ya había ejecutado a sus dos cautivos, a pesar de sus lágrimas, súplicas y protestas de inocencia.

De Acalán se dirigió Cortés al lago de Peten en la comarca de Taiza. En la capital de este estado encontró templos y estatuas de piedras. Siguió su marcha por entre bosques y montañas que dificultaban el viaje; pero, al fin, llegó a la cordillera que llamó Tierra del Pedernal, pasando después por barrancas escabrosas. Al fin, allá como el 20 de abril, llegó a la colonia de Nito, fundada por Gil González en territorio hondureño, a orillas del río Polochic, que desembocaba en el Golfo Dulce o lago Izabal, como hoy se le llama.

Los colonos de Nito estaban casi todos enfermos de fiebre y sin la llegada de Cortés habrían muerto de hambre.

Enseguida mandó practicar reconocimientos y descubrió la ciudad de Chacujal, con templos, edificios de piedra y una gran plaza de mercado, cayendo sobre ella de noche y por sorpresa. Los habitantes huyeron espantados, dejando a los españoles grandes cantidades de maíz seco, cacao, habichuelas, pimienta, sal, gallinas, faisanes, algodón en ramas y tejidos muy lindos. La pequeña columna descansó allí dieciocho días y, siguiendo después más al norte, bajó al valle Polochic, y en embarcaciones que hizo construir, llevó todo lo que había encontrado, siendo atacado por los indios con flechas y piedras, saliendo el mismo Cortés herido en la cabeza. Encontraron, además, en el camino, maizales y con esto completó su carga.

Fundó Cortés la población que llamó Natividad de Nuestra ñora, cerca del Puerto de Caballos, a donde se trasladó la población de Nito, y se marchó más tarde a Triunfo de la Cruz, que era la colonia fundada por Olid. Allí supo de la muerte de este y la victoria de su cuñado Francisco de las Casas y la inutilidad de su viaje, porque muerto Olid ya no tenía objeto. Entonces formó el plan de hacer de la costa de Honduras la base de nuevas operaciones y conquistas. Pasó a Trujillo y después exploró las costas hacia el Levante para incorporar a sus dominios el país de Nicaragua.

Procedió enseguida Cortés a la conquista de Honduras e hizo reconocer por sus capitanes las provincias de Chiapaquía y Papayeca.

Encargó al capitán Gonzalo de Sandoval la pacificación de la provincia de Naco y, estando en ella, se encontró con Francisco

Hernández enviado por Pedrarias a conquistar también esa misma tierra. Pasó entonces a Nicaragua y fundó a Granada y a León, después de haber pacificado todos esos territorios.

Para desgracia de Hernández se encontró con el bachiller Moreno y este le aconsejó que se quedara con las tierras conquistada; pero que debía ocurrir al rey para que le diera el título de gobernador de ellas. Le agregó que con esto no hacía traición alguna a Pedrarias y, halagado por esta idea y por la distancia a la que se encontraba de su jefe, aceptó tan pérfido consejo, a pesar de que los capitanes Hernández de Soto y Campañón desaprobaron su plan y, para no cargar con responsabilidades, regresaron a Panamá.

Hernández envió al capitán Pedro de Garro en busca de un puerto por dónde remitir al rey una relación de sus hazañas y la petición de esa gobernación; pero, como en ese viaje hizo Garro tantas fechorías, hubo Hernández de ponerlo preso.

Al mismo tiempo que Hernández desarrollaba el proyecto que le había sugerido el bachiller Moreno, envió emisarios a Cortés, los que con bastante sacrificio llegaron a donde este jefe.

El objeto era pedirle su protección, la que le fue otorgada, y al efecto le envió regalos de toda clase, y principalmente herramientas de labranza para su colonia.

Pedrarias, cuando supo que Hernández quería ceder esas provincias a Cortés, se fue sobre él, lo hizo prender y, enseguida, lo degolló en la misma plaza de León donde se encontraba.

Cuando Cortés se preparaba para pasar a Nicaragua a fin de agregarlo a sus dominios, ya que contaba con Hernández, recibió una carta de México en la que se le daba cuenta de los disturbios ocurridos después de su salida, a causa de que se suponía que había muerto y que su ejército había sido destruido. Esa carta le impresionó tanto que derramó lágrimas de sentimiento, puesto que estaba a punto de perder el gobierno de ese rico territorio que se denominaba Nueva España. Hizo entonces llamar a Alvarado, que estaba ocupado en la conquista de Guatemala para conferenciar con él, y este, en obediencia a su jefe, pasó en el acto a Honduras; pero al legar a Chocotea se encontró con una parte de la tropa de Cortés que iban al mando del capitán Luis Marín, que había salido de Trujillo, y supo por él que Cortés se había embarcado para irse a México, noticia que le libertó de ir a Trujillo, a dónde lo citaba Cortés. Ambos siguieron entonces camino a Nueva España para poner término a las penalidades de esas conquistas.

II

En Natividad se vinieron a establecer los españoles que Gonzalo de Sandoval había dejado en Naco cuando Cortés lo encargó de la pacificación de esa provincia. Nombró Cortés alcaldes y regidores, y por teniente suyo para que gobernara la colonia designó a Diego de Godoy.

Trasladóse después a Trujillo. Nombró de gobernador de esta villa a su primo Hernando de Saavedra. Los indios le prestaron obediencia una vez que fueron requeridos por Cortés.

En Nicaragua se encontraba Francisco Fernández de Córdova, que había comenzado la conquista de este territorio y fundado las principales ciudades por orden de Pedrarias, que gobernaba en el Darién. Denunciado de estar en relación con Cortés y de querer formar un gobierno independiente con ese territorio, se dirigió él mismo a castigarlo. Le hizo prender; le instruyó un proceso y le mandó cortar la cabeza en la misma plaza de León en 1526.

Luis Marín, al afirmar a Alvarado que Cortés se había embarcado en Trujillo para irse por mar a Vera Cruz, no le había engañado; pero sucedió que Cortés, después de haberse dado a la vela, regresó otra vez a Trujillo, alegando que no había podido avanzar por falta de viento. Después de desembarcar y de tomar providencias para la estabilidad del Gobierno que allí dejaba, volvió a embarcarse por segunda vez; pero apenas había navegado unas dos leguas tuvo que volver a Trujillo a causa de una avería que sufrió la embarcación. Reparada esta salió de nuevo y, cuando había andado cincuenta leguas, se levantó un recio viento norte que rompió el mástil del trinquete y con gran trabajo volvió el buque por tercera vez a Trujillo.

Sandoval, viendo que Cortés había resuelto quedarse para conquistar y poblar a Honduras le instó vivamente para que se volviera a México. Parece que Cortés tenía miedo y fue necesario que el mismo Sandoval, con Martín de Orantes, pasaran a Nueva España para que le avisaran si era oportuno o no realizar su viaje, y según cómo vieran allá las cosas, debiendo Cortés quedarse en Trujillo, extendiendo su autoridad a otros pueblos de Honduras.

Al fin recibió buenas noticias de México y se marchó por mar, adelantando a Luis Marín, que esperaba órdenes en Naco y que se marchó por tierra. Fue entonces, como ya lo hemos dicho, cuando se encontró con Alvarado en Choluteca y avanzaron juntos definitivamente a México.

III

La fama de las riquezas de Honduras no fue un misterio para todos los ambiciosos conquistadores que recorrían por entonces la América.

El ambicioso y cruel Pedrarias se había adueñado de Nicaragua con la muerte ignominiosa que había dado a su conquistador Hernández de Córdova. Pretendía que Honduras estaba dentro de los límites de su gobernación, que se denominaba Castilla del Oro y tuvo cuestiones con Hernando Saavedra, a quién Cortés había dejado el gobierno de la colonia, cuya capital era Trujillo.

Celebraron al fin una tregua, pero esta vino a romperse a causa de una excursión que partió de Nicaragua a cargo de los capitanes Benito Hurtado y Gabriel de Rojas, acompañados de unos cuantos soldados y de dos piezas de artillería. Penetraron en el valle de Olancho y cayeron de improviso sobre la gente que allí tenía Saavedra. Enseguida se fueron a ocupar a Puerto Caballo, llevados del deseo de comunicarse directamente con España. Saavedra envió fuerzas contra los invasores y entonces se celebró un convenio en virtud del cual unos y otros debían regresar al punto de sus respectivas residencias; pero este avenimiento no tuvo efecto porque los de Nicaragua desconfiaban de los de Honduras y estos de aquellos. Lo cierto fue que Hurtado se volvió a Olancho, los otros salieron inmediatamente en su alcance y llegaron a las manos, siendo derrotado Hurtado, perdiendo los de Honduras solo dos hombres en la refriega.

Los indios de Honduras estaban descontentos porque Cortés había dejado orden de que herraran como esclavos a todos los que intentaran revelarse, porque en las islas Guanajas continuaban las insurrecciones de piratas procedentes de Cuba, con el objeto de apoderarse de los habitantes pacíficos e ir a venderlos a Santo Domingo y a otras partes. Los indios entonces apelaron al arbitrio de no trabajar, esperando que los españoles, no teniendo como subsistir, se irían del país y ellos lograrían verse libres de ellos. Sin embargo, los españoles no se iban a pesar de que unos y otros sufrían por la falta de subsistencia, y el trato para con ellos se empeoraba cada día más. Acordaron entonces sublevarse y al efecto lo hicieron en Puerto Caballo. Los españoles fueron derrotados por los indios y mataron a la mayor parte de los que allí se encontraban.

Los que se salvaron de este ataque mandaron avisar a Saavedra lo ocurrido, pidiéndole pronto auxilio, pero este desoyó el pedido que se le hacía, fundado en que estaba nombrado otro gobernador en su reemplazo y no quiso moverse de Trujillo, aconsejándoles que se retirasen al pueblo de algún cacique amigo, donde podrían estar seguros.

Conviene dejar establecido que el ataque a Puerto Caballo no era un hecho aislado, puesto que ciento cincuenta caciques estaban de acuerdo para acabar con todos los españoles, y no atreviéndose a atacar desde luego a los de Trujillo, resolvieron caer sobre los que estaban en Olancho al mando de Benito Hurgado. Allí se encontraba también Juan de Grijalba que en 1518 había mandado una expedición a las costas de México por orden de Diego Velázquez.

El modo como atacaron a los de Olancho fue bastante ingenioso. Se había exigido a los indios por los españoles que llevasen a esa población atados de cañas y de paja para techar las casas y entre estos atados ocultaron los arcos, las flechas, las macanas y espadas y, de repente todos toman sus armas dando contra los españoles, que no los esperaban, un ataque, y de este modo mataron a quince de ellos y a veinte caballos. Una de las víctimas fue el célebre Grijalba, que tan buen nombre dejó en la historia por su prudencia y moderación.

IV

Evidentemente Honduras no pertenecía bajo concepto alguno a la gobernación de Castilla del Oro. Descubierto este país por Gil González Dávila, con títulos especiales dados por el rey de España y continuada la conquista por Cortés y los suyos, no podía usufructuar de los sacrificios de estos conquistadores el cruel y ambicioso Pedrarias.

Este territorio dependía de la Audiencia de Santo Domingo. El rey envió despachos en blanco para que los llenara esa audiencia como le fuera de su agrado. Fue elegido gobernador Diego López de Salcedo, a quién se le ordenó que partiera sin demora a hacerse cargo de su destino y con orden de castigar a cualquiera que tratara de impedírselo.

Los habitantes de Trujillo estaban bien avenidos con el gobernador Saavedra que les dejó Cortés, hicieron alguna resistencia, pero López de Salcedo hizo colocar en la cárcel a Saavedra y a sus amigos, le embargó sus bienes y los trató pésimamente mal en la prisión.

Este gobernador, habiendo contraído deudas para arreglar su expedición, comenzó por buscar riquezas a toda costa. No se escapaban ni los mismos españoles de su codicia. Se adjudicó para sí los mejores pueblos de indios e hizo otro tanto en favor de sus amigos, quitando las que ya tenían los conquistadores que se encontraban allí.

No paró en esto cuando supo que Nicaragua era una provincia rica. Se le puso que estaba dentro de su jurisdicción y se dispuso para ir a tomar posesión de ella.

Pero astuto como pocos, y a fin de no dejar en Honduras enemigos que hicieran algo en su ausencia, envió a Santo Domingo a Saavedra, a dos regidores y a dos vecinos de Trujillo, pidiendo que fueran castigados por revoltosos.

Como los naturales estaban mal avenidos por la dureza del gobernador, resolvieron no trabajar sus campos, y de este modo todos los artículos encarecieron notablemente, y en este caso, los que se venían a vender a Trujillo costaban carísimos y los españoles los pagaban con indios esclavos.

En 1527 Pedrarias se vino a la ciudad de León para pasar a Honduras. Entonces mandó a Trujillo, creyendo que todavía Saavedra se encontraba en esta ciudad, a dos regidores de León con un escribano para intimar a este y a los habitantes de la ciudad obediencia como a legítimo gobernador de Honduras.

López de Salcedo, al ver que se querían volver estos huéspedes a León, los retuvo para irse con ellos a Nicaragua, halagándolos con las riquezas que aquí podrían encontrar.

Los nicaragüenses no querían depender tampoco de Castilla del Oro. No reconocían título alguno a Pedrarias para que los gobernara y, además, quedaban muy distantes de Panamá, para sus asuntos judiciales, por estar allí situada la Real Audiencia.

V

En esta situación llegó Pedro de los Ríos a tomar residencia a Pedrarias y, en consecuencia, tomó el mando de su gobernación. Este comisionado comenzó por quitarle todos los indios que tenía como encomendero y la isla de las Perlas, que sin escrúpulo alguno se la dejó para sí.

Abandonó entonces Pedrarias a Nicaragua y dejó encargada esta gobernación a los capitanes Gabriel Rojas Garavito y a Diego de Álvarez y partió enseguida a Panamá. Se entendió con el nuevo gobernador y le persuadió de que debía pasar a Nicaragua llevando varios artículos de comercio, asegurándole que allí los realizaría a precio de oro. Lo hizo en efecto y, como se verá, la disputa iba pronto a nacer desde que el gobernador de Honduras también se creía con títulos sobre el territorio de Nicaragua.

Diego López de Salcedo alistó entonces, para defender sus derechos, su tropa, que se compuso de 120 hombres de a caballo y partió de Trujillo a esa expedición.

Dejó a cargo del gobierno de la colonia a Francisco Cisneros y se llevó consigo a los dos regidores y al escribano que habían venido de León.

La Audiencia de Santo Domingo aconsejó a Salcedo que se regresara a la gobernación de Honduras, pero no quiso obedecer y siguió siempre a Nicaragua, a cuya provincia le dio el nombre de Nuevo Reino de León, y señaló su paso por los pueblos con nuevas vejaciones y malos tratamientos a los naturales.

Baste solo decir que este mandatario exigía de los caciques un sinnúmero de gente para conducir su tren de campaña; ahorcó a muchos indios por creerles sospechosos en el asalto de Puerto Caballo. A otros los hizo herrar como esclavos y los mandó vender fuera del país y con estos procedimientos exasperaba a los indios.

Llegó al valle de Olancho llevando más de 300 indios cargados sin reparar en la jerarquía de ellos. La miseria era tan espantosa que la gente tuvo que mantenerse con yerbas de los campos y los caballos se habían enflaquecido notablemente y los perros que llevaba para la caza de indios morían de necesidad. Al indio que huía, por estar ya extenuado, lo hacía ahorcar en los árboles.

En el mes que permaneció en Olancho hizo un gran número de víctimas. Después se dirigió a León y allí fue bien recibido, por cuanto los indios los tenían en apuro; pero su codicia bien pronto le enajenó la mala voluntad de sus mismos compatriotas.

Principió por quitar las encomiendas a quienes las tenían y de ellas unas se aplicó a sí mismo y otras dio a sus amigos.

Los indios continuaban en el sistema de negarse a trabajar en las minas y en el cultivo del campo. La miseria era espantosa y los castellanos, para obtener víveres, mandaban vender los indios a Panamá.

VI

En esta situación se presentó Pedro de los Ríos que había hecho viaje de Panamá. Vendió sus mercaderías con un provecho fabuloso, de manera que centuplicó el capital que había invertido en compra de especies.

Como su pretensión era la de que se le entregara el gobierno, se reunió la Municipalidad de León para examinar sus títulos, porque si en ellos se le asignaba la provincia de Nicaragua en el acto se le reconocería. Leídos estos se vio que solo se referían a la circunscripción que llamaban Tierra firme, y se le desconoció entonces la autoridad.

López de Salcedo ordenó entonces que Ríos saliera dentro de tercer día bajo pena de 10,000 pesos de oro de multa, si no obedecía. Salió a pesar de estar enfermo y se fue a la villa de Bruselas. No se conformó con esto Salcedo y envió allí al capitán Garavito para hacerlo salir del territorio. Mas Ríos no esperó la llegada de este oficial, pero cuando se presentó allí arrasó la villa solo por haber estado en ella Ríos.

Salcedo quedó en Nicaragua sin que nadie le hiciera sombra en su autoridad. Era árbitro de los territorios de Honduras y de Nicaragua. No podía exigir más el ambicioso gobernador.

Veamos ahora lo que hizo después.

CAPÍTULO VI: LA MUERTE DE PEDRARIAS DÁVILA, EL CRIMINAL

Desórdenes en Trujillo, se desconoce la autoridad de don Diego Méndez y se proclama gobernador Vasco de Herrera; Pedrarias es nombrado gobernador de Nicaragua y hace procesar a López Salcedo. II. Salcedo celebra un convenio con Pedrarias y se regresa a Honduras y muere allí de gobernador y Pedrarias en Nicaragua. III. Disturbios en Honduras después de la muerte de Salcedo, quedando al fin de gobernador Andrés de Cereceda. IV. El gobernador Diego de Albiter fallece en Trujillo y deja de interino a Cereceda mientras el rey de España resolviera otra cosa; estado de la colonia en esta época.

I

Desde la salida de Salcedo de Honduras se habían verificado en Trujillo algunos hechos dignos de atención.

Los indios habían quemado sus ranchos y se habían retirado a las montañas. Los españoles en la ciudad habían colocado en presión al gobernador interino. Salcedo envió entonces al capitán don Diego Méndez con plenos poderes para pacificar la colonia y gobernarla. Mas a poco de haber llegado allí los alcaldes y regidores hicieron un pronunciamiento, desconocieron a Méndez y también lo pusieron preso. Proclamaron de gobernador a un tal Vasco de Herrera, hombre de malo antecedentes y se entregaron a cometer toda clase de excesos.

Herrera se puso a la cabeza de cincuenta hombres para ir a tomar posesión de Puerto Caballo. Recorrió los pueblos y se apoderó de 150 indios marcándolos con hierro real y con otros dos que él mandó hacer de propia autoridad.

Los habitantes de Trujillo vivían licenciosamente. Hizo con su gente una entrada en el valle de Naco y capturó tantos indios que se cargaron con ellos tres navíos, en uno de los cuales se fugó el maestre o piloto que lo mandaba, protestó de que se le hacía escrúpulo el privar a aquella gente de su libertad.

La anarquía era completa en Honduras y los indios eran los que sufrían las consecuencias de ese estado fatal de cosas.

Los de Nicaragua instaban al rey para que les diera un gobernador propio y le pedían que se agregase a la provincia el valle de Olancho, que era la región más productiva en oro por la calidad de sus minas.

Pedrarias quiso entonces ser gobernador de Nicaragua y envió al rey una relación relativa a esta provincia, ofreciendo mucha riqueza para el fisco real. El rey accedió a esta petición y designó a Pedrarias, sin perjuicio de que siguiera dando cuenta por apoderado de la residencia en que se encontraba. Se dio orden para que se desembargaran sus bienes y se previno que ni Pedro de los Ríos ni López de Salcedo se mezclaran para nada en el gobierno de Nicaragua, quedando independiente de sus vecinas. Se nombraron los oficiales reales que habían de ejercer los empleos, alcaldes para las fortalezas de León y de Granada y regidores para organizar el ayuntamiento de León.

Al saber el nombramiento de Pedrarias, los designados para los anteriores cargos se arrojaron sobre López de Salcedo y lo encerraron en el castillo. Le ofrecieron el mando a Gabriel de Rojas y, como no quiso aceptarlo, le pusieron grillos y lo encerraron en la misma fortaleza junto con Salcedo.

Se llamó al capitán Gravina para que desempeñase el gobierno, y no queriendo hacer compañía a Salcedo y a Rojas, admitió el empleo mientras llegaba Pedrarias, que ya se había puesto en viaje a Nicaragua.

Hecho cargo del gobierno, mandó procesar a López de Salcedo por haber ejercido el gobierno de la provincia sin autoridad real, por perjuicios irrogados a los vecinos y por la orden dada para que no se permitiera desembarcar a Pedrarias y, entonces, lo colocó en prisión verdaderamente formal y puso en libertad a Gabriel Rojas.

II

Pedrarias tuvo preso a Salcedo siete meses después de su llegada hasta que se celebró entre ellos un convenio, por el cual el gobernador de Honduras se obligó bajo pena de 20,000 pesos de oro a volver a Nicaragua a dar residencia, si el rey lo disponía así, y a no reclamar en ningún caso daños y perjuicios por la prisión que había sufrido. Se fijaron además los límites divisorios de las dos provincias, los que Salcedo se comprometió a respetar y que corrían desde la bahía de Fonseca hasta Puerto Caballo, quitando además a Nicaragua cien leguas de costa por el Mar del Norte y cien por el lado sur, sin perjuicio de ensanchar el territorio con nuevos descubrimientos.

Le entregó, además, Pedrarias a Salcedo sus sirvientes y cuarenta hombres para que lo acompañaran hasta Trujillo.

El rey, por otra parte, reprobó la conducta de Salcedo y lo reconvino acremente por haberse introducido en jurisdicción ajena, así como por las violencias que usó con los indios y por la codicia de que había dado pruebas.

Llegó a Trujillo enfermo, melancólico y descontento. Puso en libertad a su teniente Diego Méndez y contemporizó con los que se habían alzado contra su autoridad.

Sin embargo, poco después comenzó a manifestar de nuevo su codicia. Pretendió enviar más tarde una expedición a Naco, pero le asaltó la muerte en los primeros días del año de 1530 y, según se dice, había sido envenenado.

Pedrarias falleció también a mediados de ese mismo año, a los 90 años de edad, después de haber cometido los crímenes más horrendos y de haber sido el azote de Castilla del Oro y Nicaragua.

III

Salcedo, antes de morir, había designado para que le sucediera en el mando en calidad de interino y mientras, el rey nombraba el propietario al contador Andrés de Cereceda. Dejó un hijo de ocho años de edad, que fue su heredero y su tutor el mismo Cereceda.

El nombramiento de Cereceda para gobernador, una vez que falleció Salcedo, se prestó a grandes disturbios. Las pasiones se desbordaron con toda odiosidad.

Se reunió el cabildo y no faltó quien objetara los poderes de Cereceda alegándose que no estaban firmados. Se pretendía que la gobernación correspondía a Vasco de Herrera, que había ejercido el cargo como teniente en ausencia de Salcedo.

La población entonces se dividió en dos bandos.

Los más prudentes propusieron que ambos gobernasen conjuntamente para evitar sucesos lastimosos en la colonia, que no era difícil prever dada la condición de sus moradores. Cereceda aceptó esta transacción, debiendo Herrera conservar la llave del tesoro real y, además, que se repartiesen los indios que habían pertenecido a Salcedo, sin darse cuenta el rey de aquel arreglo.

En consecuencia, los dos gobernadores tomaron posesión del mando y, al salir de la iglesia donde habían jurado, principiaron a maquinar el uno contra el otro para burlar el pacto que habían celebrado.

Los partidarios de Herrera escribieron al rey pidiéndole por gobernador, aprovechando la salida de un bergantín que en esos días partía a España. Él mismo lo hizo también exponiendo que por no dar lugar a inquietudes, había dado a Cereceda participación en el gobierno.

Cereceda hizo otro tanto manifestando que, si se había conformado con gobernar en unión con Herrera, había sido solo para evitar discordias y escándalos.

Los indios observaban las discordias de los españoles y de ellas pensaban sacar provecho.

Existía una población en el valle de Xutijalca con sesenta españoles a cargo del capitán Alonso de Ortiz dónde se trabajaban minas de oro muy ricas. Los indios, en vista de la conducta caballeresca de ese jefe, comienzan a trabajar con más empeño, y aquello estaba tranquilo y parecía prosperar; pero no sucedía otro tanto en los pueblos cercanos a Trujillo, los que se sublevaron en vista de las discordias que ocurrían entre los españoles. Los indios se fueron a las montañas. Entonces se dispuso que Vasco de Herrera saliera con algunos soldados a reducirlos y nada obtuvo a pesar de haberlos perseguido cinco meses. Regresó a Trujillo con su gente en pésimo estado y descontenta por los sufrimientos.

Diego Méndez se presentó entonces a la escena. Era este el capitán que Salcedo había enviado de gobernador a Honduras cuando él estaba en Nicaragua y, pretendiendo que sus poderes no estaban revocados, se creía gobernador de ese territorio y los partidarios de él comenzaron a procurar la caída de los gobernadores duales que existían entonces.

Herrera declaró traidor a Méndez y, a pesar de que amenazó con pena de muerte a los que no lo ayudaran, la población se vio envuelta en nuevas perturbaciones. Se asiló Méndez en una iglesia y, estando allí oculto, se presentaron los indios más amenazantes que nunca. Fue necesario enviar tropas contra ellos y jefe de la expedición que salió de Trujillo lo fue Diego Díaz de Herrera, hermano del gobernador. Una vez que se alejaron los expedicionarios y que la ciudad estaba sin tropas, salió Méndez con cuarenta de sus amigos gritando por las calles ¡Viva el rey! Asaltaron la casa del gobernador Herrera y lo asesinaron y llevaron arrastrando el cadáver hasta la plaza.

Los amotinados exigieron que Cereceda aceptase a Méndez como conjunto a lo que este accedió por temor.

Cereceda no se atrevía a oponerse a los caprichos de Méndez y este era el gobernador absoluto. A los 35 días se presentó el capitán Juan Ruano que andaba expedicionando contra los indios y que tuvo noticias de lo que pasaba en Trujillo. Para el logro de su plan se fue sigilosamente y se vio con Cereceda para convenir en deshacerse de Méndez y de sus parciales, y entonces se armaron unos veinte vecinos de los más honorables de Trujillo y, en una noche, se fueron a casa de Méndez y lo prendieron. Murió uno de los afectos a Méndez y quedaron heridos cuatro de los de Ruano. Se le instruyó un proceso y se le ejecutó como usurpador de la autoridad. Cereceda se afirmó en el gobierno y mandó ahorcar a los más comprometidos en los hechos que había ejecutado Méndez.

Con esto la colonia se pacificó un tanto y hubo solo un gobernador al frente de ella. Lo era Cereceda que, como lo sabemos, era el único que tenía título perfecto para gobernar, hasta que el rey determinara otra cosa, según el testamento de López de Salcedo.

IV

Entretanto, las tierras no se trabajaban y naturalmente esto trajo la carencia de granos y los habitantes no tenían como mantenerse.

Diego Diaz de Herrera y varios de sus amigos, que estaban llenos de deudas, tomando a pretexto la pobreza de la colonia, se amotinaron y resolvieron marcharse burlando a sus acreedores.

En esta época llegaron dos buques de Castilla y en uno de ellos venía un caballero que lo era don Diego de Albitez, que era nombrado gobernador de la colonia. Venía con setenta colonos y considerables provisiones en los buques que lo traían.

Herrera y sus compañeros, en vista de esto, no huyeron como lo habían determinado. Mas antes de desembarcar el nuevo gobernador y su gente, vino un viento que dio al través con los navíos. Se ahogaron 24 hombres y cuatro mujeres, y los restantes salieron a tierra un poco distante de Trujillo, pero pudieron venirse a esta ciudad.

El gobernador se dirigió a la iglesia para hacer un novenario y cumplir así un voto que había hecho; pero sucedió que al quinto día se enfermó y murió, dejando poder a Cereceda para que gobernara mientras el rey designaba a su sucesor.

La autoridad de Cereceda con esto se robusteció notablemente. Entonces resolvió el gobernador enviar a los más revoltosos a que poblasen a Olancho y a abrir así comercio con Nicaragua. En el camino se sublevaron algunos de ellos; pero el que iba capitaneándolos capturó a cuatro y dio aviso a Cereceda. Este se marchó y, cuando llegó, ya los presos se habían fugado, pues de lo contrario habrían sido ahorcados para escarmiento y ejemplo de esa gente de tan pésimos antecedentes.

En Trujillo, después de esto, se desarrolló una peste de viruela que hizo grandes estragos contra los indios. La escasez fue terrible y todo subió notablemente de precio.

En la colonia no había médico, cirujano, barbero, ni medicinas para los enfermos.

Resolvió entonces Cereceda trasladar la colonia al Valle de Naco y muchos se fueron allí con él, creyendo mejorar de condición.

El clima de Honduras era, por lo general en esa época, húmedo y malsano, pero su suelo era fértil con cereales, frutos y legumbres, cubierto en muchas regiones de dilatadas y espesísimas selvas y muy abundante en tierras de pasto. Había minas de oro y plata, pero no las beneficiaban. Nicaragua era provincia sana y fértil y se encontraba allí frutas y oro de baja ley. Tenía jardines hermosos y arboledas, sobre las cuales descollaba aquel famoso árbol denominado ceiba, cuyo tronco no podían abarcar quince hombres asidos de las manos: producía en abundancia miel y frutas y, en especial, unas calabazas muy sabrosas y estimadas por los caminantes, a causa de la escasez de agua que se nota, por llover allí muy poco. La denominación primitiva de Honduras fue Costa de Hibueras, debida a las referidas calabazas que se les denominó Hibueras.

CAPÍTULO VII: EL ASEINATO DEL CACIQUE LEMPIRAS

I. Cereceda se traslada a Naco; sus crueldades. II. Cereceda cede la gobernatura de Honduras a don Pedro de Alvarado. III. Fundación de Gracias a Dios y San Pedro Sula. IV. Don Francisco de Montejo gobernador de Honduras. El capitán Cáceres funda Comayagua en 1537. V. Traición que hizo Cáceres al cacique Lempira. VI. La gobernación de Honduras se anexa a Guatemala y gobierna ambas provincias don Pedro de Alvarado.

I

A causa de la conquista del Perú y de las riquezas que se decía existir en este país, abandonó mucha gente a Nicaragua y a Honduras.

Se puede decir que Nicaragua estaba reducido solo a Granada y a León. Los naturales se habían dispersado por el abuso que se cometía con ellos de irlos a tomar para venderlos como esclavos, en lo cual había de quince a veinte carabelas ocupadas en tan infame tráfico.

Cereceda, al irse a Naco con los colonos que pudo reducir a que lo siguieran, los dividió en dos partidas y los mandó por caminos separados. Los indios, para impedir el paso a los españoles, les levantaron una trinchera en el camino que supieron que habían tomado. Atacados huyeron, pero la caballería dio alcance a algunos de ellos y Cereceda les hizo cortar las manos y ordenó que se las colgaran al cuello, sin duda para imponerles respeto por medio de este acto cruel y salvaje.

A la llegada de Cereceda y los suyos encontró a Naco enteramente desierta y toda la gente carecía de lo necesario para mantenerse. Al fin lograron que algunos indios bajaran de las montañas e hicieron algunas siembras y fundó enseguida la villa de Buena Esperanza, a cuyas inmediaciones, decía Cereceda, corrían cuatro ríos cuyas arenas eran de oro.

Los indios avisan a Cereceda que como a ocho leguas había algunos castellanos. Mandó en el acto al capitán Juan Ruano con quince hombres de caballería. Era Juan de Arévalo que con veinte hombres formaba la descubierta de la fuerza de don Cristóbal de la Cueva, que iba a descubrir, por orden de don Jorge de Alvarado, camino para Puerto Caballo y facilitar así las comunicaciones con Europa.

Cuevas mandó decir a Cereceda que renunciara la gobernación, pero este no estaba dispuesto a ello. Entonces ambos conferenciaron y acordaron salir juntos a expedicionar al interior, pero siempre por las costas de Honduras para buscar un sitio y establecer el puerto principal de la provincia. La gente que llevaba Cuevas debía quedar a las órdenes de Cereceda; pero los soldados de Guatemala no quisieron obedecer a Cereceda y este, al ver tamaña ofensa, se quejó al rey y le pidió designase los límites conocidos de las provincias, y que en vez de pagar el quinto del oro que se extraía de las minas, como estaba mandado, fuera solo el décimo, y concluía pidiéndole auxilios. El rey convino en reducir el quinto al décimo, como se le pedía, aceptando las razones que se le daban para ello.

También solicitó Cereceda que las comunicaciones se hicieran por Puerto Caballo y no por Nombre de Dios, y que con el Perú la comunicación tuviera lugar por la bahía de Fonseca y no por Panamá.

Los vecinos de Trujillo escribieron también al rey para que no se desamparase esta ciudad, ya que su clima era inmejorable y se habían aclimatado las frutas de Castilla. Al efecto, existían allí naranjas, limones, cidras, higueras, granados, uvas, melones, etc. Le manifestaban, además, el abandono en que los había dejado Cereceda y la pobreza en que se encontraban. Por fin, pedían que se nombrase un gobernador y que la provincia se pusiera bajo la jurisdicción de la Audiencia de Santo Domingo, por estar muy distante la de México a que pertenecían.

II

Cómo se deja ver, el estado de atraso era en Honduras notable. La miseria estaba por todas partes y, más que eso, no se tenía respeto por la autoridad y se cometían crímenes de toda clase.

El rey de España comprendió que la Audiencia de México no podía atender a estos pueblos por estar a tan larga distancia y resolvió crear otra, pero esto se verificó años después. La crueldad de Cereceda era ya insoportable en Honduras. Tenía a todos exasperados. Nada menos que querían concluir con él. El tesorero real que era Diego García de Celis los calmaba y les ofreció llamar a don Pedro de Alvarado para que interviniera en favor de ellos. Celis se fue a Guatemala donde residía Alvarado y le manifestó la situación aflictiva de los españoles establecidos en Honduras y le pidió que los socorriera. Alvarado aceptó esta idea porque, teniendo que ir a Honduras, evitaría encontrarse con el juez de residencia que se le había enviado y que estaba por llegar.

Demoró su viaje a Naco porque tuvo que alistar gente y, entre tanto, los de Honduras, cansado de esperarle, pensaron en abandonar ese villorrio, pero Cereceda se opuso, así como que con ellos se llevasen sus indios, siendo que él había obrado lo mismo al salir de Naco.

Los colonos aumentaron su enojo y desesperación con esta medida de Cereceda y, sin obedecerle, se pusieron en marcha. No habían andado dos leguas cuando, por unos indios, supieron que por el camino de Guatemala venían muchos castellanos y se regresaron en el acto a Naco porque creyeron que era Alvarado. No se habían equivocado. Cereceda entonces renunció la gobernatura para no hacer fuerza ni ser reconvenido, en manos de don Pedro de Alvarado, quien la aceptó y nombró oficiales de justicia y dictó las medidas para pacificar el país. Esto tenía lugar por el año de 1536, y con esto quedaban arregladas también las cosas en Honduras. Una nueva época comenzaba para esos infelices pobladores.

III

Alvarado envió después la mayor parte de la gente que había llevado a Honduras al mando del capitán Juan de Chávez a buscar un sitio a propósito dónde fundar una buena población y, después de atravesar montañas y recorrido muchas leguas, se encontró una planicie por la cual corría un río. Todos exclamaron: «¡Gracias a Dios!». Allí se fundó una villa a la cual le dieron ese nombre.

Alvarado repartió las tierras entre los colonos y mandó buscar granados y otras cosas para darle vida a la nueva colonia.

Después fundó la villa de San Pedro Sula.

Cerca de Gracias se encontraron ricas minas de oro y, merced a esto, esa ciudad prosperó notablemente.

Pensó entonces Alvarado en ir a España a arreglar sus asuntos, que no estaban de buena cuenta. Se fue entonces a Puerto Caballo para pasar a la Habana, pero antes de partir se despidió por escrito del Ayuntamiento de Guatemala, agregando que su viaje lo hacía con permiso del virrey de México.

A mediados de julio de 1536 se embarcó definitivamente, como él lo decía y se fue a España.

IV

Cuando el rey supo de la muerte de don Diego de Albitez, nombró de gobernador de Honduras al obispo electo de ella, y que lo iba a ser el primero, fray Alonso de Guzmán, pero este sacerdote renuncio ambos cargos.

Nombró entonces la Corte en su reemplazo a don Francisco de Montejo, adelantado de Yucatán, y que poco antes había dejado el mando de ese territorio. Se encontraba e México y solicitaba la gobernación de Chiapas y hubo de conformarse con la de Honduras, al saber el oro que producían las minas que se habían descubierto cerca de la ciudad de Gracias, de reciente fundación. Mandó al capitán Alonso de Cáceres para que en su nombre tomara posesión del mando y además a algunos de sus amigos. Llegaron a Gracias, donde ya no estaba Juan de Chávez por haberse regresado a Guatemala. Allí continuaba funcionando la municipalidad que antes había formado Alvarado. Esta se negó a dar posesión del mando a Cáceres. Redujo con los suyos a prisión a los concejales y designó a otros y luego quedó reconocido como tal.

Montejo aligeró su viaje y se presentó con 170 españoles, entre soldados y marineros, y tomó el mando de la provincia.

Comenzó por quitar las tierras a las personas a quienes Alvarado les había dado posesión de ellas para aplicárselas a sí mismo y a sus amigos. Este sistema de gobierno se había ya hecho general y, por más que fuera impropio, la fuerza lo imponía, y de aquí los resentimientos de los despojados.

Expulsó enseguida del territorio a algunos indios guatemaltecos que se habían ido a establecer allí.

El capitán Cáceres recorrió por orden de Montejo toda la provincia y pacificó algunos pueblos que estaban insurreccionados. Fundó también una villa a la que le dio el nombre de Nueva Valladolid o Comayagua en 1537 y no en 1540, como sostienen algunos, y que más tarde obtuvo el título de ciudad. Fue la capital de la provincia y desde 1561 tuvo la catedral, que estaba anteriormente en Trujillo. También reformó Montejo a esta ciudad y a la de San Pedro Sula, que se hallaba próxima a una laguna célebre por sus isletas flotantes, que se mudaban con el viento de una parte a otra.

Dependiendo Honduras de la Real Audiencia de México, dio después Montejo cuenta al virrey del estado de cosas de Honduras; pero no bien verificado esto, vuelve de nuevo a estallar la guerra en su provincia.

V

La ciudad de Gracias se encontraba en la provincia de Cerquín, que es sumamente montañosa. En estos montes vivían miserables indios que reconocían por jefe al cacique Lempira, que era uno de los temidos por su bravura. Era fama que en una batalla había dado muerte a 120 hombres con su propia mano; que nunca habían logrado herirlo, a pesar de su arrojo y de los peligros en que se había visto rodeado. Sus subalternos no tan solo lo miraban con respeto, sino que veían en él algo de misterioso. Montejo envió a su capitán Cáceres al mando de una división a la que acompañaban naturales del país para que lo fuera a combatir ya que no quería reducirse a la obediencia. Lempira, por su parte, reunió más de 30,000 indios y se preparó para resistir. De uno y otro bando se batían con denuedo, pero ya la lucha llevaba más de seis meses y nada se resolvía definitivamente. Le convida entonces Cáceres a la paz, pero el jefe indio no acepta, pues quiere la libertad de su país.

Cáceres, en su deseo de acabar con Lempira, ocurre entonces a la traición, disponiendo que un soldado español fuera a hablar con él hasta colocarse a la distancia de un tiro de arcabuz, llevando otro soldado a la grupa disimulando su arma para dispararla en un momento oportuno. El jefe indio vio avanzar al soldado español sin armas y sin sospechar el engaño creyó sería uno de tantos mensajeros que le enviaba Cáceres y que él los recibía como tales. Oyó las nuevas propuestas de paz que le hacían y la desechó como siempre. El asesino apoyó su arcabuz sobre el hombro del jinete que le llevaba y disparó contra Lempira a boca de jarro, como se dice vulgarmente y sobre seguro.

El cacique recibió el tiro en la cabeza y cayó rodando por las rocas hasta quedar hecho pedazos. Así terminó este valiente defensor de su suelo y con él todo concluyó. Ese brillante ejército que le obedecía se desbarató por completo. La fortaleza del Cerquín se abandonó: muchos arrancaron para la sierra y otros se rindieron al enemigo, y la campaña concluyó con este acto de felonía, que no era, por cierto, propio de la nobleza e hidalguía castellana.

Algún tiempo después de la fundación de Comayagua inició Montejo la idea de que el comercio de España con el Perú, que se hacía por Nombre de Dios y Panamá, se efectuara por Puerto Caballo y algún otro puerto de las costas del sur de Nicaragua, pensándose que no era tan grande la distancia entre el Atlántico y el Pacífico, por la parte de Honduras. La solicitud quedó sin resultado y más tarde volvió a promoverse.

La idea de establecer una comunicación interoceánica por el territorio centroamericano era entonces halagadora. En el siglo XVI se creía que las mercaderías procedentes de España con destino al Perú podrían desembarcarse en Puerto Caballo, y de allí, pasando por Comayagua, ser transportadas por tierra hasta la bahía de Fonseca, de donde se conducirían por mar hasta el Callao. A la provincia de Nicaragua le disgustaba este proyecto porque lo creía perjudicial a sus intereses comerciales y propuso a su vez que el tránsito se verificase por el río San Juan. La idea de Montejo cuando era gobernador de Honduras volvió a agitarse a principios del siglo XVII con motivo del descubrimiento del Puerto de Santo Tomás de Castilla, efectuado el 7 de marzo de 1604, que fue tan celebrado. A este puerto se había trasladado la gente que habitaba en Puerto Caballo.

VI

Hemos dicho antes que don Pedro de Alvarado de Honduras se había marchado a España y que no volvió a Guatemala donde se encontraba el juez que había ido allí a residenciarlo.

Lo cierto es que Alvarado salió perfectamente bien en sus gestiones ante la Corte de Madrid. Se le permitió continuar con el ejercicio del gobierno de Guatemala por siete años más, cualquiera que fuese el resultado del juicio de residencia que le estaba instruyendo el licenciado Maldonado en Guatemala. Por su matrimonio con doña Francisca de la Cueva, se había emparentado de este modo con una de las familias más ilustres de la monarquía y estas relaciones le sirvieron notablemente en sus pretensiones, y a esto debió el buen resultado de sus gestiones en la Corte.

Habiendo enviudado se casó en este viaje con su cuñada doña Beatriz, previa licencia que para ello obtuvo de Roma el mismo emperador Carlos V.

Resolvió enseguida Alvarado su viaje a Guatemala y, al efecto, desembarcó en Puerto Caballo con su tropa, en lo que demoró como veinticinco días, y empleó después diez días en hacer un ancho y cómodo camino hasta San Pedro Sula. De San Pedro se dirigió a Gracias, y antes de llegar a esta ciudad, se encontró con el licenciado don Cristóbal de Pedraza, obispo electo de Honduras. Le rogó el obispo que escribiera a Montejo antes de avistarse con él, cosa que no quería hacer, por haberle escrito antes y no haber recibido contestación alguna; pero, cediendo a los ruegos del obispo, Pedraza lo hizo por segunda vez.

Entre las reales órdenes de que Alvarado venía provisto, traía una por la cual se recomendaba al obispo que arreglara las diferencias entre él y Montejo, originadas por haber, este último, quitado las tierras a las personas a quienes tres años antes las había repartido Alvarado, y exigió el obispo que desde luego procediera a su devolución como se ordenaba en la real cédula.

Pedraza le expuso que aplazara un poco este negocio y le agregó que no era difícil que Montejo entrase en arreglos sobre su gobernación. Así sucedió en efecto: los dos gobernadores se entendieron y se pactó que la gobernación de Honduras la tomase también Alvarado, mediante la cesión que este le hacía a Montejo de la de Chiapas y de las encomiendas de Xochimilco en Nueva España, debiendo además Alvarado pagar dos mil pesos que a diversas personas debía Montejo en Honduras. Se debía pedir la aprobación real de este convenio, lo que hizo Alvarado exponiéndole al rey la conveniencia de que la gobernación de Honduras estuviese unida a la de Guatemala, asegurando que aquella tierra podría dar más de cien mil pesos por año al tesoro real, ya que nada producía en el estado en que se encontraba.

Montejo escribió también al rey, pero en sus cartas acusaba de parcial al obispo Pedraza y le dice que solo cediendo a la fuerza había dejado la gobernación de Honduras, que Alvarado con su llegada todo lo ha revuelto y le pide que no apruebe el convenio. Se le dio más crédito a Alvarado y el rey, contra lo pedido por Montejo, aprobó dicho convenio y, entonces, la gobernación de Honduras se anexó a la de Guatemala.

Con esto, Honduras perdió su personalidad propia y su historia es la historia de Guatemala, y los sucesos ocurridos allí ya no tenían la importancia de antes. Solo cuando recobre su personalidad y sea gobernación independiente nacerá Honduras otra vez para la historia.

CAPÍTULO VIII: HAY DOS ALCALDÍAS DE PESO EN HONDURAS

I. Alvarado avisa al Cabildo de Guatemala desde Puerto Caballo su arribo para que se le reciba como gobernador; deja en Honduras de teniente gobernador a Alonso de Cáceres y se dirige a aquel territorio. II. Alvarado se va a México; su combate con los indios y su trágico fin el 29 de junio de 1541. III. Alonso de Maldonado le sucede en el gobierno de Guatemala. IV. Honduras desconoce a Maldonado y nombra a García Celis de gobernador, quedando así otra vez independiente de Guatemala; se establece la Real Audiencia de los Confines en Gracias. V. Don Diego de Herrera gobernador de Honduras; cómo se gobernaban y dividían en América las colonias de España y cómo se encontraba Honduras dividida para los efectos de su gobierno local.

I

Una vez que Alvarado arregló las cosas de Honduras, pensó en dirigirse a Guatemala para tomar el gobierno de esa provincia.

De antemano, es decir, cuando desembarcó en Puerto Caballo, había tenido Alvarado la precaución de escribir al Cabildo de Guatemala para que enviase un alcalde y dos regidores a quién mostrarle las reales cédulas de su nombramiento. La corporación se negó a esto, alegando que no estaba obligada a hacer lo que se le exigía.

Alvarado también le había comunicado al Cabildo, con bastante arrogancia, que había llegado a Puerto Caballo con tres grandes naves, así como que le acompañaban 300 arcabuceros y mucha gente más de elevada jerarquía. Le agregaba que venía casado con doña Beatriz de la Cueva, hermana de su primera mujer, y a la cual acompañaban veinte doncellas de categoría.

Entró a la ciudad el 15 de septiembre de 1539. Al día siguiente concurrió a la sesión que celebró el Cabildo para presentar los despachos de su nombramiento. Examinados estos fueron aprobados, y amigos y enemigos del gobernador celebraron con fiestas su llegada.

Alvarado, al salir de Honduras, dejó a cargo de esta provincia, con el título de teniente gobernador suyo, al capitán Alonso de Cáceres.

II

La expedición al occidente preocupaba a Alvarado en cumplimiento de la promesa que había hecho al rey, con el objeto de procurar el comercio con la China y con las islas Molucas o de la Especería. Por eso, desde que desembarcó en Honduras, remitió orden a Guatemala para la construcción de buques y él mismo dirigía más tarde estas operaciones.

Dio aviso al Cabildo de su partida y dejó de subrogante en el gobierno al licenciado don Francisco de la Cueva.

Se embarcó en Acajutla, donde estaban anclados los navíos con 850 soldados españoles, tanto de infantería como de caballería y con un crecido número de indios. En breve llegó al puerto Purificación, en la provincia de Jalisco de Nueva España, para abastecerse allí de agua y de víveres frescos.

El virrey de México, que lo era don Antonio de Mendoza, al tener conocimiento de la presencia de Alvarado en sus dominios, se fue en el acto a conferenciar con él. Ambos acordaron entonces deferir el viaje que Alvarado intentara a las islas de la Especería y que se dirigiera primero a la conquista de las Siete ciudades de Cíbola, de cuyas riquezas contaba prodigios un fraile franciscano.

Esto sucedía el 29 de noviembre de 1540.

Pasó entonces Alvarado a México, y estuvo allí hasta fines de mayo de 1541. En el mes siguiente se volvió a Jalisco y, cuando iba a partir a Cíbola, recibió un mensaje de Cristóbal de Oñate, que estaba de gobernador interino en Nueva Galicia, por el cual le pedía auxilios para someter a los indios rebeldes del pueblo de Nochistlán.

Hubo entonces de dirigirse apresuradamente a Guadalajara y atacó a los indios que, reunidos en número de más de diez mil, amenazaban concluir con los beneficios de la conquista. Llegó el 24 de junio de 1541 al peñol de Nochistlán, donde estaban los rebeldes y, hecho un reconocimiento de la posición del enemigo, supo que la fortificación estaba compuesta de siete trincheras de piedras. Avanzó sobre las trincheras. Lo atacaron con un arrojo inusitado hasta hacerlo los suyos retirar del peligro que corría. La caballería no pudo operar por los pantanos que existían y la retirada se hacía con apuro, porque los indios los atacaban con rudeza. Una vez que Alvarado y los suyos llegaron a terreno sólido, los indios cesaron de perseguirlos.

Un escribano de apellido Montoya, que peleaba como soldado de caballería, iba en fuga con su caballo cansado y, al subir una cuesta, lo clavó con fuerza. Alvarado iba todavía a pie y le ordenó a Montoya sosegarse y, al fin, el caballo cayó y, rodando cuesta abajo, atropelló a Alvarado, quedando este contuso y sin poderse mover. Enfermo de gravedad se le trasladó al pueblo de Atenguillo y de allí a Guadalajara, donde falleció el 29 de junio de 1541. Testó dejando sus bienes a su mujer doña Beatriz de la Cueva.

Asumió el mando de Guatemala esta señora conjuntamente con el obispo don Antonio de Marroquí, pero bien pronto falleció aquella el 11 de septiembre del mismo año, por causa de una inundación que sobrevino por el agua de un lago que salió de bordes, por las lluvias torrenciales de esa época.

III

Entró entonces a gobernar Guatemala el licenciado don Alonso de Maldonado el 17 de mayo de 1542. Gobernó hasta 1548.

Comenzó su gobierno por poner en libertad a los indios que estaban sometidos a la esclavitud y procuró además evitar los malos tratamientos que les daban los españoles. Los reunió en reducciones con el objeto de evitar que se mantuviesen dispersos, no obstante la resistencia que ellos hacían a esta medida, que tenía por objeto su más pronta civilización por medio del contacto con los habitantes de las ciudades. Aumentó también el número de corregidores y por fin señaló límites claros para el ejercicio de la jurisdicción de cada uno de ellos.

IV

Entretanto, ¿qué sucedía en Honduras? El rey había aprobado la agregación de esta provincia a la de Guatemala; pero aquellos colonos deseaban ser independientes de aquella otra provincia.

El licenciado Maldonado, que fue reconocido gobernador de Guatemala, notificó su nombramiento a las autoridades locales de Honduras. Estas se negaron a admitirlo y designaron por gobernador a don Diego García Celis. Maldonado disimuló esta rebeldía del Ayuntamiento de Gracias y con este acto volvió la provincia de Honduras a ser independiente, y siguió gobernándose sin sometimiento a Guatemala.

Todas las provincias de Centroamérica dependían, hasta esta fecha, de la Real Audiencia de México.

Con fecha del 20 de noviembre de 1542, Carlos V se dignó a crear otra Audiencia, que se llamó de los Confines, porque debía residir en los confines de Nicaragua y Guatemala, con cuatro oidores letrados, siendo presidente uno de ellos. Le correspondió al licenciado Maldonado, que era oidor de la de México y gobernador de Guatemala.

Esta Audiencia debía conocer, en vista y revista, de las causas criminales pendientes y de las que se promovieran en lo sucesivo de cualquier clase e importancia que fuesen, sin que hubiera recurso de apelación alguno en las sentencias que dictara. Igual atribución se le daba en materias civiles, sin otro recurso al Consejo de Indias que el que se dejaba a las partes en caso de que el asunto versara sobre cantidad de diez mil pesos oro, para arriba.

El agraviado debería presentar su recurso a la real persona dentro de un año de pronunciada la sentencia, la que quedaba, sin embargo, ejecutoriada, dando fianza la parte favorecida de devolver lo que hubiese recibido, si se revocaba el fallo; pero estos recursos no tenían lugar en juicio sobre posesión. De las resoluciones de los gobernadores se apelaba ante las audiencias y en este caso no había súplica.

Las audiencias podían mandar tomar residencia a los gobernadores y demás oficiales y justicias ordinarias cuando lo creyeran oportuno, dentro de su territorio jurisdiccional. Se crearon además de esta Audiencia la del Perú y la de Santo Domingo.

La Real Audiencia de los Confines se estableció por orden del gobernador Maldonado, que como se ha dicho, le tocó ser su presidente en Gracias, ciudad que creyó más céntrica que la de Comayagua. Mas el sucesor de Maldonado en el gobierno de Guatemala, que lo fue el licenciado Alonso López Cerrato, la trasladó a Guatemala en 1548. Empero, esta Audiencia no pudo funcionar sino el 16 de marzo de 1544, época en que llegan los oidores, que lo fueron Herrera, Ramírez de Quiñonez y Rojel.

Una vez constituida la Audiencia, la primera providencia fue la de notificar al adelantado Montejo que había concurrido el acto de su instalación, una real orden en que se le prevenía que dejase la gobernación de Yucatán, Cozumel, Chiapas y Honduras, que debía recaer en la misma Audiencia, según las nuevas leyes. Montejo expuso los derechos que creía que le asistían para conservar sus cargos y de los cuales él no quería desprenderse. La Audiencia al fin le concedió que conservase el gobierno de Yucatán y Cozumel, pero sin facultad de administrar justicia por corresponder esto al tribunal.

V

La importancia de Honduras comienza ya a desaparecer con haber quedado sujeta a la Real Audiencia que se acababa de instalar en Gracias. A ella le tocaba en lo sucesivo designar el gobernador que debía gobernar esta provincia.

La Audiencia dejó continuar en este cargo a don Diego de Herrera, que tenía despachos reales. Lo único que se sabe de este sujeto es que se le nombró para ponerse al frente de la armada que salió a combatir al filibustero Drake, que había aparecido por las costas del sur. El presidente de la Audiencia de Guatemala, el licenciado Valverde, lo hizo poner preso por no haber perseguido al enemigo hasta la ensenada de California. Parece que la prisión duró algunos años, por la morosidad de los trámites del juicio a que por esa causa fue sometido.

Veamos cómo estaban divididos los dominios de España en América por los años a que hacemos referencia.

Lo primero era el Virreinato de México o de Nueva España, donde residía una Real Audiencia. Fue creado por Carlos V en 1534 y se le asignó la Nueva Galicia, las Californias y la Península de Yucatán.

Seguía después la Capitanía General de Guatemala, donde se estableció una Real Audiencia. Su presidente y capitán general era el gobernador de Guatemala.

Antes de ser capitanía, todas las tierras que la formaron dependían del virreinato de México.

Después de ser capitanía pasó a ser también virreinato.

La Capitanía General dependía del Consejo Superior de Indias que estaba establecido en Madrid. Se dividía en seis provincias que lo eran Chiapas, Guatemala, El Salvador, Honduras, Nicaragua y Costa Rica.

Cada una de estas provincias dependía de un gobernador, excepto la de Guatemala, que era donde residía el capitán general y presidente de la Audiencia.

Las provincias se subdividían en alcaldías mayores o en corregimientos, que también se les dominaba ayuntamientos o bien municipalidades.

La historia especial de cada una de estas provincias está íntimamente ligada entre sí, sobre todo después del establecimiento de la Real Audiencia de los Confines, y por eso algunas de ellas son de tan poca importancia que la historia olvida los hechos de cada uno de sus gobernadores.

Más tarde se creó la Capitanía General de Nueva Granada y se elevó a virreinato en 1717. El territorio que se le asignó fue el que los conquistadores españoles llamaron Nuevo Reino de Granada, que formaba parte del territorio del Perú. Comprendía este virreinato la presidencia de Quito y Santa Fe de Bogotá, que era la ciudad capital del virreinato.

Carlos III creó en 1773 la Capitanía General de Venezuela, siendo Caracas la capital y donde residía el capitán general.

En 1542 se creó el virreinato del Perú, cuya capital era la ciudad de Lima.

Por real orden de Carlos III del 21 de marzo de 1778 se creó el virreinato de Buenos Aires, Paragua, Tucumán, Potosí, Santa Cruz de la Sierra y Charcas, como así mismo de los territorios anexos a las ciudades de Mendoza y San Juan, que antes pertenecían a la provincia de Chile.

Chile era una gobernación dependiente del Perú, pero se independizó de él en 1778 y pasó a ser capitanía general.

Se estableció también la Capitanía General de Cuba. La ciudad de Santo Domingo era el centro español en las Antillas. De esta Capitanía dependían los gobernadores de Cuba y Puerto Rico y de las posesiones de la Florida y de Luisiana.

Después el centro español se trasladó a la isla de Cuba.

Más tarde la Luisiana pasó a ser posesión francesa.

El virrey y el capitán general tenían atribuciones casi iguales en sus respectivos dominios. Eran los verdaderos representantes del rey en España.

El sistema administrativo que se ejercía por estas autoridades estaba basado en el más completo absolutismo y ejercían a la vez que el gobierno civil el gobierno militar dentro de sus respectivos dominios; pero todos ellos eran movibles a voluntad del soberano de España. Todos estaban sujetos a lo que se llamaba juicio de residencia, que en un principio lo decretaba el rey de España y, después, sin desprenderse de esta facultad era privativo del virrey y de la Real Audiencia dentro de su jurisdicción. Consistía este juicio en nombrarse un juez residenciador, quien asumía el puesto que ejercía el residenciado. Este juez oía los cargos que hacían el residenciado y sus excusas si estaba presente y se enviaban los autos al Consejo de Indias para que lo fallara. El residenciado podía ir a defenderse a la Corte o bien nombrar procurador para ello.

De ordinario los residenciados se ganaban al juez y todo salía bien; pero esto costaba bastante dinero. El juez residenciador tenía facultades omnímodas y podía aprisionar al residenciado, embargarle sus bienes y reducirlo a la miseria.

El rey de España podía exonerar de este juicio de residencia o bien suspender sus efectos si era decretado por otra autoridad; pero para esto era necesario tener fuertes empeños o como se decía en ese entonces: Santos en la Corte.

La provincia de Honduras estaba en tiempos de la colonia dividida en dos alcaldías mayores, que lo eran Comayagua y Tegucigalpa, que significa cuesta de plata y que es hoy la capital de la República. Estas alcaldías estaban subdivididas en distritos.

A la de Comayagua pertenecían Comayagua, Santa Bárbara, Tencoa, Gracias, Santa Rosa y Yoro. A la segunda pertenecían Tegucigalpa, Choluteca, Juticalpa, Trujillo, Cantarranas, Nacaome y Somoto. En muchos de estos pueblos existieron ayuntamientos, siendo muy importante el de Trujillo.

Desde el siglo XII se había establecido en España un sistema especial de administración, llamado de Comunidades, mediante el cual los distritos en que se hallaba dividido el territorio elegían un Consejo para entender en asuntos de justicia, policía y administración.

Este mismo sistema con algunas modificaciones se implantó en las colonias de América y por eso es que hemos visto que desde los primeros años de la conquista aparecieron consejos, ayuntamientos o cabildos, constituidos por españoles en las principales poblaciones de los territorios conquistados.

El alcalde ordinario lo designaba el gobernador o bien por elección del distrito con aprobación del primero.

Los alcaldes mayores eran nombrados por el rey, sin perjuicio de que pudieran designarlos el capitán general o la Real Audiencia.

En cada ciudad había, pues, un ayuntamiento compuesto de dos alcaldes, un alférez real, un alguacil mayor, ocho regidores, un depositario general, un provincial y los alcaldes de la Santa Hermandad. La autoridad del alcalde se significaba por la vara que usaba. Había también en cada gobernatura un tesorero real, puesto que era de mucha importancia y responsabilidad.

CAPÍTULO IX: RELIGIÓN IMPUESTA A ESPADA Y FUEGO

I. Cómo se hizo la conquista de Honduras por los españoles; sus crueldades para con los indios. II. Odio de los indios contra la religión por causa de los excesos de los que se decían católicos y levantaban templos. III. Fray Bartolomé de las Casas. IV. El obispo Las Casas en Chiapas. V. Sus trabajos en favor de los indios. VI. La Real Audiencia se establece en Gracias; sus procedimientos inquisitoriales.

I

Antes de seguir adelante, es ya tiempo de hacer un estudio relativo al modo como se hizo la conquista de Honduras y describir los principales sucesos referentes a esta materia.

Ella no fue diferente de las demás provincias de Centroamérica ni las del resto de América. Los conquistadores españoles parece que estaban vaciados en un mismo molde.

Llenos de ambición y de crueldad, para ellos no había nada que les detuviera para el logro de su objeto, a pesar de que venían a civilizar pueblos bárbaros y a predicar la religión del mártir del Gólgota, que fue todo dulzura y caridad. Estaban reñidos con este ejemplo y, por cierto, que se olvidaban hasta de la religión que profesaban y se mostraban más bárbaros que los mismos bárbaros.

Por eso hemos visto a Pedrarias cometer horribles crímenes hasta degollar a Balboa, marido de su propia hija. Hemos visto a Cortés ahorcar, degollar, mutilar y castigar con una crueldad increíble, a pesar de sus antecedentes y su educación, que era superior a la de los demás aventureros que pasaban a América. Pero a los conquistadores españoles no se les escapaban de sus horribles crímenes ni aún los sacerdotes que los acompañaban ni tampoco los prelados de la iglesia. Mas si dejamos a un lado la sangre con que se tiñó la América por las reyertas y abuso de poder entre ellos y pasamos a estudiar lo que se hizo con los indios que poblaban estas tierras, ya para esto se necesita un libro y con tener el grito de indignación que arrancan esos hechos dolorosos.

Se pudo decir que Centroamérica fue el teatro de los crímenes más horrendos de una soldadesca dura y sangrienta.

Los colonos europeos establecidos en Honduras, así como los indios de esta provincia, sufrieron toda clase de violencias por parte de los funcionarios que ejercían el poder.

Se exigía que los indios se reconocieran vasallos del rey de España y se les agregaba que Dios había puesto en la tierra un vicario, y que este lo era el papa que residía en Roma, el cual había dado al monarca español todas las tierras y pobladores del Nuevo Continente.

Cada jefe de expedición se hacía acompañar, cuando menos, de un sacerdote y este derramaba el agua en la cabeza de los indios para catolizarlos, operación de la que por ser tan sencilla no se excusaban los indios ni comprendían lo que aquello podría significar, y por eso es que repetían este acto las veces que se les exigía, sin darse cuenta de cómo con tal ceremonia podían quedar vasallos del rey y del papa.

Con esto que se denominaba bautismo, los españoles se consideraban dueños de la persona y bienes de los pobres indígenas. Se repartían enseguida de ellos y de sus tierras a título de conquista, quedando cada español obligado a instruir en la religión católica a los indios que les correspondían en estos repartimientos; pero se olvidaban de esta obligación y de que los indios eran seres humanos y sus semejantes, y les hacían trabajar como bestias de carga, dándoles un trato cruel, considerándoles como esclavos o bestias. Dedicaban a estos infelices, que eran de contextura débil, a los trabajos más duros, incluso a los de minas. Para ellos no había días festivos, y lo peor era que ni siquiera se les alimentaba y no se les daba en qué dormir, sufriendo los rigores de todas las estaciones. Morían estos infelices extenuados o bien de inanición. El azote, el palo, la mutilación y los castigos más horribles les estaban reservados por el más insignificante motivo.

Se les marcaba con fierros calientes sin librarse de esta operación infamante ni siquiera las mujeres y, por último, se les vendía como esclavos a los traficantes en este infame comercio. Otras veces los desnudaban y los ataban en los hormigueros o les untaban el cuerpo con manteca hirviendo o los ahogaban en la paja, o bien les daban de garrotazos o los hacían morir de hambre. También los hacían destrozar por perros o los acorralaban y les echaban estos animales y el gusto de ellos era verlos morir en la lucha todos mordidos y magullados. Era por esto que los indios se ahorcaban o se iban a esconder a las montañas. Por último, resistían al bautismo porque si se catolizaban y había otro mundo donde debían encontrarse otra vez, no lo deseaban por no estar con españoles, que les habían de hacer sufrir tanto como en esos tiempos.

II

El sistema de repartimientos lo estableció Colón en la Española en su tercer viaje de España a América, o sea en 1598, y dio lugar a tantos abusos que llegaron a conocimiento de los reyes de España, y en vano procuraron remediarlos, porque eludían todas las órdenes que se dictaban a este respecto. Negaban, pues, que los indios fueran racionales y, fundados en esto, es que los trataban de esa manera.

¡Y estos bárbaros y crueles conquistadores levantaban templos e invocaban el nombre de Dios!

Estos hechos eran la causa de que las poblaciones no progresaran y el que los indios odiasen la vida social.

Llegó a tanto el temor de los indios, que no querían usar de sus mujeres por no tener hijos que fueran a ser tan desgraciados como ellos.

Los sacerdotes que acompañaban a los conquistadores nada hacían por reprimir los abusos de que eran víctimas los indios ni tampoco por que los encomenderos moderasen los castigos que les hacían. Corría parejas la corrupción de ellos con la de los conquistadores, con algunas honrosas excepciones. Los curas esquilmaban con sus subidos cobros por cualquiera de sus servicios religiosos. Se revelaban contra sus superiores y también contra la autoridad civil y querían estar siempre sobre ella.

Estas causas hicieron traer el desprestigio de la religión católica, y se puede decir que todas las Repúblicas de Centroamérica la proscribieron más tarde de sus códigos como religión del Estado, y declararon libertad para todos los cultos y por eso es que en ellos no existe el exclusivismo religioso.

III

En medio de ese desborde de pasiones apareció un verdadero apóstol de Jesucristo, un hombre verdaderamente evangélico y con fuerzas bastantes para luchar con la avaricia de esos ávidos castellanos.

Fue este un religioso domínico llamado fray Bartolomé de las Casas, que había nacido en Sevilla en 1474, siendo descendiente de una familia noble que pasó de Francia a España a guerrear contar los moros y que se estableció en Sevilla.

Don Antonio de las Casas, padre del que más tarde se llamó fray Bartolomé, acompañó a Cristóbal Colón en sus dos primeros viajes a América en calidad de soldado de marina por los años de 1492 y 1493. En esta época, el joven Bartolomé contaba 18 años de edad y ya había concluido los estudios de latinidad y de filosofía.

En 1498 se embarcó el padre y el hijo acompañando a Colón en su tercer viaje a América. Volvió Bartolomé de las Casas a Cádiz a fines de 1500 y acompañó a este mismo almirante en su cuarto viaje y llegó a Santo Domingo el 29 de julio de 1502. Cuando se embarcó en 1498 en el tercer viaje de Colón, Bartolomé contaba 24 años de edad y había recibido el grado de licenciado en teología en la Universidad de Sevilla. Ocho años después, en 1510, recibió las órdenes del sacerdocio y fue el primero que cantó misa en América, dándosele por orden de Colón toda pompa a este acto, hecho que se verificó en la isla predilecta del Almirante, que como lo sabemos era la Española o sea Santo Domingo.

Bartolomé de las Casas, obispo de Chiapas.

Coincidió con este suceso el arribo a la isla de varios misioneros Domínicos y, movidos estos a compasión en favor de los indios que eran cruelmente tratados por los españoles y que los mantenían en tirano pupilaje, comenzaron con sus ardientes pláticas a remediar estos desmanes. Las Casas se unió en esto a los misioneros y atacó la arrogancia de los poderosos. Después, en 1511 pasó a Cuba, que estaba gobernado por Diego Velásquez, con el título de cura párroco del pueblo llamado Zanguasama y ya con este carácter miró a los indios como a sus propios hijos para defenderlos contra la tiranía de los conquistadores.

Los buenos oficios de los misioneros Domínicos y franciscanos, que eran sostenidos en la Corte por el confesor del rey, el padre García de Loaiza, hicieron llegar hasta el trono las continuas quejas y denuncias que se hacían sobre la desgraciada situación de los indios, dictándose desde 1511 a 1513 diversas resoluciones favorables para los oprimidos.

Las Casas era apreciado por Velásquez y le hizo consultor de su teniente Juan Grijalba. Se dedicó al estudio de la jurisprudencia civil y canónica y, colocado entre opresores y oprimidos, y siendo respetado por aquellos por su virtud y saber y por los otros como un ángel de caridad, hizo beneficios inmensos en todas partes donde él se presentaba.

En 1513 Pánfilo Narváez salió a pacificar algunos pueblos y le acompañó Las Casas y, queriendo este jefe quitar la vida a varios caciques y a otros muchos indios, se vio forzado a desistir de su bárbaro intento solo por las amenazas que le hizo Las Casas de pasar en el acto a España y querellarse ante el rey don Fernando.

Y como las órdenes dadas en favor de los indios estaban encargadas de ejecutarlas los mismos conquistadores, resultaba que estos las evadían porque les proporcionaban pingües riquezas los trabajos a que dedicaban a los indios en su provecho.

Testigo ocular de los abusos de los conquistadores, pasó otra vez a Santo Domingo y allí atacó de nuevo el sistema de repartimiento, y desde el púlpito criticó la conducta de las autoridades y de los encomenderos, por lo cual todos estos le tomaron bastante odiosidad, pero al virtuoso Las Casas nada le importaba esto desde que protegía al desvalido.

En 1515 pasó a España para representar al rey católico lo urgente que era tomar providencias más eficaces contra los enormes males que afligían a los indios. Iba a pedir la revocación de los repartimientos que aquel monarca había concedido engañado por los malos informes. El rey se encontraba en Placencia de Extremadura, y allí el generoso Las Casas le pintó con vivos colores el atroz abuso que se cometía con los repartimientos. Le ordenó pasar a Sevilla a exponer su caritativa solicitud a un consejo de prelados y de otras notables personas. En esto falleció el rey don Fernando en Madrigalejo el 23 de enero de 1516.

El cardenal Jiménez de Cisneros con el cardenal Adriano quedan encargados del gobierno del reino.

El cardenal Cisneros, como regente, escuchó a Las Casas las quejas que le dio sobre la manera como se trataba a los indios y, aunque fue contradicho por los encomenderos que estaban en la Corte, no por eso dejó Las Casas de sostener los cargos que hacía. Volvió a Santo Domingo con los padres que Jiménez había enviado para que le informasen, y como estos se demorasen allí más del tiempo necesario, regresó otra vez a Castilla para conferenciar con Carlos V, que acababa de tomar el gobierno de la península. Se regresó a Santo Domingo, y como no pudiera mejorar la condición de los indios, hizo nuevo viaje a España. Don Juan Quevedo, obispo del Darién que estaba en la Corte, sostuvo opiniones contrarias a él. El emperador los oyó en una conferencia y triunfó Las Casas de su adversario. Regresó a América trayendo esta vez recursos para que pusieran en ejecución sus proyectos y fracasó también en sus humanitarios proyectos por los inconvenientes que todos oponían y se fue descorazonado al convento de los Domínicos de la isla Española.

En 1523 tomó allí el hábito de esta orden dejando las sotanas de clérigo y entonces encontró en los de su convento un apoyo decidido.

Hizo viaje a la Corte para solicitar medidas activas para atacar el mal que se hacía sentir en toda la América Central y en el Perú. Carlos V, esta vez atendió las peticiones de Las Casas, y el 20 de noviembre de 1542 dictó leyes en favor de los indios con el título de Ordenanzas que debían ser observadas a la letra por todas las autoridades que en América reconocieron la soberanía del rey de España. El emperador ofreció esta vez a Las Casas el obispado del Cuzco que rehusó aceptarlo.

Las Ordenanzas levantaron una tempestad no solo en Santo Domingo sino también en todo Centroamérica, en Nueva España y en el Perú. El blanco de las iras se dirigió contra Las Casas a quien se creía sino autor de esas leyes por lo menos inspirador de ellas.

Las Casas al fin aceptó el obispado de Chiapas y al llegar a hacerse cargo de su diócesis, la población española de Nueva Granada se puso en su contra capitaneada por cuatro frailes mercedarios apoyados por el Cabildo y el deán de esa iglesia.

Los Domínicos le acompañaban para ir a predicar y combatir la esclavitud de los indios. El ilustre obispo Las Casas comenzó por prohibir que se diera la absolución a los que tuvieran indios por esclavos. Entonces a él le niegan toda clase de auxilios, cosa que nada le importó porque no andaba en busca de riquezas. Fue impertérrito en su obra. Llegó a tal extremo la hostilidad que no se le vendían alimentos, medida que tomaron los encomenderos para vencer al que era verdadero apóstol de Jesucristo, que consideraba a todos los hombres por sus hermanos y que no toleraba los actos inhumanos que se ejecutaban contra esos indefensos infelices.

Ya por estos tiempos Pablo III, que gobernaba en Roma, había expedido su célebre bula de 10 de junio de 1537, que comienza Subliminis Deus, en la que declaró que los indios eran verdaderos hombres y en la que también prevenía que no se les debía privar de su libertad ni de sus bienes.

Pablo III, para hacer esta declaración exigió datos exactos referentes a los indios y supo que e reían, atribuyo que creyó peculiar de la raza humana. El obispo Las Casas celebró más que nadie la declaración del jefe de la cristiandad y, al efecto, la tradujo al español y la envió a todos los religiosos y a las autoridades que residían en América para que la dieran a conocer a todos los castellanos; pero estos no respetaban ni la voz del prelado de Roma ni la del rey de España, porque la codicia estaba sobre estas disposiciones.

IV

De Guatemala pasó Las Casas a Chiapas y allí fue perfectamente bien recibido por sus feligreses. Hizo enseguida un viaje por tierra a Honduras y llegó a Gracias, donde residía la Real Audiencia que estaba recién instalada, con el objeto de dar cuenta del estado de esos pueblos y reclamar el cumplimiento de las nuevas leyes en unión de los obispos de Guatemala y de Nicaragua. Allí estaban el obispo de Honduras, el licenciado Pedraza y el electo de Nicaragua, fray Antonio Valdivieso, de la Orden de los Domínicos, que iba a consagrarse.

La Audiencia recibió con disgusto la presentación de los tres obispos, hasta el extremo que el presidente de ella, el licenciado Maldonado, que debía a Las Casas en gran parte el puesto que ocupaba, insultó brutalmente al digno obispo, sin que este le diera motivo ni le replicara una sola palabra. Maldonado se creyó excomulgado y procuró dar después satisfacción al obispo para que sus frailes le alzaran la excomunión y poder así ejercer sus funciones. Las Casas, después de este suceso, regresó a Chiapas y Valdivieso a León, y como profesaba las doctrinas del piadoso obispo de Chiapas, se atrajo el odio de los de esa ciudad y de los de Granada solo porque exigía también el cumplimiento de las Ordenanzas.

El gobernador Contreras, de Nicaragua, que había encontrado un subterfugio para burlar las disposiciones reales, cual era poner sus encomiendas y esclavos bajo el nombre de su mujer e hijos, haciendo escrituras falsas y con fechas anteriores a la vigencia de las Ordenanzas, fue denunciado por este fraude y el oidor que lo residenciaba hizo pasar todos los indios de esas encomiendas a la Corona. Suspendido de su cargo y privado de sus bienes se fue a

España, dejando en Granada a su mujer, doña María Peñalosa, y a sus dos hijos, Hernando y Pedro de Contreras.

El Consejo de Indias, como era natural, desechó las injustas pretensiones del gobernador Contreras, y cuando sus hijos conocieron el mal resultado, atribuyeron este fracaso al obispo Valdivieso y resolvieron asesinarlo, lo que en efecto ejecutó Fernando en la propia casa del obispo. En seguida los conjurados saquearon la población, levantaron el estandarte de la rebelión y cometieron toda clase de crímenes por donde pasaban. Vencidos al fin, pagaron con sus vidas las atrocidades que en un vértigo de locura habían ejecutado en todas esas poblaciones.

V

Tenemos al obispo Las Casas en Chiapas. En Gracias hemos dejado funcionando a la Real Audiencia de los Confines, que fue tan desgraciada desde su comienzo a causa de que sus miembros eran hombres poco escrupulosos y se dedicaban a buscar medios de enriquecerse y para el logro de este objeto olvidaban los deberes de su cargo y la rectitud en sus fallos.

En Honduras hemos dejado de obispo al licenciado Pedraza y hemos recorrido la serie de gobernadores que han estado al frente del gobierno de esta provincia hasta llegar a don Diego de Herrera.

También hemos visto que ya los piratas invaden por todas partes las costas de la América del Norte, lo que estaba paralizando el comercio e infundiendo temores de toda especie.

En Honduras, sin embargo, las minas se trabajaban con buenos resultados.

En enero de 1556, Carlos V, que había reunido bajo su mando a la mitad de la Europa civilizada y vastos imperios en las Indias Orientales y Occidentales, que llevó sus armas a Italia, a Constantinopla, al África y a los confines de la América, que hizo saquear la ciudad santa y que puso a rescate al papa Clemente VII y al rey Francisco I de Francia, encontrándose enfermo y cansado sin duda de derramar sangre, abdicó la corona de España en favor de su hijo Felipe, que al subir al trono llevó el de Felipe II, y la de Alemania en su hermano don Fernando, para retirarse él al convento de San Jerónimo de Yuste. Se hizo hacer funerales en vida, para lo cual hubo de permanecer veinticuatro horas encerrado en un féretro, sobreviviendo a todo esto algún tiempo después, para fallecer solo el 21 de septiembre de 1558.

El mismo Carlos I comunicó su dimisión del trono el 16 de enero de 1556 a San Salvador y al día siguiente a Guatemala y así sucesivamente a las restantes provincias.

En mayo de 1557 se juró en Guatemala el reconocimiento de Felipe II con las fiestas acostumbradas para estos casos.

Volvamos ahora a ocuparnos de Las Casas.

A Valdivieso le había sucedido en la silla de León fray Benito Garret, que unía a su ambición de mando una sed incansable de riquezas; nada hizo en bien de los indios y, por supuesto, estaba muy lejos de coadyuvar al obispo Las Casas.

El nuevo obispo de León quería tener a todos sujetos a su autoridad episcopal. Entró en altercado con la Real Audiencia y casi con todas las autoridades civiles. Extrañado del país, murió repentinamente de cólera.

Los frailes franciscanos eran enemigos de los Domínicos y, olvidando las reglas de su fundador, observaban una conducta relajada y, por consiguiente, eran también enemigos de Las Casas, para atraerse de este modo las simpatías de los españoles.

El obispo de Guatemala, señor Marroquín, prestó a Las Casas decidida protección en su empresa pacificadora de los indios por medios humanos y evangélicos. Enérgico Las Casas para condenar los vicios, llegó a pesar de sus años a aprender el idioma de los indígenas para darse a entender de ellos. Escribió obras para sostener sus doctrinas y, ayudado de los suyos y sin más armas que la palabra, recorrió esos pueblos salvajes sin temor de ninguna especie.

Regresó después a España y contestó allí a los cargos que le hacían de América, pero ya aquel anciano estaba viejo, enfermo y cansado de trabajar en bien de la humanidad. Sin ambición alguna, pobre, pero respetado de todos, renunció el obispado y se desligó de su iglesia para retirarse a un convento en Toledo y prepararse a un viaje más largo todavía, cuál era el de la muerte.

En la soledad del claustro sabe que sus indios de América necesitaban todavía de sus favores. Se hace conducir a la Corte para interceder en bien de ellos y allí fallece aquel evangélico sacerdote a fines de julio de 1566.

He aquí por qué mientras más años nos separen de esa época luctuosa, más grande se verá la personalidad del padre Las Casas y pocas serán las palabras para hacer un digno elogio de él.

El Dios de la justicia le habrá premiado sus méritos, así como habrá sabido castigar a sus infames detractores y a los que, crueles, olvidaron que los indios de América eran sus hermanos y los trataban peor que a bestias.

VI

El 26 de mayo de 1548, sucedióle a Maldonado en la presidencia de la Audiencia y gobierno de las provincias, don Alonso López Cerrato. Este trasladó la Audiencia a Guatemala con la autorización necesaria y funcionó allí desde 1549. Fue gran protector de los indios y severísimo censor de los encomenderos, dedicándose con extremado ahínco a la instrucción de los indígenas.

A causa de sucesos posteriores de los individuos que formaban la Audiencia y que se portaron pésimamente, a unos se les suspendió, a otros se les aprisionó y otro se fugó.

Por real cédula del 8 de septiembre de 1563 de Felipe II, se ordenó la traslación de la Audiencia a Panamá, debiendo el doctor Barros conducir el sello real a esa ciudad, único oidor que se consideraba en ejercicio de sus funciones, por cuanto los demás habían sido depuestos de sus cargos a consecuencia de faltas más o menos graves que habían cometido.

A la Audiencia de Panamá quedaron sujetas las provincias de Honduras, Nicaragua y Costa Rica, y a las de México las de Guatemala, El Salvador, Chiapas, Soconusco y Vera Paz. Mas esta traslación no se verificó sino dos años después, con grave perjuicio de las poblaciones sujetas a ella, por la enorme distancia a que quedaban de su residencia. El 5 de enero de 1570 se reinstaló en Guatemala.

En esta gestión tomó parte activa el virtuoso fraile Las Casas, que se encontraba enfermo en Toledo. Se trasladó a Madrid con este objeto y falleció en esa ciudad en 1566, como ya lo hemos dicho, después de haber logrado el objeto de su viaje.

Ya que nos estamos ocupando de la Real Audiencia, no estará demás recordar que este Tribunal aplicó en América la pena del fuego, la de arrancar los dientes y otras de las más severas que establecían las leyes de Partidas. Si bien es cierto que estas sentencias no se dictaban con frecuencia, también es verdad que muchas veces dejaban de ejecutarse, porque se oponían las costumbres suaves de la naciente sociedad de que se formaban estas colonias.

El tormento lo aplicaba la Audiencia para la averiguación de los delitos. Se cuenta que se le aplicó también al cacique Pinula, no obstante el privilegio de hidalguía de que disfrutaba, puesto que los sujetos hidalgos estaban libres de tan terrible pena. La Audiencia no respetaba fueros y, lo que es peor, aplicaba también el tormento a las mujeres.

Era tan irregular el modo de proceder de la Audiencia que en este tribunal se tramitaban los asuntos judiciales, económicos, políticos, gubernativos y otros, y esta concentración perjudicaba al pronto despacho de los negocios judiciales, que eran los primeros que debía resolver.

Los magistrados de la Audiencia eran también alcaldes del crimen y servían otros cargos y judicaturas especiales, puesto que con su poder todo lo absorbían.

La jurisdicción civil y criminal en primera instancia estaba a cargo de los alcaldes ordinarios de los ayuntamientos, y después pasó a los corregidores y jueces que se fueron estableciendo.

Cuando se despojó a los caciques de las poblaciones indígenas de su autoridad, el presidente Cerrato tuvo buen cuidado de devolver a esos pueblos cierta autonomía compatible con la situación en que los colocó la conquista. Se establecieron en ellos los cabildos compuestos de los mismos indios, estando estos únicamente sometidos en materias de faltas, a la jurisdicción de los alcaldes de su propia raza; pero no los blancos y mestizos que entre ellos se encontrasen por casualidad, por estar prohibido que en la población indígena se establecieran individuos de raza diferente, pero esta prohibición no fue siempre respetada y obedecida.

CAPÍTULO X: LOS PIRATAS SIEMBRAN EL TERROR

I. Felipe II prohíbe comerciar a las colonias de España con extranjeros, por decreto del 5 de junio de 1556, lo que dio origen a las invasiones de los piratas. Fechorías de los filibusteros en Centroamérica. II. Felipe II vende títulos a los habitantes de América. III. Felipe IV establece en América el uso del papel sellado para los contratos; estanco de algunas especies; el tabaco. IV. Cultivos que se hacían en Honduras.

I

Tenemos en España gobernando a Felipe II llamado el Hechizado. Era este un monarca fanático y testarudo. Basta decir que en su reinado floreció la inquisición con todos sus horrores y que daba premios a los delatores, llegando a confundirse en su época el pecado con el delito.

Condenó al suplicio del fuego a los libreros que vendían, compraban o prestaban libros que se encontraban anotados en el Índice de la Santa Inquisición.

La decadencia de España comenzó con el reinado de este monarca imbécil y sanguinario, que falleció en el escorial, mortificado por agudos dolores el 13 de septiembre de 1598.

Le sucedió su hijo Fernando III, llamado el Piadoso.

Lo primero que hizo Felipe II, en favor de las colonias de América, fue dictar el decreto del 6 de junio de 1556, prohibiendo bajo pena de muerte con confiscación de bienes al que tratara o contratara con extranjeros de cualquier otra nación que no fuera España. Era esto crear un monopolio sacrificando a los americanos que tenían que pagar las mercaderías al precio que se exigiera por los peninsulares. Nótese también que de antemano se había prohibido para la América el cultivo de la vid, del olivo y de todos los demás frutos que se producían en España. Igualmente, tampoco podían los clérigos ser alcaldes, abogados o escribanos en las colonias españolas.

Cerrado así el comercio con los extranjeros, dio esta medida origen a las repetidas invasiones piráticas en toda la América, y colocó a los que en ella residían en condiciones muy desventajosas.

Uno de los primeros piratas que apareció en Centroamérica fue Francisco Drake, razón por lo cual, desde 1570, se vio obligado a hacer su comercio por el Mar del Sur, por cuanto los piratas no dejaban entrar ni salir nada por el norte.

Drake salió de las Antillas y se vino por el Atlántico: pasó el Estrecho de Magallanes y comenzó sus depredaciones en las costas de Chile. Siguió al Perú y fue avanzando hasta llegar en 1579 a Centroamérica.

Los piratas establecidos en el norte con el objeto de vigilar las embarcaciones que iban a los puertos de Centroamérica, fundaron grandes establecimientos en Bluefields y Laguna de Perlas, y de allí se repartían para las provincias.

Estos piratas eran los mismos que infestaban el Mar de las Antillas.

Todos vivían en completo comunismo. Ellos mismos se administraban justicia y la hacían cumplir conforme a sus resoluciones. No existía entre ellos lo mío y lo tuyo, y hasta las mujeres estaban sujetas a esta comunidad repugnante e inmoral.

Para sus depredaciones se embarcaban en lanchas ligeras; se ocultaban en los esteros o embocadura de los ríos y, tan luego como divisaban una nave, la asaltaban pasando a cuchillo a los tripulantes. El botín se repartía entre ellos con escrupulosa equidad.

En 1638 se principiaron a hacer sentir con más fuerza las expediciones piráticas. En 1643 fue saqueada y aniquilada la ciudad de Matagalpa por los piratas establecidos en las costas del norte. Fue entonces cuando, por vez primera, se les designó con el nombre de filibusteros.

En las bocas de los ríos Taure y San Juan aguaitaban a las embarcaciones llamadas Chatas y las sorprendían para apoderarse de todo lo que conducían y matar a los tripulantes.

Como la isla de Roatán había caído en poder de los ingleses, se mandó construir un castillo en el puerto de Omoa para resguardar la costa desde la boca del golfo de Amatique hasta el cabo de Gracias a Dios, pero esto no bastaba porque los zambos, año por año, hacían sus excursiones para saquear.

El puerto de Omoa está situado en la costa de Honduras yendo de poniente al levante 17 leguas del golfo en altura de 15° 27', y 300 grados 10' de longitud sur. Es una ensenada que la tierra forma con inclinación al sur. De la parte de levante sale una punta denominada

Omoa que se dirige del sureste al noroeste, capaz de tener en ella amarrados de veinte a veinticinco navíos. Es seguro en todo tiempo, y perteneció a la jurisdicción de San Pedro Sula, tenientazgo de Comayagua.

Todo esto causaba la miseria en León y Granada, que vivían del comercio que se hacía por aquellos puntos. Los vecinos entonces se armaron; pero, como este estado de cosas durase algunos años, tuvieron que fatigarse de ese pesado servicio y, por consiguiente, decayó el entusiasmo de esa guardia especial. Con este motivo el 30 de junio de 1665, desembarcó sigilosamente en Granada el pirata Juan Davis y despojó a los confiados habitantes de cuanto pudo llevar con sus compañeros.

El terror cundía por todas partes. Honduras y Costa Rica sufrieron igualmente las depredaciones de los piratas que también invadían sus costas, hasta que, por fin, en 1671, la Corte de España declaró la necesidad de fortificar la boca del río San Juan. Este trabajo se terminó en 1675, constando la fortificación que allí se levantó de 36 cañones. A la legua del agua existía una plataforma con seis cañones; estando la parte de tierra defendida por un foso y estacada que lo rodeaba hasta el río.

Los piratas, ya que no podían invadir por el río a causa de esa fortificación, vigilaban, entonces, su boca por el Atlántico y dificultaban la comunicación exterior.

En 1681, el filibustero Charpe recorría las costas del sur, y de este modo todas las provincias que componían el reino de Guatemala se vieron por ambos mares invadidas por corsarios. En 1683 el enemigo se presentó en el Realejo con tres navíos de guerra. Se armó tropa en número considerable y el enemigo huyó sin intentar un desembarque.

Entre tanto, en Escalante, puerto el sur, desembarcaron 400 filibusteros ingleses y franceses, solo a veinte leguas de Granada y se dirigieron inmediatamente a esta ciudad; pero sus habitantes, al tener noticias de la aproximación del enemigo, alcanzan a armarse.

A las dos de la tarde del 7 de abril de 1685, los filibusteros estaban a las puertas de la ciudad y logran al fin apoderarse de ella. El incendio de la población fue el comienzo de sus depredaciones. Robaron todo lo que pudieron llevar y se fueron a reembarcar con su botín.

El 21 de agosto de ese mismo año, desembarcó Dampier con sus filibusteros en un estero inmediato al Realejo y se internó en León. Empeñóse un reñido combate con los corsarios pero, dueños estos de la ciudad, la saquearon sin respetar ni siquiera sus templos. Incendiaron la Catedral, el Convento de la Merced, el Hospital y muchas otras casas. De regreso se llevaron del Realejo un buque mercante que allí se encontraba.

En el Pacífico, la guardia principal de los piratas estaba en el puerto de Amapala, que pertenece a Honduras.

En 1630 arribó una escuadra holandesa la que taló, quemó y arruinó a Trujillo.

Se envió entonces de Panamá una escuadrilla para desalojar de allí a los piratas e iba compuesta de una galera y de un bergantín. Reforzada esta escuadrilla en el Realejo con un navío que se había enviado del Perú con 250 hombres y provisiones de guerra y de boca, logró al fin desalojar a los piratas y queda entonces libre de ellos el citado puerto de Amapala.

En 1689 los piratas del Mar del Norte subieron el río Coco y se unieron a los del sur y atacaron la ciudad de Segovia el 19 de septiembre de ese año. La saquearon por completo y la redujeron a escombros. Se embarcaron después en el río Aguan y se dirigieron a Honduras. En 1671 volvieron los piratas a Panamá y la quemaron por completo.

El comercio con estos trastornos e inseguridades concluyó como era natural y toda industria desapareció. Por atender a la defensa, se abandonaron los trabajos de las minas y de la agricultura, y la decadencia de Centroamérica fue notable, así como la miseria que sobrevino por las causas que dejamos narradas a grandes rasgos.

II

Bajo el reinado de Felipe II comenzó a venderse en América en almoneda y por gruesas sumas de pesos los títulos de alcaldes, alguaciles, regidores y otros.

Igualmente se comenzó a acentuar marcadamente la división entre los peninsulares, o sea de los españoles venidos de la metrópoli con la de los criollos o descendientes de aquéllos, pero que habían nacido en América. Los primeros ocupaban lugar preferente y después seguían los criollos.

Venían después los mestizos, que eran los hijos de blancos e indios. Estaban enseguida los mulatos que eran hijos de blanco y negro. Existían también los negros y, por último, los indios, que eran mirados con el mayor desprecio.

No se conocían los zambos que eran provenientes de la unión de negros con indias, por ser prohibida bajo penas severas la unión de estas dos razas.

Solo los primeros de los designados tenían opción a los puestos públicos.

III

El 31 de marzo de 1621 falleció en Valladolid Fernando III, sucesor de Felipe II.

Subió al trono Felipe IV, contando apenas 16 años de edad.

Era este un monarca instruido, protector de las artes y letras, pero se ocupaba poco de los asuntos del reino.

Un tanto tranquilos los de Centroamérica, después de los sucesos de los piratas, vinieron nuevas gabelas a empeorar su situación.

En 1638 se introdujo el uso del papel sellado para todos los contratos bajo pena de nulidad de ellos y de multas dobladas, y también se estableció en las ventas de bienes inmuebles la contribución de alcabala. Igualmente, en 1636, se había estancado, entre otras cosas, la pólvora, el aguardiente, los naipes y la venta del tabaco, que se producía en la Habana y en todo Centroamérica y de excelente calidad en Honduras.

El tabaco era una producción eminentemente americana y, sin embargo, se le estancó.

En 1592 en una expedición que Cristóbal Colón envió al interior de Cuba, notaron los españoles que los indios saboreaban una planta que los indígenas llamaban tabá o tabac. Siguiendo la costumbre indígena, la usaron los conquistadores, así como los navegantes españoles que iban al Viejo Mundo. En Cádiz, en Sanlúcar y en Sevilla hicieron probar estos mismos navegantes tan aromática planta a los habitantes de esas ciudades y como les gustase; bien pronto se extendió su uso a otras naciones. En 1560 llevó a Francia semillas Juan Nicot, y por eso se llamó allí Nicotiana. Se le usó también como fruto medicinal y, generalizando su uso después en Turquía y en m uchos otros países, lanzó entonces el papa Urbano VII excomunión a los que lo usaron en las iglesias.

El rey de Persia, Amurat IV, y el gran duque de Moscovia prohibieron el consumo del tabaco en sus Estados, con pena de cortar las narices a los fumadores y la cabeza si reincidían.

Isabel de Inglaterra, Jacobo Stuard y otros monarcas hicieron también campaña contra el tabaco en sus dominios. Los jesuitas de Polonia se constituyeron en entusiastas apologistas del tabaco.

El estancamiento decretado por la Corona de España le produjo una buena entrada.

Hoy día se cultiva no tan solo en Cuba, sino que son de excelente calidad los de Santa Rosa de Copán en Honduras y en Nicaragua, y se ha generalizado tanto con su libre cultivo, que se puede decir que, al presente, se usa de él en todo el mundo.

IV

Por esta época ya a los colonos de Honduras se les había enseñado los cultivos europeos. El ganado se había multiplicado notablemente y los resultados de la agricultura no eran esquivos para los que se dedicaban a ella.

En 1680 se dictó una ordenanza por la que se ordenó pagar a los indígenas ocupados por los españoles en sus trabajos un real diario. Se eximía también de la obligación de esos trabajos forzados a los indios enfermos y se señalaron jueces repartidores.

En este mismo año se dictó en España la Recopilación de Indias, la cual contenía leyes especiales para el reino de Guatemala y, por lo tanto, para todas las provincias que lo formaban.

El algodón se cultivaba con bastante provecho pecuniario para los que se dedicaban a su explotación. Se fabricaban telas que servían a los usos de los de las colonias y que se iban a vender hasta los mercados del Perú.

La Alcaldía Mayor de Tegucigalpa llegó a ser muy importante porque a su alrededor se encontraron ricos minerales de oro y plata. Se establecieron milicias para el sostenimiento del orden, pero el comercio seguía siempre restringido a pesar de la vigilancia que se observaba a este respecto. Sucedió que, habiendo llegado a conocimiento de la Real Audiencia de Guatemala en 1745 que por la costa norte de Honduras se introducían mercaderías de contrabando por los ingleses que estaban avecindados en el río Tinto y por otros puntos, se envió en el acto a Comayagua un juez pesquisidor con amplias facultades. Este juez lo fue el oidor don Fernando Álvarez de Castro, quien suspendió el gobernador de Honduras en sus funciones, que lo era don Tomás Hermenegildo Arana.

Este estado de cosas que prohibía comerciar con los extranjeros o, más bien, que amparaba el monopolio de España, duró hasta que entró a gobernar Carlos III. Fue bajo el gobierno de este monarca cuando se dictó, con fecha de 12 de octubre de 1778, la famosa pragmática llamada Del comercio libre, que venía a derogar el sistema arancelario que estaba establecido. Hasta entonces Sevilla y Cádiz habían gozado de un odioso monopolio, pero desde la promulgación de la referida pragmática quedaron habilitados para comerciar con el Nuevo Mundo los principales puertos de la península y de las colonias, y tanto los comerciantes de aquellos como los de estas épocas pudieron dedicarse al tráfico marítimo con entera libertad.

Con esto desaparecieron casi por completo los piratas del mar. La España entonces dio vida propia a sus colonias. Comenzó a figurar el elemento extranjero y las industrias y el trabajo principiaron a esparcir sus benéficos resultados. Sin esto, los países de América habrían estado estancados en su progreso o serían hoy día pobres y miserables, como sucede en todo país donde no existe la facultad de comerciar como le agrade.

Carlos III merece, pues, los honores de haber cedido al empuje de la civilización, abriendo paso a la América una nueva era, que tendrá que recordarse a pesar de los años transcurridos. ¡Lo bueno siempre se recuerda!

CAPÍTULO XI: AQUELLOS HOMBRES QUE GOBERNARON HONDURAS

I. Nombre de los gobernantes de Honduras que sucedieron a don Diego de Herrera. II. Las minas de Honduras y los llamados jueces milpas. III. Moneda que corría en Honduras. IV. Situación de España en tiempos de Carlos IV y de sus colonias a la época en que José Bonaparte ocupa el trono de España. Sompopo zompopo

I

Para trazar esta época tenemos que estudiar la administración de todos los gobernadores que sucedieron en el mando de Honduras a don Diego de Herrera hasta llegar al brigadier Quezada, abuelo del distinguido capitán general don Jenaro de Quezada, marqués de Miravalle, senador y grande de España y que ha figurado en su patria con justos títulos para ello.

Desgraciadamente, carecemos de datos para reseñar los hechos de cada uno de esos gobernantes y deben encontrarse, sin duda, en los archivos de Comayagua o de Tegucigalpa, que es hoy la capital de la República.

Toca a la juventud hondureña llenar este vacío y rastrear esos antecedentes para decir algo sobre cada uno de esos gobiernos.

Nosotros lo que haremos será dar la cronología de ellos, más o menos exacta.

En 1589 gobernó Rodrigo Ponce de León, que fue capitulado en Guatemala. Le sucedió Alonso de Contreras Guevara, nieto del presidente licenciado Serrato y gobernador que había sido de Veragua, y antes alcalde ordinario de la ciudad de Santiago de los Caballeros de Guatemala y corregidor de su valle.

En 1598 le sucedió Gerónimo Sánchez.

En 1602 figura de gobernador don Jorge de Alvarado, nieto de don Jorge de Alvarado, que era hermano del adelantado don Pedro de Alvarado. En acuerdo de 24 de enero del mismo año, se le dio orden de remitir preso a España a Pedro del Conde, al capitán Jeremías y a otros extranjeros perdidos en tierras de Honduras.

Vino enseguida el capitán Pedro de Castro, a quien se le acusó de haber dicho que el rey no tenía en buena conciencia a las colonias del Nuevo Mundo. Se mandó entonces un visitador a Honduras y lo fue don Martín de Zelaya.

En 1610 figura como gobernador don Juan Guerra de Ayala, a quien el obispo de la diócesis, señor fray Gaspar de Andrada promovió un juicio por haberle tenido preso. Por este motivo fue también el señor Ayala sometido a prisión, en la que permaneció mucho tiempo.

En 1611 se falló el pleito por la Real Audiencia de Guatemala, dándose por compurgada la culpa del gobernador con la prisión sufrida y con la pérdida de sus salarios y las costas del proceso.

En 1621 le sucedió el capitán Juan de Miranda, que prestó auxilio eficaz a los misioneros franciscanos que por la costa penetraron en Tegucigalpa, habiendo desembarcado en Gracias a Dios, los cuales fueron bien recibidos por la tribu de los Payas. Formaron un pueblo al que le dieron el nombre de Xarúa el que destruyeron los indios. Después se encontraron con los indios albatuinas, pero una noche cercaron la casita que habitaban los franciscanos y les dieron muerte cruel y bárbara. Ya en 1612 misioneros de esta misma orden habían entrado a la provincia de Tologalpa con una escolta de 25 hombres al mando del capitán Daza, que los había acompañado en otra entrada, en el año anterior. Siguiendo el propio rumbo de la vez primera, se encontraron de nuevo con los lencas y los tawahkas, algunos de los cuales se prestaron a abrazar el cristianismo y formaron con ellos varios pueblos. Después se sublevaron y mataron a los misioneros y la mayor parte de los soldados.

En 1621 falleció en Valladolid Felipe II el hechizado y le sucedió su hijo Felipe IV.

En 1627 figura como gobernador de Honduras don Pedro del Rosal.

En 1632 se encuentra de gobernador don Francisco Martínez de Rivamontán Santander. El 18 de mayo de ese año, la Real Audiencia acordó que fuera preso a la ciudad de Guatemala, por haber pronunciado palabras de desacato contra la misma Audiencia. Dispuso también apercibirlo por el modo como trataba al obispo diocesano y a los oficiales reales. Parece que este hombre era poco culto y duro en sus maneras a causa de su carácter violento.

En 1640 figura como gobernador don Francisco de Ávila y Lugo, que fue acusado y penado por tratar con los portugueses, enemigos del rey de España.

Siguió después don Alonso Silva Salazar.

En 1644 le sucedió don Melchor Alonso Tamayo. De este funcionario se cuenta que, después de retirar de Comayagua las fuerzas que de San Salvador y San Miguel iban en socorro de Trujillo, fue ese puerto atacado por los enemigos, defendiéndolo el vecindario, en cuyas manos quedó el botín de guerra.

En 1647 figura como gobernador de Honduras el maese de campo Baltasar de la Cruz.

En 1650 Juan de Suaza.

En 1665 falleció Felipe IV.

En 1668 ocupó la gobernación el sargento mayor Juan Márquez Cabrera, de quien s dice que concurrió al reconocimiento del puerto de San Carlos.

En 1676 era gobernador don Francisco de Castro Ayala, a quien el 26 de febrero del propio año, le ordenó la Real Audiencia pasar en persona a Puerto Caballos y que con auxilio del ingeniero don Diego de Ocampo hiciera una plataforma para la defensa del lugar. Esto tuvo lugar a causa de que en el mes de febrero de 1677 iba a hacerse a la vela en Puerto Caballos para volver a España un navío llamado El Gran San Pablo, con una cantidad considerable de productos de esas provincias. Tuvo noticias la autoridad de Guatemala de que algunas embarcaciones enemigas se preparaban para atacar al navío y expidió órdenes al gobernador de Honduras, señor Castro Ayala, para que pasara inmediatamente al puerto e hiciera descargar el navío, y que doce piezas de artillería que llevaba se colocaran en una plataforma que se levantara en tierra para defender el buque y el puerto, si los enemigos intentaban asaltarlo. La orden llegó tarde porque el navío había salido, el cual, en efecto, a poco andar fue atacado por tres embarcaciones inglesas, de las que se defendió vigorosamente, causándoles no poco daño con sus cañones y así pudo llegar perfectamente a Cádiz.

En 1679 era gobernador don Lorenzo Ramírez de Guzmán, capitán de los reales ejércitos de España.

En 1690 le sucedió don Sancho Ordoñez.

En 1698 vino a tomarle residencia a su antecesor don Antonio de Ayala y se hizo cargo del gobierno de Honduras.

En 1703 era gobernador el maestre de campo don Antonio Alemfort. Fue apercibido por el presidente de la Real Audiencia, doctor Ceballos, en auto del 22 de septiembre del mismo año.

El 24 de mayo de ese año tuvo lugar en Honduras la invasión de los filibusteros ingleses.

Le sucedió don Diego de Arguelles.

En 1717 era gobernador don Enrique Hockman. Se le acusó de comerciar con enemigos por el oidor licenciado don José Rodemo. El gobernador se fugó de la provincia para escapar a los cargos que se le hacían y que indudablemente deberían ser ciertos cuando tomó esa determinación. Rodemo gobernó hasta 1730.

En 1730 fue nombrado gobernador don Manuel Castilla y Portugal.

En 1742 don Francisco de Parga.

En 1745 don Tomás Hermenegildo de Arana.

En 1746 falleció en España Felipe V. Le sucedió su hijo Fernando VI.

En 1747 gobernó en Honduras el coronel don Juan de Vera, que había sido gobernador y comandante general de Nicaragua en 1745 y que dejó el mando de esa provincia en cuanto llegó allí el gobernador propietario don Alonso Fernández de Heredia, que se encontraba ocupado en operaciones militares por el lado de Panamá.

Por muerte del anterior en 1748, sucedióle interinamente don Diego de Tablada. En esta época los ingleses se apoderaron del puerto de San Juan del Norte, donde se establecieron y lo fortificaron.

Vino entonces de gobernador don José Sáez Bahamondes.

En 1756 falleció Fernando VI sin dejar sucesión y le sucedió su hermano Carlos III.

Sucedióle a Bahamondes el teniente coronel don Bartolomé Pérez Quijarro.

El 26 de febrero de 1767 Carlos III expulsó a los jesuitas de todos los dominios de España, orden que suscribió el pontífice Clemente XIV.

En 1756 gobernó el subteniente don Agustín Pérez Quijarro, hijo del anterior.

En 1780 fue nombrado gobernador de Honduras el barón de Ripperdá, brigadier de caballería de los reales ejércitos.

En 1782 le sucedió don Francisco Aybar, sargento mayor de milicias.

A fines del siglo XVIII gobernó la provincia el señor García Conde.

En 1821 el brigadier don José Tinoco de Contreras, y por último, el brigadier Quezada.

II

En los tiempos coloniales se siguieron trabajando con buen provecho las minas de Honduras; pero les faltaban brazos y azogue para llevar adelante la explotación de aquellas fuentes de riqueza. En los primeros tiempos coloniales el beneficio de los metales se hacía por medio del fuego. De las minas de Almadén en España, se traía a Honduras un poco de azogue y se vendía muy caro.

En 1566 se descubrieron en el Perú minas de azogue, y entonces se enviaba a Honduras donde se vendía a $137 cuatro reales el quintal. Se exportaban al año no menos de trescientos quintales para el laboreo de las minas.

El rey comenzó a permitir que en los trabajos de agricultura y en los de crianza de ganados se emplearan indios por considerarlos de primera necesidad. No sucedía lo mismo con los de arboricultura.

Los impuestos hacían imposible la exportación del cacao a Nueva España, lo mismo que la elaboración del añil, que se extraía de las hojas del jiquilite.

Se crearon entonces los jueces de milpas, que recorrían los pueblos y obligaban a los indios a hacer plantaciones de maíz, trigo, cacao y otros artículos no prohibidos. Esta institución de juez de milpas dio origen a nuevas vejaciones a los naturales, hasta que el 8 de junio de 1581 el rey prohibió en absoluto el nombramiento de tales jueces, disposición que se encuentra consignada en las leyes 38, tít. 2°, libro V y 2a, tít. 1°, libro VII de la Recopilación de las leyes de Indias.

Como ya en las poblaciones se había aumentado el número de la gente blanca y no estaban sujetas al pago de tributo, se trató de establecerlo. Los negros y mulatos libres pagaban cuatro tostones anuales los varones y dos las mujeres. Esto sucedía en 1587.

En 1590 se obtuvo permiso para que todas las provincias pudieran comerciar con la China.

Por real célula de 1° de noviembre de 1591, Felipe II dice que, por haber él sucedido enteramente en el señorío que tuvieron en las Indias los señores de ella, es de mi patrimonio y corona real el señorío de los baldíos, suelo o tierras de ellas que no estuviese concedido por los señores reyes mis predecesores. De este modo, los príncipes indígenas fueron desposeídos de sus tierras, lo cual se atribuía como derecho natural de la conquista, y por eso fue que los gobernadores de provincias, desde antes de dictarse esta cédula, usaban de la facultad de adjudicar las tierras como mejor les parecía.

III

En 1626, Felipe IV concedió la restauración de los jueces milpas, creyendo que así abaratarían los granos.

Los corregidores y alcaldes mayores de las provincias de Honduras, así como los de Soconusco y de Nicaragua, obligaban a los indios a sembrar y a las indias a hilar y tejer en provecho de sus funcionarios. Si se quejaban, les escondían los memoriales. Eran pues unos mercaderes públicos los tales corregidores y alcaldes con el trabajo ajeno y en valde se dictaban providencias para quitar este mal. Por eso los indios se fugaban a las montañas y la población disminuía notablemente.

Hemos dicho que los cargos públicos se ponían a remate. En 1649 produjo este ramo $18,326 en toda la Capitanía General de Guatemala.

Al ayuntamiento de Comayagua le produjo la venta de sus cargos $5,325; al de Trujillo $2,035; al de Gracias $6,050 y al de San Pedro Sula $465. Al de Xerez $710; y, por fin, a Olancho $175.

A principios del siglo XVII se descubrió el riquísimo mineral de oro que denominaron el Corpus, situado en jurisdicción de Choluteca. Era tanta la abundancia de este metal que llegó a dudarse que fuera de oro. Se estableció, entonces, en ese lugar caja real con los oficiales correspondientes para el cobro de los quintos. Un siglo después de su descubrimiento ya las minas producían allí muy poco

Como faltaban monedas acuñadas para el pago de los trabajadores de este mineral, la necesidad se suplía cortando las planchas de plata en hojas pequeñas y esas corrían en las compras y ventas.

La Tesorería de Nicaragua, para remediar este abuso, mandó monedas acuñadas a Tegucigalpa para que se entregasen al oficial real que residía en las minas y este las cambiase por planchas de plata. Consumida la moneda que se envió de Nicaragua se pidió a Guatemala; pero de aquí no se pudieron enviar más de seis mil pesos. Guatemala tampoco tenía moneda propia. Usaba la que llegaba del Perú o de Nueva España.

En 1652 vino a tener Honduras una reacción notable tanto por sus minas como porque otra vez comenzó a hacerse el comercio por sus puertos y por el Golfo Dulce; pero los caudales reales se despachaban por Vera Cruz para no exponerlos a causa de que los corsarios no dejaban de asolar esas costas.

En 1653 se notó que la moneda que venía del Perú era de baja ley y no como la de México. Descubierto el fraude por el que lo hacía, se le condenó a ser quemado vivo.

Después vino moneda falsa y esto trastornó un tanto el comercio. Solo en marzo de 1733 empezó a funcionar en Guatemala la casa de acuñación de moneda.

IV

Carlos III fue un gran monarca. Hizo la gloria de España y la felicidad de las colonias de América.

La inquisición se batía en retirada. Vino entonces el renacimiento de las ciencias.

El padre Feijoo en España removió de las cenizas de la inquisición, que había hecho arder el fraile Torquemada, la chispa eléctrica de la nueva filosofía, que en 1778 surgía en Francia proclamando los derechos del hombre. En este mismo año falleció por desgracia Carlos III. Le sucedió el príncipe de Asturias bajo el nombre de Carlos IV, casado con María Luisa de Borbón y Parma.

Ya en América, y principalmente a Centroamérica, principian a llegar libros extranjeros, y con ellos se acabó el derecho divino de los reyes, el título de propiedad de América concedido a España por el papa Alejandro VI, la infalibilidad del clero y todas otras enseñanzas del reinado de la colonia.

Nació el odio contra los peninsulares.

Sin embargo, Honduras se encontraba bastante atrasada en materia de instrucción, tanto como en el comienzo de su conquista.

Los clérigos y los frailes apenas habían enseñado los conocimientos rudimentales a las personas más distinguidas. El pueblo estaba bajo el peso de la más completa ignorancia. El fanatismo religioso lo absorbía todo y ya se comprenderá que un pueblo dominado de este modo tenía que ser abyecto y desgraciado. Ahora, si recordamos cual era el sistema penal, administrativo y económico implantado en las colonias, veremos que causaba verdaderamente lástima la situación de esos pueblos.

El primero prodigaba con exceso las penas de muerte, de azotes y de infamia. La confiscación era lo primero. El tormento existía como prueba. Los pecados a veces se clasificaban como delito. La marca, la vergüenza pública y perdimiento de miembros, eran a veces accesorios de alguna pena cuando de por sí no se aplicaban como tales.

El sistema administrativo se basaba en la supremacía de los peninsulares sobre los mismos descendientes de los conquistadores que habían nacido en las colonias. Los empleados debían ser extraños a los intereses de la colonia, y esto abría un abismo de odio y sangre entre los peninsulares y sus dependencias americanas.

El sistema económico tenía por base toda clase de monopolios y restricciones odiosas; los impuestos eran sin base y exorbitantes, calculados para esquilmar a los americanos y abatir todo trabajo o industria que se implantara.

Veamos ahora lo que ocurría en la península.

Carlos IV, entre tanto, se batía con mala suerte con los franceses. Pidió la paz y se le otorgó en el congreso de Basilea y celebró por fin un tratado de alianza defensiva y ofensiva con sus enemigos de la víspera.

Auxilió a Napoleón con 15,000 soldados para que marchase al norte y cedió la Luisiana a Francia.

El pueblo español justamente indignado por los desaciertos de Carlos IV que no hacía otra cosa que obedecer los consejos de su mujer y de su ministro don Manuel Godoy, proclamó rey a don Fernando Príncipe de Asturias.

Carlos IV para salvar abdicó en su hijo, que proclamado ya rey por el pueblo, tomó el nombre de Fernando VII.

Pero el desgraciado Carlos IV al pasar por Bayona en viaje a Roma designó por su sucesor a Napoleón Bonaparte.

Estamos ya en el comienzo del presente siglo XIX.

Las llamas que la revolución francesa hacía nacer en París, iluminaban al mundo entero y esos destellos llegaron hasta los más apartados rincones de la América.

En las barricadas, en el desborde de todas las pasiones, en el terror del cadalso, se proclamaban sin embargo los Derechos del Hombre.

Napoleón, héroe de esa jornada, en medio de su gran poder, pasa a España y se apoderó de una parte de ella y hace abdicar el trono al padre y al hijo, ósea a Carlos IV y a Fernando VII en favor de su hermano José Bonaparte, a quien había hecho ya rey de Las Dos Sicilias.

El noble pueblo español no reconoce empero al usurpador y declara la guerra a Francia. La Inglaterra apoya la insurrección y manda 30,000 soldados y todo lo demás que se podía necesitar.

Napoleón marcha sobre Barcelona y el hijo de la suerte va de victoria en victoria hasta las puertas de Madrid. Los revolucionarios solo entonces capitulan.

La inquisición quedó de hecho abolida en toda España.

Instaló Napoleón a José Bonaparte en el trono ibérico y se va a Francia para contener a la Alemania.

Carlos IV quedó destronado en 1708 y José Bonaparte gobierna hasta 1813.

La América no quiso reconocerle jamás como rey de España.

Este estado de cosas tenía precisamente que tener algún resultado grave en las colonias de América. Veamos entonces lo que en ellas sucedió.

SEGUNDA PARTE: LA INDEPENDENCIA Y GOBIERNO NACIONAL

CAPÍTULO XII: TEGUCIGALPA SE INDEPENDIZA DE COMAYAGUA

I. Conducta de los gobernantes españoles en América Central desde 1810 a 1821. II. Fernando VII es restablecido en el trono de España y su conducta en el gobierno; Los albores de la independencia en Centroamérica. III. Riego es nombrado jefe de las fuerzas que Fernando VII manda a América para contener los avances revolucionarios y se subleva proclamando la Constitución de 1812; Tegucigalpa se separa de Comayagua y sucesos ocurridos en esa época en Honduras hasta 1819.

I

Los sucesos ocurridos en España y que hemos mencionado en el capítulo anterior no fueron conocidos en Centroamérica sino dos años después, es decir, en 1810.

Las autoridades que los silenciaban enviaron no obstante recursos pecuniarios para ayudar a las Juntas Gubernativas que se habían establecido en la península para mantener la inviolabilidad de la nación y los derechos de su legítimo rey Fernando VII.

Las cortes y la regencia declararon entonces que todas las posesiones españolas en ambos hemisferios formaban una sola monarquía, una sola nación y una misma familia, con iguales derechos.

Poco tiempo después estas mismas cortes reunidas en Cádiz decretaron que, hasta nueva orden, las provincias que formaban Centroamérica serían gobernadas por una junta de diputados de las siete secciones que la componían, debiendo ser presidida por el obispo de León, don Nicolás García Jerez.

Solo entonces Centroamérica despierta del letargo en que se encontraba sumergida.

Esto por una parte y el hecho de haberse firmado en 1783 el tratado de Versalles por el cual la Inglaterra reconoció la Independencia de los Estados Unidos y que George Washington había sido elegido presidente y jurado el cargo el 30 de abril de 1789, así como el haberse reunido el primer Congreso el 4 de marzo de ese año en Nueva York, les vino a hacerles comprender la favorable situación que les creaban los hechos ocurridos en la metrópoli.

México fue la primera en aprovecharse de tan favorable estado de cosas.

El 15 de septiembre de 1810 preparó el célebre cura Hidalgo el movimiento que trajo la independencia de ese país en la humilde aldea de Dolores, en la provincia de Guanajuato. Hidalgo fue, no obstante, capturado y fusilado en 1811.

Retrocedamos un poco y trasladémonos a Guatemala para ver lo que allí sucedía.

En 1800 se encontraba gobernada por el anciano don José Dumas y Valle, que contaba ciento y un años de edad. Falleció en 1801 y le sucedió don Antonio González Mollinedo y Saravia, que gobernó hasta 1811. Era este un militar enérgico y distinguido. Bajo su administración se comenzó a hablar de sacudir el yugo de España, lo cual obligó a los peninsulares a redoblar su vigilancia, con el objeto de neutralizar los planes de los partidarios del nuevo régimen, que exigía la autonomía completa de Centroamérica.

González Saravia pasó a México a tomar el mando de las fuerzas españolas que luchaban con el partido que había proclamado la independencia de ese país. Desgraciadamente para él cayó en poder de sus enemigos y fue fusilado en Oaxaca.

En el mando de Guatemala le había sucedido don José Bustamante y Guerra. El general Bustamante quiso lo mismo que el mariscal González Saravia, su antecesor, ahogar las ideas revolucionarias anulando a los partidarios de la libertad persiguiéndolos de todos modos.

En 1818 le sucedió en el mando el teniente general don Carlos de Urrutia y Montoya, hombre anciano, enfermizo y débil, y como ya las circunstancias eran muy difíciles para gobernar, delegó en 1820 el mando en el brigadier don Gavino Gainza. Este jefe había estado en el Perú y el virrey lo había enviado a Chile, a dónde arribó a fines de marzo de 1814 con 800 soldados, para tomar el mando de las tropas realistas desembarcando en las costas de Arauco.

Después de algunos combates en el sur de esa República, en que obtuvo algunos desastres, logró reorganizarse en Chillan y se dirigió rápidamente contra Santiago. Don Bernardo O'Higgins, jefe patriota, avanzó también; pero en los días 7 y 8 de abril de ese año, fue derrotado en Quechereguas. Después capituló en Lircay. El virrey desaprobó la conducta de Gainza y envió entonces a don Mariano de Osorio en su reemplazo.

Gainza había pasado a Guatemala después de estos sucesos y ya sabía lo que era un pueblo que peleaba por su libertad.

Gainza gobernaba en Guatemala en nombre del rey de España y permaneció allí hasta 1821.

II

En Guatemala se había obtenido la libertad de imprenta en 1820 y se estableció la Liberal Constitución Española de 1812.

No tenemos necesidad de decir que Gainza militaba en el partido llamado Españolista, del cual era jefe el distinguido hondureño don José Cecilio del Valle, que años más tarde llegó a ser ministro del emperador Iturbide, después de haberlo tenido preso sin respetar sus fueros de diputado al Congreso.

A pesar de esto, Gainza no creyó que hubiera llegado el momento de obrar de frente contra los hombres que propalaban ideas contrarias al actual estado de cosas establecido en Guatemala por el Gobierno de la metrópoli, no obstante que las ideas sobre libertad se abrían paso más ligero de lo que podía esperarse.

En España las victorias de Wellington logran expulsar a los franceses y Fernando VII volvía a ocupar el trono regresando a Madrid el 13 de mayo de 1814, lo que le permitía ya enviar tropas para reconquistar sus colonias o someterlas a su poder, como lo estaban antes.

Lo primero que hizo fue reducir a prisión a todos los diputados liberales y decretó la abolición de la Constitución de Cádiz que había jurado cumplir. Restableció la Inquisición, las torturas y también a los jesuitas.

El 11 de noviembre de 1811 estalló en la provincia de El Salvador el primer movimiento revolucionario. Las demás provincias no imitaron ese ejemplo. Por el contrario, de Guatemala marchaban fuerzas para atacar a los revolucionarios, las que llegaron el 3 de diciembre de ese año, y como ofrecieron perdón incondicional, quedó pacificada sin sacrifico alguno dicha provincia. Pero en la mañana del 13 de ese mes se insurreccionó la ciudad de León y también se pacificó.

El odio entre tanto de los criollos con los españoles llegó a tal grado que se trataba de expulsar a estos del país.

Granada siguió después en el movimiento subversivo. El 22 de diciembre se reunió un cabildo abierto para pedir la expulsión de los empleados peninsulares. Intimidados estos presentaron inmediatamente sus renuncias y se fueron a la villa de Masaya a pedir auxilio al capitán general. Los sublevados establecieron sus autoridades locales, armaron varias piraguas y sorprendieron al puerto San Carlos y redujeron a prisión a los jefes europeos.

Don Pedro Gutiérrez, jefe español, recibió órdenes del capitán general de Guatemala, señor Bustamante, para ir a atacar a los de Granada. Iba el batallón de morenos de Trujillo y Yoro; 600 hombres de Olancho, cuatro compañías de Tegucigalpa y algunas otras de los partidos de Gracia, Choluteca y Comayagua y medio escuadrón de Nueva Segovia.

El 12 de abril de 1812 era atacada la plaza de Granada. El combate fue reñido y hubo muertos y heridos.

Lo peor era que los que formaban las fuerzas que servía la causa de los peninsulares o Capuchinos, eran de Honduras y que iban a cortar la idea revolucionaria.

Al fin se capituló y se entregó la ciudad bajo palabra de no seguirles daño alguno a los comprometidos en el motín.

Bustamante desaprobó el pacto porque, según él, el rey no podía contratar con rebeldes y, faltando a todo compromiso, los hizo procesar y castigar, haciendo regir el bando de 25 de junio de 1811, que había promulgado el virrey de México, contra los que tomaban armas para alterar el orden. Era un bando cruel.

En 1813 en Guatemala se descubrió una conspiración contra el capitán general. No faltaron las prisiones ni el mal trato, que en tales casos se daba a los prisioneros ni tampoco condenas a muerte, a presidio y a destierro, como se había hecho con los de Granada.

III

Fernando VII hace formar un ejército a las inmediaciones de Cádiz para mandar a América a contener la insurrección en las colonias y que debía salir a cargo del general don Rafael del Riego. El jefe, con su tropa, se subleva y proclama la Constitución de 1812. Todos secundan este pronunciamiento y Fernando VII se vio entonces obligado a jurar esa misma Constitución.

Convocó las cortes del reino y varió por completo de conducta para lo sucesivo.

Esta Constitución permitía la libertad de imprenta y este poderoso elemento venía en auxilio de las ideas liberales que se proclamaban en América.

Entre tanto, ¿qué sucedía en Honduras? Los peninsulares concibieron el proyecto de ahogar las ideas revolucionarias, tal como se había hecho en las otras provincias, y vieron que el mejor modo de realizar este pensamiento era perpetuar las alcaldías en los más decididos partidarios de la metrópoli, a fin de que persiguiesen a los hombres que pretendieran variar el estado de cosas que existía hasta entonces, no dándose así lugar al espíritu reformista que ya se dejaba entrever. El Ayuntamiento de Honduras, fiel a este propósito, designó alcaldes verdaderamente monarquistas, los que debían asumir sus puestos el 1° de enero de 1812. Recayó la elección en Sierra y Salavarría. El día que debían asumir sus funciones se presentaron en la plaza de Tegucigalpa los habitantes de los pueblos de la Plazuela de San Sebastián, de Comayagüela y los de la reducción de Jacaleapa, armados de palos y machetes para oponerse a ese acto. El objeto se logró y los alcaldes lo fueron entonces regidores Márquez y Espinoza.

Después de esto la autoridad hizo practicar nuevas elecciones y se persiguió a todos los que no sostenían ser partidarios de la metrópoli. El triunfo de ellos fue completo y siguió imperando la autoridad, como había sucedido en el Salvador, León, Granada y Guatemala, cuyos patriotas gemían en el destierro.

Así continuaron las cosas en Tegucigalpa hasta que el 12 de enero de 1815 falleció el alcalde mayor señor Márquez. Sucedióle un señor Vázquez en calidad de interino.

Más tarde se eligió en propiedad al teniente coronel don Luis Gutiérrez.

Comayagua era la capital de la provincia, que en esa época se denominaba intendencia, y por eso es que elegía su alcalde mayor. Mas el 3 de julio de 1816 se logró que se declarase la independencia de Tegucigalpa de Comayagua.

El 4 de julio de 1817 se convirtió en un hecho esa separación, acto que se celebró con gran entusiasmo, puesto que con esto no tan solo cesaba el despotismo del Gobierno de Comayagua y sus despilfarros, sino que también comenzaba la importancia de esta ciudad.

Honduras tuvo que pagar a España 3,571 reales de vellón por gastos cansados en el expediente que se formó para lograr la apetecida separación de la Alcaldía Mayor de Tegucigalpa de la Intendencia de Comayagua.

A principios de 1818, cuando ya se comenzaban a presagiar los albores de la próxima independencia, principió el Gobierno de España a hacer sentir con menos fuerza la férrea mano con que, durante tres siglos, había despotizado a los conquistados en estas regiones.

Fue entonces cuando en Honduras se abrieron algunas escuelas y comenzó a darse un trato más humano a los indios ocupados en los trabajos de los colonos españoles. No obstante, la autoridad civil encargaba a los curas que cuidaran de que no circularan libros ni periódicos que de alguna manera dieran a conocer los sagrados derechos del hombre a su independencia y libertad. Se ordenó también fomentar el cultivo de la grana y de la cochinilla y se repartían semillas para su plantación.

Igualmente, de nuevo se mandaban restablecer las disposiciones de 1793 y 1803 que se preceptuaban reducir a poblado los habitantes dispersos de Honduras, con el objeto de combatir más fácilmente la inmoralidad que cundía y que no era otra cosa que la idea de independencia.

En esta época la provincia de Honduras estaba dividida en 25 curatos servidos todos por sacerdotes españoles, y en 47 reducciones.

Estamos ya a principios de 1819. Gobernaba en Honduras el brigadier don José Tinoco de Contreras.

Estaba ocupado en atacar a los piratas que invadían las costas del sur, pero estas alarmas duraron solo hasta el mes de agosto en que ya cesó todo temor.

Los filibusteros al alejarse dejaban sin embargo a las autoridades españoles otro enemigo que les iba a atormentar más que ellos.

Lo vamos a ver.

CAPÍTULO XIII: EL PUEBLO PIDE A GRITOS LA INDEPENDENCIA

I. Una expedición insurgente arriba al puerto de Trujillo en 1820 y se jura por segunda vez la Constitución de 1812, dad por las Cortes de Cádiz. II. Reunión de funcionarios públicos en Guatemala el 15 de septiembre de 1821, y la preside el mismo gobernador español señor Gainza y se levanta el Acta de la Independencia; acuerdos principales que se toman en esta reunión. III. Plan de Iguala y qué pueblos lo aceptaron. IV. Situación de las autoridades españolas en México y el pacto de Córdova; su rechazo por las Cortes de España. V. El gobernador Tinoco en Honduras acepta el acta del 15 de septiembre de 1821; Tegucigalpa se declara fiel al Gobierno de Guatemala y desconoce la autoridad del gobernador Tinoco. VI. Sucesos en El Salvador y actitud del presbítero don Matías Delgado.

I

Las autoridades españolas de Centroamérica recibieron, a principios de 1820, la noticia de que de la América del Sur iba a desembarcar en los puertos de la costa norte de Honduras una expedición de insurgentes, nombre que se les daba a los que peleaban contra el régimen español y buscaban la independencia de la metrópoli.

Esta expedición se avistó el 21 de abril de 1820 en Trujillo. Era mandada por el general Aury y se componía de dos bergantines, cuatro goletas, cuatro pailebotes, un falucho y una balandra.

Bajo a tierra un oficial llevando una proclama de un tal Mérida, que se decía diputado por Caracas, e intimó al comandante de la plaza para que la entregara en el perentorio término de una hora.

El comandante Pomar, que defendía a Trujillo, mandó diez soldados para que, en cuanto el oficial pisara en tierra, lo tomaran y, con los ojos vendados, lo condujeran así a la casa más inmediata del fondeadero. Allí conferenció Pomar con él y le expuso que consultaría a sus oficiales; pero del Consejo resultó no dar contestación alguna al general Aury, por cuanto no era decoroso para las armas del rey entrar en convenio con un hombre que no tenía representación de ninguna clase.

A las cinco de la mañana del día 22, se mandó enarbolar el pabellón español con un cañonazo. El enemigo, en el acto, enarboló también bandera blanca, disparando también un cañonazo, que lo repitió por dos veces. Se trabó enseguida un reñido combate que duró ocho horas, al fin de los cuales quedó Pomar victorioso. Se le premió con el grado de coronel.

El enemigo perdió 40 hombres entre muertos y heridos y, además, todos los caballos que llevaba, quedándole averiadas cuatro de sus embarcaciones. Los de la plaza perdieron al teniente don Pedro Marín y dos soldados heridos.

El gobernador Tinoco se armó también para atacar al enemigo si avistaba por Comayagua, pero este, con el descalabro sufrido, se hizo a la vela y Honduras quedó en completa paz. El 12 de julio de 1820 se juró en Tegucigalpa la Constitución dada por las Cortes de Cádiz en 1812, según decretos recibidos el 8 de ese mes.

Como se recordará, era la segunda vez que se juraba esta Constitución, puesto que Fernando VII recién salido de su prisión y hecho cargo del reino, hizo suspender los efectos de esa Constitución; pero esta otra vez se vio obligado a darle fuerza a causa de los sucesos ocurridos en España por la sublevación de Riego y por eso se mandaba jurar en las colonias su fiel observancia.

La prensa llevaba ya su lenguaje ardiente en favor de las ideas revolucionarias aun a los más apartados rincones de Centroamérica.

El sistema constitucional que establecía esta nueva carta venía, por otra parte, a mejorar la situación de las colonias de América en general.

No podían entonces ser más propicias las circunstancias que se presentaba a los libertadores de América Central. Era por eso que ya nadie disimulaba sus ideas a este respecto. Todo estaba ya listo y se iba a entrar en acción.

México, Chile y la Argentina ya habían logrado su objeto y Gainza sabía de lo que eran capaces los pueblos cuando pelean por su libertad e independencia.

II

Ahora bien, ¿cómo ahogar el deseo de independencia que estaba en la mente de todos los hombres de algún valer en Centroamérica?

El capitán general de Guatemala, señor Gainza, comprendiendo lo difícil de su situación y que era inútil oponerse a los deseos del pueblo, a pesar de que contaba con la fuerza armada, hubo de ceder a la petición que se le hacía para convocar a una reunión de funcionarios públicos y de las corporaciones, para que resolvieran lo que fuera más conveniente a los intereses públicos en esa situación.

Por otra parte, se le ofrecía dejarle en el mando, cualquiera que fuera el resultado de esa reunión. Cedió, pues, entonces Gainza al deseo popular y esta reunión se verificó en la mañana del 15 de septiembre de 1821 en el Palacio de Gobierno en Guatemala. Presidió la reunión el mismo Gainza, y en ella se habló con amplia libertad en pro y en contra del objeto de la convocatoria.

El pueblo pedía a gritos la emancipación de España, y al fin se resolvió levantar allí mismo el acta de la declaración de la independencia. Tocóle redactar ese documento al auditor general de guerra, don José Cecilio del Valle, hábil y virtuoso ciudadano hondureño. Había nacido en la isla de Choluteca el 22 de noviembre de 1780. Era jefe del partido evolucionista, es decir, había sido afecto al régimen colonial. Por eso, en la reunión del 15 de septiembre, expuso que no creía que había llegado la hora de proclamar la independencia, y que para hacerlo debía oírse la voz de las provincias. Mas su parecer no fue adoptado pero, sin embargo, se le encargó, como hemos dicho, de la redacción del más importante de los documentos y lo hizo cual correspondía a su alta nombradía.

El mismo Gainza suscribió ese documento, y en él, entre otras cosas, se establecía lo siguiente:

Se declara la independencia del pueblo de Guatemala del gobierno español, sin perjuicio de lo que sobre ella se determine por el congreso que debe formarse; que el señor jefe político lo mande publicar para prevenir las consecuencias que serían terribles para el caso de que la proclamase de hecho el mismo pueblo.

Que se circulen oficios a las provincias por correos extraordinarios para que, sin demora alguna, se sirvan proceder a elegir diputados o representantes suyos, y estos concurrirían a esta capital (a Guatemala) a formar el congreso que debe decidir el punto de independencia general y absoluta, y fijar, en caso de acordarla, la forma de gobierno y ley fundamental que deba regir.

Que el número de diputados sea en proporción de uno por cada quince mil individuos, sin excluir de la ciudadanía a los originarios de África.

Que las provincias hagan las elecciones de modo que el 1° de marzo del año próximo de 1822, estén reunidos en esta capital todos los diputados.

Que no se haga novedad en las autoridades establecidas, y sigan estas ejerciendo sus atribuciones respectivas.

Que el jefe político brigadier, don Gavino Gainza, continúa con el gobierno superior político y militar, formándose además una junta provisional consultiva (se nombran en el testo de acta).

Que esta junta provisional consulte al jefe político en todos los asuntos económicos y gubernativos dignos de su atención.

El jefe político, señor Gainza, prestó juramente ante el primer alcalde.

En consecuencia, se acordó que igualmente prestara la Junta Provisional, el Ayuntamiento, el Ilmo. Señor arzobispo, los miembros de los tribunales, jefes políticos y militares, los prelados regulares, sus comunidades religiosas, jefes y empleados en las rentas, autoridades, corporaciones y tropas de las respectivas guarniciones.

Debía señalarse el día en que el pueblo hiciera la proclamación y juramento de independencia.

Que el día de la proclamación y jura se cante una misa solemne de gracia con asistencia de la Junta Provisional, jefes, etc.

Esta acta tiene mucho de conservadora a pesar de su objeto y de lo que exigía el pueblo. A la junta de que se ha hecho mérito en la reunión, se agregaron los vocales que debían representar las provincias que en ese acto estaban sin representación y lo fueron don José Cecilio del Valle por Honduras, don Miguel Larreynaga por Nicaragua, don José Antonio Alvarado por Costa Rica y el marqués de Aycinena por Quezaltenango o sea por Guatemala.

Las familias españolas y el clero, por cierto, no miraron con gusto la proclamación que se había hecho de independencia el 15 de septiembre, a pesar de que se conservaba el organismo gubernativo de la metrópoli.

San Salvador juró solemnemente la independencia el 22 de septiembre. El 23 se hizo igual cosa en Granada y se declaró provincia independiente de León, que se oponía a este pensamiento.

En noviembre de ese año Guatemala declaró libre el comercio con todos los Estados que no se opusieran a la causa de su independencia.

Costa Rica se declaró neutral.

Las provincias de León, Comayagua y Chiapas se unieron al Plan de Iguala.

El hecho fue que con el acontecimiento que dejamos narrado, a los 275 años tres meses y tres días después de la conquista de Guatemala por don Pedro de Alvarado, se vino a proclamar su independencia.

Para celebrar este fausto acontecimiento se acuñó una medalla en la que figuraban los emblemas siguientes: en el centro por el anverso, una matrona que representaba la historia, vestida con túnica talar y tunicela, teniendo un martillo en una mano y un cincel en la otra, en actitud de esculpir en el pedestal de la pirámide la inscripción que debía recordar el memorable día 15 de septiembre, haciendo igualmente mención del gobernador español que coadyuvó a facilitar según se ve en la leyenda que decía: "15 de septiembre de 1821 —General Gainza".

Esta figura tenía en el suelo un rollo de papel y un libro, símbolo de la historia general de todos los países. La pirámide que se veía en el primer término significaba el momento del triunfo que en dicho día consiguió Guatemala. Las otras pirámides que se veían en la parte de la medalla representaban el triunfo de los demás Estados o Repúblicas sudamericanas. En su orla tenía el siguiente lema: "Guatemala libre e independiente".

En el reverso se veía una figura alada que representaba el genio de la libertad americana coronado del laurel, ceñido de un tahalí de plumas con un casco a la espalda, separando con ambos brazos y con el mayor esfuerzo los dos mundos, desunidas las manos que hacían dependiente el nuevo del antiguo, ofreciéndole a este su amistad y paz por medio de una rama de olivo que le presenta en la misma mano que lo separa, y aquel próspera abundancia por el cuerno de la fertilidad que derrama sobre él en manifestación de haber cesado los obstáculos que la impedían. En la orla se encontraba esta leyenda: "El libre ofrece paz, pero el siervo, jamás".

III

¿Qué motivos indujeron a Gainza para tomar la actitud tan decidida en favor de la independencia de Centroamérica, hasta llegar a firmar el acta y a presidir la reunión del 15 de septiembre de 1821? La conducta observada por el Iturbide, que, de acuerdo con el Guerrero, habían reconocido la independencia de ese país por medio del Plan de Iguala. Mas Gainza, para evitar cargos que pudiera hacerle el Gobierno de Madrid por su conducta en este suceso tan trascendental, dio un manifiesto contra el Plan de Iguala, documento que recogió cuando el espíritu publico encendió los ánimos de los patriotas de Chiapas. Para aplacarlos hizo reunir una junta y tatar en ella de la independencia de América Central.

Nicaragua estaba gobernada por don Miguel González Saravia, quien en unión con otros vecinos declaran separada esta provincia de Guatemala y acuerdan suspender la proclamación de independencia de España. Mas el 11 de octubre se reformó ese acuerdo y se proclamó esa independencia bajo el Plan de Iguala.

El 28 de septiembre de ese mismo año de 1821 se proclamó en Comayagua, capital de la provincia de Honduras la independencia de esta provincia de España, pero a condición de que ella quedara también independiente de Guatemala y únicamente sujeta al gobierno que se estableciera en México.

Tegucigalpa, Los Llanos y otros partidos se pronunciaron en distinto sentido de su capital. Aceptaron sin condición el acta del 15 de septiembre que se había levantado en Guatemala.

El 13 de noviembre la ciudad de Quezaltenango, cabecera del partido del mismo nombre, en la provincia de Guatemala, se pronunció también por el Plan de Iguala.

Había completo desacuerdo. Veamos de que provenía esto y cuál era el Plan de Iguala.

Iturbide en México estaba al servicio de la causa real con un cuerpo de dos mil hombres. Lo envió el virrey Ruiz de Apodaca a combatir a Guerrero, que trabajaba en favor de la independencia de ese país.

El 24 de febrero de 1821 se encontraba Iturbide en el pueblo de Iguala y allí se le unió Guerrero, y ambos convenidos en dar independencia a México, como un resultado inevitable del curso que habían tomado las cosas, pero sin hacer recriminaciones a España, se estableció por un pacto celebrado en esa villa que la oficialidad del ejército de Guerrero jurase el 1° de marzo el reconocimiento del plan que propuso Iturbide, cuyas ideas principales eran: 1° la conservación de la religión católica, sin tolerancia de otra alguna; 2° la independencia de México de la monarquía española o de cualquier otra nación, bajo la forma de una monarquía constitucional, debiendo ofrecerse el trono a Fernando VII, y en caso de negativa, a sus hermanos don Carlos y don Francisco de Paula, y si no aceptaban, que en tal caso la nación llamaría a algún miembro de alguna de las familias reinantes en Europa; y, 3°, la unión entre americanos y españoles, sin distinción de castas ni de privilegios.

Se proponía, además, un gobierno provisional compuesto de una junta presidida por el virrey y la creación de un ejército denominado De las tres garantías

Tal era el pacto de Iguala que tenía divididas a las provincias de Centroamérica.

El 11 de diciembre de 1821 la Junta Gubernativa de Guatemala dio a la villa de Tegucigalpa el título de Ciudad, en premio de la firmeza con que había sostenido el pronunciamiento de independencia absoluta de la metrópoli y sin sujeción al pacto de Iguala a que Gainza u otros querían hacer triunfar.

Con estos sucesos de alta trascendencia se despedía también el año de 1821.

IV

El virrey Apodaca, como era natural, reprobó el plan de Iguala y quiso resistir al movimiento revolucionario, pero las tropas se levantaron en la noche del 5 de junio de 1821 en la plaza de México, y los jefes de la asonada penetraron hasta la sala del virrey. Este se vio entonces obligado a entregar el mando al general don Francisco Novella.

Depuesto del mando, Apodaca se fue a España. No le restaba ya nada que hacer en América.

La autoridad de Novella fue reconocida con dificultad y él estaba bamboleante porque no tenía el apoyo del pueblo.

El 30 de junio de ese año desembarcó en Veracruz el teniente general don Juan O'Donojú, que había sido nombrado virrey de México para reemplazar a Ruiz de Apodaca. Escribió entonces a Iturbide para que le permitiera marchar a la capital, y este le invitó pasar a la ciudad de Córdova, donde podían conferenciar, y al efecto le mandó una escolta para que le condujera al lugar indicado. El 23 de agosto entró el virrey a Córdova. Horas después llegaba Iturbide con su ejército y fue recibido en medio de ardientes manifestaciones de entusiasmo. Al día siguiente se firmó entre ambos un pacto en esa ciudad, que no significaba otra cosa sino la ratificación del Plan de Iguala; pero se dejaba a las cortes que debían reunirse en México la libertad de elegir un emperador, aunque este no perteneciera a ninguna de las familias reinantes. Iturbide iba, pues, buscando para sí el camino para llegar al poder.

El 27 de septiembre de 1821 entró Iturbide a México a la cabeza de sus tropas.

Se formó una Junta Provisional Gubernativa y se firmó bajo las anteriores bases la independencia del imperio de México.

La misma Junta organizó una regencia de cinco miembros mientras llegara Fernando VII o la persona que debía reinar en México.

Iturbide fue elegido presidente de la Junta. Más tarde se le proclamó generalísimo de mar y tierra con ciento veinte mil pesos de sueldo, el cual debía pagársele desde el día en que se firmó el Plan de Iguala.

El 8 de octubre de 1822 falleció en México después de una corta enfermedad el virrey O'Donojú.

Las cortes españolas rechazaron el pacto de Córdova en cuanto tuvieron conocimiento de él.

V

En Honduras gobernaba, como ya lo hemos dicho, el brigadier Tinoco y Contreras, y en Nicaragua el coronel Saravia. En El Salvador el intendente Barriere, de nacionalidad española.

Este aceptó sin condición alguna el acta de independencia firmada en Guatemala y que había sido comunicada a todas las provincias juntamente con la convocatoria para la elección de representantes al Congreso Nacional. Los habitantes de la ciudad de San Salvador se reunieron juntos con los individuos del Ayuntamiento, el intendente Barriere, los jefes militares, el cura rector y vicario así como otra multitud de personas atraídas por la importante noticia. El entusiasmo fue extraordinario. Barriere, que presidía este acto, prestó en manos del primer alcalde el juramento de fidelidad al nuevo orden político y se firmó el acta por el mismo, por el alcalde señor García Valdeavellano y por los demás concejales, autorizándola el secretario don Pedro Miguel López.

En Honduras y en Nicaragua, al recibir esa acta y la convocatoria antes dicha, los gobernadores intendentes de estas provincias, Tinoco y Saravia, ya estaban, desde algunos meses antes, en desacuerdo con el brigadier Gainza, y creyendo favorable la coyuntura que se les presentaba para romper los vínculos de obediencia que con este último jefe les ligaban, reunieron respectivamente las diputaciones provinciales en Comayagua y en León, acordándose jurar el Pan de Iguala, es decir, incorporar al imperio mexicano ambas porciones de Centroamérica y que ninguna de estas concurriese al Congreso que debía reunirse en la ciudad de Guatemala.

Mas esto trajo escisiones. Granada se negó a seguir la suerte del resto de las provincias y convino en mandar diputados a Guatemala. Igual conducta observaron los partidos de Tegucigalpa y Gracias y los puertos de Omoa y Trujillo, que pertenecían a Honduras.

Gainza no pudo lograr, a pesar de sus notas y oficios, que Tinoco y Saravia cambiasen de actitud y, entonces, mandó colocar tropas guatemaltecas y salvadoreñas en Tegucigalpa y Gracias, pues el jefe hondureño había movido las suyas sobre esos puntos, evitando, sin embargo, llegar a las manos con aquellas, como lo vamos a ver más adelante.

Costa Rica se encontraba gobernada por don Juan Cañas, quien no aceptó la unión a México que pretendía Tinoco y Saravia, y secundó el grito de independencia de España, sin adherirse al acta de Guatemala ni a la de la ciudad capital de Nicaragua, lo que equivalía declararse neutral para gobernarse por sí sola, hasta que el curso de los acontecimientos le indicara el camino que debía seguir. No obstante, se dio por separada de León, de quien había estado sujeta en materia de hacienda y en los negocios eclesiásticos.

En Honduras, Tinoco presidió la sesión a la que hemos hecho referencia y se estableció que él continuara en el gobierno de la provincia con todo el poder que le daban las leyes en su carácter de jefe superior político, militar y de hacienda, debiendo, no obstante, consultar a la excelentísima diputación lo que creyera conveniente.

El Ayuntamiento de la ciudad de Comayagua debía hacer guardar el orden y la tranquilidad en conformidad con la Constitución. Por fin, se acordó también en esa sesión comunicar el acta que de todo esto se levantó a todos los ayuntamientos y puertos de la provincia.

Enseguida el intendente Tinoco prestó el juramento de independencia ante el primer alcalde don Francisco José Gomier y las demás corporaciones y empleados ante el mismo Tinoco.

Con esto, de hecho, nació una pronunciada rivalidad entre Honduras y Guatemala por la separación que originó este acto, como ya lo hemos indicado, rivalidad que existía desde 1813, época en que se juró la Constitución de la monarquía española, que daba a las provincias esta separación o, mejor dicho, esta autonomía.

Tinoco, en vista del acta que se levantó de la sesión que celebró el Ayuntamiento que él presidió, trató enseguida de organizar todos los servicios en la provincia de su mando, y al efecto comenzó por hacer nuevos nombramientos para todos los cargos que existían sin proveerse o que fue necesario crear a causa del nuevo régimen que se establecía.

Enseguida comunicó a Guatemala que él no obedecía a sus autoridades, ya fueran civiles, militares, eclesiásticas o de hacienda. Entretanto, Tegucigalpa y los otros partidos que ya indicamos declararon que obedecían al Gobierno de Guatemala y también al de Comayagua, pero solo a este último en lo que estuviera conforme con las atribuciones de cada uno y siempre que no fueran contrarias a las leyes que acababan de jurar.

Tinoco creyó ver en esta determinación de los partidos de Tegucigalpa. Los Llanos de Santa Rosa, de Gracias, Omoa, Trujillo, Olancho, Santa Bárbara y otros, un acto de rebelión y dio entonces órdenes para que todos los cuerpos militares de la provincia marcharan inmediatamente a Comayagua para organizar el ejército con que debía someter a los pueblos que según él eran disidentes. Impuso fuertes contribuciones de dinero, reclutó gente y separó de los destinos a todos los que eran adictos al régimen imperial que Gainza proclamó en Guatemala. Amenazó con pena de muerte a todos los que por escrito o de palabra contribuyeran a desprestigiar la causa que él defendía.

En este estado de cosas, los de Tegucigalpa logran interceptar la correspondencia oficial y particular de Tinoco, y al mismo tiempo dieron cuenta al capitán general de Guatemala de lo ocurrido y se puso la villa en actitud de defensa. Se nombró comandante de la plaza a don Francisco Aguirre. El pueblo se presentó con gusto a tomar las armas para defender sus derechos.

Además, Guatemala mandó tropas que protegieran a los de Tegucigalpa, que se mantenían a la defensiva.

Tinoco logró recuperar los puertos de Omoa y de Trujillo, lo cual ocurría en noviembre de 1821, pero en esta situación Tinoco se vio obligado a dejar el mando.

Se nombró de intendente al canónigo don Nicolas Frías y de gobernador político a don Juan Lindo. Ambos eran adictos al Plan de Iguala.

El 1° de diciembre de 1821 se sublevó la fuerza del puerto de Omoa cuando se supo que de Guatemala venía un cuerpo formado de patriotas guatemaltecos. Los agentes de Tinoco fueron llevados presos a Guatemala.

Trujillo entonces volvió en enero de 1822 a unirse al gobierno de quien se había separado.

La diputación provincial de Comayagua, que había estado siempre fiel a Tinoco, resolvió que pasara a México a conferenciar con Iturbide, que ya se había hecho proclamar emperador de México, dándosele un sueldo mientras durase su embajada; pero esto no tuvo efecto, porque los sucesos que se desarrollaron le obligaron a tomar el mando del ejército.

VI

¿Qué sucedía en San Salvador? Allí cundía el espíritu revolucionario.

El 5 de noviembre de 1811 hizo su primer movimiento de insurrección promovido por los curas, doctor don Matías Delgado y Nicolas Aguilar, dos hermanos de este, y por don Vicente y Juan Manuel Rodríguez y don Manuel José Arce. Se apoderaron del dinero que existía en el tesoro real que pasaba de 200,000 pesos y de tres mil fusiles que existían en la sala de armas. Desconocieron la autoridad del intendente de la provincia y lo depusieron; pero no habiéndolos seguido varios pueblos, los cabecillas comenzaron a desalentarse.

Al saberse esto en Guatemala se reclutaron tropas y vinieron comisionados a contener la revolución. El orden se restableció y Delgado fue llamado a Guatemala y se concedió una amnistía para todos. Peinado quedó entonces a cargo del mando político y militar de la provincia.

Esta paz no fue más que una tregua. En 1814, don Manuel José Arce y don Juan Manuel Rodríguez hicieron otro intento de independencia. Se les redujo a prisión y se les mantuvo en esta situación hasta 1820.

En esto supo Gainza, que gobernaba en Guatemala, lo ocurrido en Iguala. La provincia de Chiapas se pronunció en favor de la independencia.

Entonces el espíritu de insurrección tomaba cuerpo por los sucesos ocurridos en México y Gainza, en Guatemala, reunió una Junta General y del debate habido allí resultó el acta memorable de 15 de septiembre de 1821, que ya conocemos.

En San Salvador se recibió esta noticia con muestras de júbilo. El cura don Ignacio Saldaña celebró una misa en acción de gracias.

Gobernaba aquí el doctor don Pedro Barriere, y a fines de septiembre de ese año de 1821, se acordó nombrar la Junta Económica y Consultiva, compuesta de siete miembros. La elección debía verificarse el 30 de septiembre, pero hubo desorden provocado por personas de ambos partidos en que se dividían las opiniones y que se llamaban el exaltado y el moderado.

El doctor Barriere, en vista de esto, protestó no estar facultado para constituir aquella junta, disolvió la reunión y mandó reducir a prisión a don Domingo Lara, a don Manuel José Arce, a don Juan Manuel Rodríguez y a otros.

Al saberse en Guatemala estos sucesos, la Junta Consultiva comisionó al presbítero doctor don Matías Delgado para que restableciera el orden en San Salvador. Este tomó el mando de la provincia, dio libertad a los patriotas que se encontraban presos e instaló la deseada Junta Provisional el 28 de noviembre de 1821, bajo su presidencia, siendo miembros de ella Arce, Rodríguez y otros.

El doctor Barriere tuvo que abandonar la ciudad en cuanto Delgado asumió el mando de la provincia.

CAPÍTULO XIV: CAPTURAN AL SABIO VALLE

I. El gobernador Gainza coadyuva las pretensiones de Iturbide y logra anexar a Guatemala al imperio de México. El salvador rechaza esas pretensiones y se separa de Guatemala. II. Iturbide se hace proclamar emperador de México; su caída y regreso a Europa. Vuelve a Centroamérica y es fusilado el 19 de julio de 1824 en Tamaulipas. III. El Congreso de Guatemala declara la independencia absoluta de las provincias de Centroamérica. IV. Trabajos y reformas que llevó a efecto el Congreso de Guatemala. Soconusco es anexado por fuerzas de México.

I

Iturbide, en su calidad de presidente de la Junta Provisional de México, dirigió una nota al capitán general de Guatemala, señor Gainza, exponiéndole en ella que ese territorio no debía quedar independiente de México, sino formar con aquel virreinato un gran imperio bajo el Plan de Iguala y tratado de Córdova, por encontrarse aún Guatemala impotente para gobernarse por sí misma.

Al recibir Gainza esta nota reunió en el acto a la Junta Consultiva e impuesta de la comunicación de Iturbide, y creyéndose sin autorización para resolver por si este negocio, acordó imprimir y circular esa comunicación para que los ayuntamientos en cabildo abierto recabasen el voto de los pueblos, sin que esto fuese un obstáculo para las próximas elecciones de diputados a un congreso constituyente.

El día 12 de diciembre se recibió en San Salvador el oficio de Iturbide, y habiendo sido tomado en consideración por la diputación provincial, se acordó exponerle que lo que se pedía en la nota era contrario a pacto y juramento con que se convinieron los pueblos al dejar al antiguo Gobierno español y lo peligroso que sería a la par de Centroamérica el medio adoptado por la Junta Consultiva para resolver la excitativa de México. Además, se acordó nombrar una comisión para que pasara a México a imponer al general Iturbide de las necesidades de la provincia y publicar allí lo que se resolvía al respecto de la citada nota.

Los demás ayuntamientos se dividieron y otros no contestaron porque no recibieron la nota. El caso es que Gainza se puso de parte de los imperialistas y se decretó la anexión de Guatemala a México el 5 de enero de 1802. Con eso se declaró disuelta la Junta Provincial Consultiva el 21 de febrero de ese año. Gainza siguió ejerciendo las funciones de capitán general en nombre del Gobierno mexicano e hizo nombrar otra junta provincial y la instaló el 29 de marzo.

El Salvador se declaró separado de Guatemala. El Gobierno de este Estado trató de sediciosos a todos los opositores a México, así como de herejes a los que habían protestado contra la anexión.

Gainza organizó en el acto una división y la puso al mando del coronel Arzú para que sometiera a la provincia de El Salvador. Por el camino engrosó sus filas con tropas de la villa de Santa Ana y de Sonsonate que se habían declarado en favor de Guatemala. El 13 de junio de 1822 atacó la plaza y se vio obligado a retirarse después de nueve horas de combate, enteramente desorganizado.

En México se puso en duda la lealtad de Gainza y fue llamado a la capital. Se le dio entonces orden al general don Vicente Filísola para que al frente de una división mexicana pasara a Guatemala a hacerse cargo del mando y pacificar a todos los pueblos rebeldes. Este jefe era imperialista y pertenecía al partido llamado servil o conservador.

El 10 de marzo de 1822 se habían verificado las elecciones populares para enviar diputados al Congreso de México.

Por Honduras salió elegido don José Cecilio del Valle y se trasladó a México en agosto de ese año para desempeñar su cargo.

Filísola dejó en Guatemala al coronel don Felipe Codallos y emprendió él campaña contra San Salvador. Ocupó esta ciudad el 9 de febrero de 1823 e hizo levantar el acta de incorporación a México. Hecho esto se regresó a Guatemala y envió a Codallos a que se hiciera cargo del mando de El Salvador.

II

Muerto el virrey O'Donojú, veamos lo que ocurrió en México. Iturbide era presidente de la Junta de Gobierno y generalísimo de mar y tierra. Principió entonces a dar a conocer su desmedida ambición y los patriotas comenzaron a dudar de su lealtad. La prensa comenzó también a serle hostil; pero eso a él nada le importaba, puesto que se encontraba apoyado por la tropa. Redujo a prisión a los que creía que le eran hostiles para hacer cesar toda oposición a su gobierno.

El 24 de febrero de 1822 se instaló el Congreso Nacional en México. Esta fecha era también la del primer aniversario del Plan de Iguala.

Iturbide ambicionaba ser emperador de México, ya que se habían unido a este virreinato las provincias de Centroamérica y todos obedecían sus órdenes. ¿Cómo realizar su objeto? Un golpe de estado era lo que por de pronto se le presentaba más hacedero. En efecto, hizo que en la noche del 18 de marzo de 1822 un sargento sublevara un batallón y que a él lo aclamaron emperador bajo el nombre de Agustín I. Los demás cuerpos de tropas siguieron ese ejemplo. El populacho también vitoreaba al nuevo emperador.

El Congreso, entonces, se reunió el 19 para de este negocio, que era demasiado grave y de alta trascendencia.

Los jefes de las tropas dieron cuenta por escrito al Congreso de que ellos voluntariamente habían proclamado emperador a Iturbide. Él se presentó a la sesión vestido de gran parada para imponerle con su presencia.

El Congreso se encontraba con una montaña encima. Estaba vencido de antemano, y por 67 votos contra 15 proclamó a Iturbide por emperador de México, es decir, confirmó lo hecho por las tropas.

El 21 de julio se hizo coronar en medio de grandes fiestas y con un lujo extraordinario. Sus ambiciones se habían realizado. Ya nadie le hacía sombra y era árbitro de los destinos de casi un medio continente.

En seguida disolvió al Congreso el 31 de octubre de ese año, para gobernar sin contrapeso alguno. Se había constituido en un déspota, y bajo pretexto de que había diputados republicanos, aprisionó a 26 de ellos, y entre estos al hondureño don José Cecilio del Valle.

El pueblo, cansado de sufrirlo, se levantó entonces en su contra y, no teniendo ya Iturbide fuerzas con que resistirlo, no tuvo otra cosa que hacer sino abdicar, como en efecto lo hizo el 20 de marzo de 1823.

El Congreso le acordó una pensión de 25 mil pesos, con tal de que se fuera a vivir a Italia, y el 14 de mayo de ese año se embarcó en el bergantín ingles Rorclinas al lugar indicado. En México se organizó entonces un gobierno republicano federal.

El Congreso con fecha del 28 de abril de 1824, declaró a Iturbide traidor y fuera de la ley, con el agregado de que si se presentaba en algún punto del territorio quedaba enemigo público del Estado.

Ignorando todo esto Iturbide quiso volver a México a reconquistar su perdida corona. Salió de Italia el 11 de mayo de 1824, y el 14 de julio llegó a la barra del rio Santander y desembarcó disfrazado; pero el general Gana le prendió y lo mandó en el acto al pueblo de Padilla donde se encontraba reunida la Legislatura Provincial de Tamaulipas. El Congreso dispuso que en virtud de la ley del 28 de abril fuera pasado por las armas, lo que se verificó el 19 de julio del mismo año.

Así concluyó este hombre dos veces traidor y malo. Ambicioso vulgar, fue víctima de sus propias maquinaciones, y sin habérsele aplicado la ley que dictó el Congreso para verse libre de él ¡quién sabe cuántos males habría seguido causando en México!

III

La caída de Iturbide vino ya a dar aliento a los republicanos de Centroamérica.

El diputado de Honduras, señor del Valle, pidió en el Congreso de México que se retiraran de Guatemala las tropas que mandaba el brigadier Filísola, a fin de que las provincias se constituyeran como les agradara.

Después del Valle se volvió a su patria y ocupó un asiento como diputado en la legislatura de Guatemala.

Filísola se vio obligado, después de estos sucesos, a convocar la Junta Provincial, y en ella presentó un decreto convocando a los pueblos para que eligieran diputados para un Congreso Constituyente, cuyas sesiones se abrieron el 24 de junio de 1823.

Don Juan Fernández Lindo y Zelaya, que había sucedido en el mando de la provincia de Honduras a Tinoco por haberse este ido a México, dejando en su lugar a don Juan Garrigó no cortó relaciones con Tegucigalpa, pero no había logrado unirla tampoco a Guatemala, como lo había hecho con Comayagua donde él residía y con otros distritos de su dependencia.

Cuando supo Lindo que de San Salvador venía Millas con 400 hombres a resguardarla, envió 300 hombres para que le cerraran el paso, cosa que no logró, porque aquella fuerza entró sin dificultad a Tegucigalpa.

Gainza nombró entonces por jefe de las fuerzas al sargento mayor, don Domingo Gutiérrez, en reemplazo de don Francisco Aguirre.

Entre tanto, los partidarios de la libertad contaban como con 1,500 hombres dispuestos a batirse. Las ventajas estaban por Tegucigalpa.

Los imperialistas de Comayagua se habían reunido en los cuarteles de esta ciudad esperando el ataque, pero los de Tegucigalpa no quisieron derramar sangre inútilmente y se mantenían solo a la defensiva.

Filísola dejó a Guatemala, y el 23 de octubre de 1823, le sucedió en el mando don Juan Fernández Guido.

Sus tendencias, en vista de los sucesos de México, se dirigieron entonces a restablecer el orden constitucional. Sometió a la provincia de Tegucigalpa por medios conciliatorios, haciendo que el Ayuntamiento de Comayagua se dirigiera al de Tegucigalpa, proponiéndole la unión por medio de un juramento, a fin de que se dedicaran al trabajo para utilizar la fertilidad de sus campos, que estaban sin cultivo a causa de las revueltas ocurridas hasta entonces.

Todo se tranquilizó al fin, puesto que ya habían concluido con la deposición de Iturbide las cuestiones de anexión.

El Congreso Constituyente de Guatemala, inspirado en los nobles sentimientos que le dominaba, lo primero que hizo fue dictar un decreto que lleva fecha 1° de julio de 1825, por el cual se declaraba la independencia absoluta de las provincias unidas de Centroamérica de la antigua España, de México y de cualquier otra potencia, así del antiguo como del Nuevo Mundo y que no eran, ni debían ser, el patrimonio de persona ni familia alguna, disponiendo que, por entonces y sin perjuicio de lo que dispusiera la Constitución, se llamarían Provincias Unidas de Centroamérica.

Este Congreso fue presidido por el presbítero Delgado, celoso y exaltado independiente, que ya hemos visto figurar en los sucesos de El Salvador.

La división de Filísola tuvo que salir de Guatemala, porque los diputados no quisieron funcionar bajo la presión de una autoridad que se apoyaba en las armas.

IV

El Congreso de Guatemala solo funcionó diez meses.

Sus principales trabajos fueron la creación e instalación de un Poder Ejecutivo, compuesto de tres individuos para el Gobierno del Estado. Abolió los tratamientos de majestad, alteza, excelencia, señoría, don, etc., y decretó la supresión de hábito talar en los magistrados, abogados y empleados de justicia, como era costumbre hasta entonces.

Hizo la designación del escudo de armas y pabellón nacional.

Acordó y llevó a efecto la invitación a los cuerpos deliberantes de ambas Américas para formar una confederación general que representara unida a la familia americana y garantizara su libertad e independencia.

Decretó abolición de la Bula llamada de la Santa Cruzada, e hizo declaración de que el territorio de Centroamérica era un asilo inviolable para las personas y las propiedades de los extranjeros y que por ningún motivo podían confiscarse dichas propiedades; permitiéndose, además, a los mismos extranjeros dedicarse a la industria, arte u oficio que quisieran, previniendo a los funcionarios del Gobierno les facilitaran su tránsito al interior del país.

Ordenó colocar en el salón de sesiones los retratos del libertador Simón Bolívar, de fray Bartolomé de las Casas y del señor Pradt.

Se hizo declaración solemne de que los esclavos que existieren en cualquier punto de Centroamérica eran libres desde ese día (23 de abril de 1824) y que todo el que pisara el territorio no podría estar en esclavitud, ni ser ciudadanos los que traficaran con esclavos.

Decretó también que cada Estado Federal tuviese su Congreso o Asamblea para su gobierno interior bajo las bases de la Constitución General.

Como se ve con esto se comenzaba a formar el Derecho Público de Centroamérica y a darse ciertas garantías individuales desconocidas hasta entonces, y se completaba este derecho con la abolición de la esclavitud y con el reconocimiento que se hacía a los extranjeros de derechos civiles iguales a los regnícolas.

El 22 de noviembre de 1824 se decretó la Constitución de la Nueva República Federal, la que se recibió con entusiasmo.

El 25 de enero de 1825 la Asamblea Nacional cerró sus sesiones.

Según esa Constitución, la Federación se componía de Costa Rica, Nicaragua, Honduras, El Salvador y Guatemala.

Cada uno de estos Estados firmó su Constitución. El Salvador se la dio el 12 de junio de 1824; Costa Rica el 22 de enero de 1825; Guatemala el 11 de octubre de 1826; Nicaragua el 8 de abril de 1826 y Honduras el 11 de diciembre del mismo año de 1826.

Cada Estado eligió su jefe respectivo.

De Guatemala lo fue don Juan Barrundia.

De El Salvador don Manuel José Arce, que estaba en Estados Unidos.

De Honduras don Dionisio Herrera.

De Nicaragua don Manuel Antonio de la Cerda.

De Costa Rica don Juan Rafael Mora.

Chiapas no entró en la Federación y quedó libre para resolver sobre su anexión cuando le agradara. El 14 de septiembre de 1825, usando de ese derecho, determinó hacerlo a México, y aunque se había procedido a ello por medio de intrigas, puesto que para librar esta resolución, no se esperó que a ese acuerdo convinieran los representantes de varios partidos, y sin ellos hubo empate, se resolvió sin embargo para declarar la anexión, tomar por base la población de los departamentos representados y solo así se formó la mayoría que se buscaba para hacer la declaración de anexión a México, de que hemos hecho mención. Todo fue obra de la coacción, pues aquello se verificó bajo la intervención del agente y comisionado que México había enviado con este objeto. Por otra parte, el territorio estaba desarmado y las tropas que envió México se situaron a la proximidad, y esto fue lo que impuso a los delegados de los partidos que habían concurrido a ese acto.

Los habitantes de Soconusco permanecieron unidos a Centroamérica, no sin que por esta causa los molestaran bastante las autoridades de México. Se tomó entonces la resolución de que una gran dieta americana resolviera lo relativo a esta provincia, hasta que, a fines de agosto de 1826, el Gobierno de México propuso que las tropas y autoridades militares de Centroamérica evacuaran el territorio de Soconusco y que las de México no traspasarían tampoco la línea divisoria; que se daría franca entrada en aquel partido a las personas que hubieran emigrado por opiniones políticas, sin exigirles a su regreso juramento alguno. También se pactó que ninguno de los dos Gobiernos podría sacar de Soconusco contribuciones de hombres, dinero ni de otra cualquiera especie, ni que gobernarían en él otras autoridades que las municipales, entre tanto no se diera una solución definitiva a la cuestión sobre límites.

El Congreso federal aceptó estas bases a condición de que los habitantes del partido de Soconusco siguieran gobernándose por las leyes de la Federación y que los empleados obedecieran las órdenes de Centroamérica.

Disuelta en 1838 la Federación, los Estados que la formaban reconocieron su soberanía e independencia a ese territorio; pero en 1842 el general mexicano, don Antonio López de Santa Ana, abusando de la fuerza y en vista de que Guatemala no podía defender a Soconusco, lo anexó a México, y con este título lo posee hasta la fecha.

Las protestas de Guatemala de nada sirvieron contra la fuerza armada con que operó López de Santa Ana para realizar ese proyecto ambicioso y desconocer la independencia y soberanía de ese territorio para que resolviera lo conveniente a sus intereses.

CAPÍTULO XV: DO N DIONISIO, JEFE DE ESTADO

I. Denominación que tomaban los partidos en Centroamérica antes y después de la independencia. II. La Santa Alianza y el Congreso de Panamá y lo que en este se acordó. III. El gobernador Lindo es depuesto de su cargo por la Municipalidad de Comayagua. IV. Se instala en Cedros el primer Congreso de Honduras; sus trabajos y la elección que hizo para jefe político en don Dionisio Herrera. V. La Asamblea Constituyente se traslada de Cedros a Tegucigalpa y de aquí a Comayagua.

I

Desde antes de la independencia de Centroamérica, los mismos que trabajaban por ella estaban divididos en dos partidos: el Gasista y el Caco. Del primero era jefe y lo representaba el hondureño don José Cecilio del Valle, y a él pertenecían los llamados españoles europeos y la clase artesana, a quien se halagaba con medidas de proteccionismo. Su tendencia era hacer valer ideas de moderación. Jefe del partido Caco lo eran los patriotas don Pedro Molina y don Francisco Barrundia. Se formaba de las familias nobles y de mucha parte de independientes. Era de índole radical y aspiraba a la independencia absoluta de esos pueblos.

Una vez que se obtuvo esa independencia, se abandonaron esos nombres, y con el envío del oficio de Iturbide exigiendo que los pueblos de Centroamérica se anexaran a México, nacieron entonces otros dos bandos, que se denominaron el Republicano y el Imperialista.

Organizada la Asamblea Constituyente, aparecieron y se caracterizaron dos partidos: el de los Liberales, a quienes se les denominaba también con el nombre de Fiebres o Anarquistas por el radicalismo de sus principios; y el partido Moderado, que también se le apellidaba Serril y Aristócrata. Este partido era formado por los que habían opinado por la incorporación de las provincias a México, por la mayor parte de los españoles europeos, empleados civiles y militares, clérigos y por la clase más ignorante del pueblo. Era el que se oponía a toda reforma y a todo progreso.

Cada uno de estos partidos trataba de hacer triunfar sus ideas y de hacer prevalecer sus propósitos en las discusiones que se siguieron después de la declaración de independencia.

Ahora bien, es un hecho que la independencia trajo a Centroamérica autonomía, pero no se le dio unidad y la confianza que necesitaba para su prosperidad.

En El Salvador y en Guatemala comenzó a imperar la nobleza y ella fue la causa de graves perjuicios para la estabilidad de las nuevas repúblicas.

II

La asamblea de Guatemala, y de la cual hemos dado cuenta en el anterior capítulo, se había dividido en dos bandos: el liberal, que proclamaba la Federación y que fue el que triunfó, y el conservador o servil que quería un gobierno central. También se había dividido a causa de un decreto que mandaba organizar el Poder Ejecutivo provisional, y en cuya materia no todos estaban de acuerdo, y por eso fue que se nombraban autoridades y luego después se reemplazaban por otras.

Sin embargo, esa Asamblea dictó leyes liberales para hacer cesar el estado de opresión que España había establecido en estas colonias. Baste solo decir que abolió la esclavitud para hacer su cumplido elogio y que merece ser escrito ese acuerdo en tablas de bronce, el cual honra al anciano presbítero don Matías Delgado, que fue autor y defensor de ese proyecto.

En previsión de lo que hicieran los Estados de Europa para hostilizar a los pueblos del nuevo continente, se pensó en una confederación continental, pensamiento dominante en todos en esa época y que inspiró con energía don Simón Bolívar, con el objeto de neutralizar las pretensiones de la Santa Alianza, que no era otra cosa, según las noticias que se tenían, que un Congreso que se estaba formando de todos los soberanos de Europa con el fin de reconquistar los intereses y los derechos que la España había perdido. Para el logro de este objeto se acordó invitar a los cuerpos deliberantes de ambas américas para que representara unida a la familia americana y que garantizara la independencia y libertad de sus Estados.

Para llevar a efecto esta idea se celebran por parte de Colombia diversos tratados. Uno con el Perú, que lleva fecha 6 de julio de 1822, siendo este país representado por el argentino don bernardo

Monteagudo, que era ministro del protector don José de San Martín; otro con Chile, que lleva fecha del 21 de octubre de ese mismo año; otro con México de fecha 3 de octubre de 1823, y por fin, con Centroamérica el 15 de marzo de 1825.

En todos ellos se establecía la unión, liga y confederación de las partes contratantes y se obligaban a procurar, mediante sus buenos oficios, que los demás Estados hispanoamericanos entraran en el pacto, para que, una vez conseguido este grande objeto, se reuniera una asamblea general de los Estados Americanos, compuesta de sus plenipotenciarios, con el encargo de cimentar de un modo más sólido y estable las relaciones íntimas que debían existir entre todos y cada uno de ellos, y que les sirviera de consejo en los grandes conflictos, de punto de contacto en los peligros comunes, de fiel intérprete en sus tratados públicos, cuando ocurriesen dificultades y de juez árbitro y conciliador en sus disputas y diferencias.

Con esto nació en América la idea del arbitraje internacional para solucionar sus conflictos futuros.

La ratificación de estos tratados produjo dificultades. Así pues, el Perú lo aceptó suprimiendo las palabras juez árbitro, y estableciendo que eran diplomáticas las funciones atribuidas a los ministros de la Asamblea General. México, al ratificarlo suprimió las palabras antes indicadas. El Gobierno Federal de Centroamérica los admitió solo para ciertos casos de reciprocidad. El Senado de Chile no autorizó la ratificación del tratado.

Con tales antecedentes se instaló el Congreso en Panamá el 22 de junio de 1826. A él concurrieron los plenipotenciarios de Colombia, que comprendía a Venezuela, Nueva Granada y Ecuador, y los de Centroamérica, Perú y México. Chile no envió representante ni tampoco las otras potencias, a pesar de haber sido invitadas. Cerró sus sesiones este Congreso el 15 de julio, después de haber celebrado 24 sesiones.

Se firman cuatro tratados que fueron de Unión, Liga y Confederación entre las Repúblicas de Colombia, Centroamérica y Estados Unidos de México. El segundo tenía por objeto la traslación de la Asamblea Americana a la villa de Tacubaya en México. El tercero fue de una convención que detallaban los contingentes que debía prestar cada una de las Repúblicas confederadas; y, por fin, el cuarto, estableció un concierto reservado, que arreglaba el orden con que debían enviarse y marchar los contingentes de la Federación.

Según estos pactos debían mantenerse en pie sesenta mil hombres de infantería, caballería y artillería, debiendo este ejército permanecer siempre armado, equipado y pronto para entrar a campaña.

También debería sostenerse una fuerza naval competente, que constaría de tres navíos de 60 a 80 cañones; de 10 fragatas de 44 hasta 64 cañones; de 8 corbetas de 24 a 34 cañones y de una goleta de 10 cañones, para lo cual debería hacerse un fondo de siete millones setecientos veinte mil pesos, distribuidos proporcionalmente conforme a las bases de la población.

En resumen, tenemos que lo que se estableció en la Asamblea de Panamá fue contribuir al mantenimiento de una paz y amistad inalterable entre las Potencias Confederadas y dirimir por medios pacíficos los grandes conflictos por medio de este tribunal de conciliación o mediación que se le daba a esta Asamblea General.

Por suerte, la independencia de los Estados Americanos a esta fecha se había consolidado, y la Santa Alianza había hecho su última aparición en el Congreso de Verona y se habían alejado ya los temores de una reconquista española con el auxilio de las grandes potencias europeas. Por otra parte, las discordias interiores y las rivalidades exteriores habían aparecido en diversas partes de la América, y esto fue causa mediata para que no se ratificaran los tratados de Panamá.

III

Los Estados de Centroamérica ya habían acordado tener cada uno sus respectivos congresos y que procedieran a elecciones para la designación de las personas que debían formar el Poder Ejecutivo, el Judicial y el Legislativo.

El 11 de febrero de 1824, la Municipalidad de Comayagua depuso del cargo de jefe político al general Lindo; pero este, creyendo sostenerse y burlar ese acuerdo, se trasladó al pueblo de Aramecina, y desde allí se dirigió a las demás poblaciones en su calidad todavía de jefe superior. En una palabra, Lindo no se dio por depuesto, a pesar de estarlo de hecho.

La causa de esta medida fue porque se había hecho odioso para todos por las enormes contribuciones y reclutamientos que había impuesto durante la proclamación del imperio.

A Lindo sucedióle el alcalde don Severino Quiñonez como gobernador. Don Juan José Díaz fue designado por jefe político de la provincia.

IV

Como cada Estado debía tener su Congreso, según acuerdos anteriores, tócale a Honduras elegir ocho diputados propietarios e igual número de suplentes, y al efecto se verificaron las elecciones sin tropiezo alguno.

La Municipalidad de Tegucigalpa acreditó una Comisión ante la Municipalidad de Comayagua para estipular las bases de unión entre ambas provincias.

El Congreso de la nueva República debía reunirse en Cedros, con las solemnidades acostumbradas para estos actos.

Los diputados debían prestar el juramento en la Iglesia Parroquial.

Constituido Honduras en estado independiente, su primer jefe, como ya lo hemos dicho, lo era don José Dionisio Herrera.

Se instaló este Congreso el 29 de agosto de 1824, bajo la presidencia de don Pedro Nolasco Arriaga, y se denominó Asamblea Constituyente.

Los desafectos al nuevo orden de cosas hicieron consentir que en este Congreso se iba a atacar a la religión y se vaticinaban siniestros trastornos, insurrecciones y desórdenes. El clero apoyaba esas vociferaciones y las hacía cundir místicamente. Por suerte, esos augurios no se realizaron, porque en los miembros del Congreso no existían semejantes propósitos.

Lo primero que hizo la Asamblea Constituyente fue declarar capital, alternativamente, tanto a la ciudad de Tegucigalpa como a la de Comayagua. Enseguida se sorteó en cuál de estas ciudades debía funcionar primero y le tocó en suerte a la de Tegucigalpa y, al efecto, inmediatamente se trasladó a esta ciudad para continuar en ella sus sesiones, cosa que se verificó el 16 de septiembre del mismo año de 1824.

Al hacerse la elección de diputados, se votó también por los pueblos en favor de las personas que debían ser elegidas para jefe y vice de la República.

El Congreso procedió entonces a abrir los votos y a practicar el escrutinio, y no resultó ninguno de los candidatos con la mayoría absoluta que se requería. El Congreso entonces eligió por jefe a don Dionisio Herrera y de vice a don Justo Milla.

Herrera era natural de Tegucigalpa y pariente de Del Valle, hombre prestigioso y honrado a toda prueba. En 1820, Herrera había sido secretario del Ayuntamiento de esa ciudad, y después, jefe de la provincia hasta el día en que por designación de la Asamblea pasaba a ocupar el puesto para el que acababa de ser designado.

Principió su administración por organizar las rentas; hizo esfuerzos por restablecer las milicias, por organizar la administración de justicia, por fomentar la agricultura, la inmigración y las industrias. Era Herrera un hombre demasiado avanzado para su época. Estaba dotado de un carácter serio, y en el poder se manifestó un verdadero hombre de estado.

La Asamblea facultó al ejecutivo para que nombrara un secretario general que lo ayudara en sus trabajos. Este nombramiento recayó en don Francisco Morazán. Esto ocurrió el 25 de ese mismo mes. Desde esta fecha comienza ya la vida pública de este nuevo hombre que sale a figurar en la escena de Honduras y que fue cruelmente asesinado, después de haber prestado importantes servicios, no solo a este país sino a toda la Federación.

V

En esta situación comenzaron a llegar a Tegucigalpa noticias de que en Europa se pensaba en la reconquista española; que Iturbide había sido pasado por las armas a las 6 de la tarde del 19 de julio de 1824 en la villa de San Antonio de Padilla. A esto se agregaba que los puertos de Omoa y Trujillo serían invadidos por corsarios de Cartagena, y para ello se alistó tropa y se puso a disposición del coronel Arzú, que se dirigía a Nicaragua con el carácter de pacificador. En septiembre de 1825 llegó a la villa de Choluteca; el 10 de octubre a Viejo, y de allí se dio a reconocer como intendente de Nicaragua.

Arzú se constituyó en el campamento de San Juan y pactó con los coroneles don Crisanto Sacasa y Salas que la división auxiliar de Granada regresara a su distrito; que las fuerzas del campamento se retirasen a los pueblos de su procedencia, y que para gobernar Estado se organizará una Junta General, la que se disolvería en cuanto se nombrase diputados. Las fuerzas de Granada y de León obedecieron, y la división granadina evacuó la ciudad y se preparó a auxiliar a la división leonesa, si contra lo convenido era atacada, pero las tropas sitiadoras de Arzú no abandonaron sus posiciones. Se quiso embarazar la retirada de las tropas de Salas y la plaza fue entonces atacada, pero Arzú se puso a la cabeza de sus defensores.

La junta del Viejo desconoció la autoridad de Arzú, y este, en castigo, la declaró rebelde.

El 24 de diciembre de ese mismo año de 1824, se disolvió la Junta del Viejo.

El coronel Sacara había sido herido mortalmente durante el sitio, que duró más de cincuenta días; pero ya Salas se había retirado.

Por supuesto que Tegucigalpa protegía a los independientes de Granada.

Comayagua estaba de parte de Salas y de Sacara que atacaban a León.

El 22 de enero de 1825 la Asamblea Constituyente abandonó la ciudad de Tegucigalpa y se trasladó a Comayagua, a pretexto de que no gozaba de completa libertad en aquella ciudad. Las secciones de la Asamblea se cerraron en ese mismo día.

El jefe Herrera se vio colocado entonces entre las intemperancias de una Asamblea inflexible ante la razón, y por eso la dejó trasladarse a Comayagua, para calmar de este modo los ánimos exaltados por esa determinación inconsulta.

Los dos pueblos iban a entrar en lucha, a pesar de la paz que poco antes habían firmado por conducto de sus respectivos Ayuntamientos.

CAPÍTULO XVI: HONDURAS, ENTRE LA PAZ Y LA OSCURIDAD

I. Regocijo de Comayagua por haberse instalado allí la Asamblea Constituyente. Desacuerdo con el gobernador Herrera y se establece la alternabilidad entre esta provincia y la de Tegucigalpa. Conatos de sublevación en esta última ciudad contra el gobernador Herrera. II. Trabajos que llevó a efecto la Asamblea de Comayagua; el escudo de armas de la República de Honduras. III. Se dicta por la Asamblea la Constitución del 11 de diciembre de 1825 para el Estado de Honduras. IV. Deja de funcionar la Constituyente y se acuerda la formación de la Asamblea Ordinaria, la cual se instaló el 5 de abril de 1826.

I

El 15 de febrero de 1825 se instaló el Congreso en Comayagua en medio de un loco entusiasmo, no faltando por supuesto repiques de campanas, petardos y otros explosivos.

Nicaragua se había tranquilizado ya completamente después de siete meses de completa anarquía.

El Congreso Nacional de Guatemala se había clausurado el 11 de enero de ese año.

Herrera, gobernador de Honduras, manifestó a la Asamblea de Comayagua las razones que tenía para no trasladarse a esa ciudad, las que fueron estimadas como fútiles por la Asamblea y le fijó el plazo de quince días para que emprendiera su marcha. Esto se hacía necesario porque en esa ciudad se había presentado Torrico y Contreras y se temía que alterase el nuevo orden de cosas.

En mayo de ese año, la Asamblea de Comayagua recibió un decreto del Congreso Federal de Guatemala, de fecha del 24 de ese mes, por el cual se declaraba que las Asambleas de los Estados de la Federación no tenían facultad para examinar las resoluciones y providencias emanadas de las autoridades federales.

El 2 de mayo, la Asamblea de Comayagua comenzó a discutir el proyecto de Constitución para Honduras.

El 9 de febrero se instaló de nuevo el Congreso Federal de Guatemala.

La Asamblea Constituyente recibió del Congreso Federal una nota en la que se le invitaba a que se trasladara a un punto central, para cortar las animosidades que existían entre Tegucigalpa y Comayagua. El asunto se discutió con calor y, al fin, se resolvió contestar que la Constituyente continuaría sus trabajos en Comayagua hasta la conclusión de sus sesiones, ósea hasta que dictara la Constitución que estaba elaborando para Honduras, cuyo trabajo estaba ya bastante adelantado, y que después de esto, es decir, las siguientes asambleas ordinarias alternarían un año en Comayagua y otro en Tegucigalpa, y que el jefe del Estado y el Consejo Representativo observarían la misma alternativa, residiendo por todo aquel año donde funcionara la Asamblea.

Esta orden alternativa solo podría quebrantarse en caso de peste contagiosa, guerra, hambre o insurrección, debiendo esta ley tenerse por constitucional, la que, por otra parte, no se podría reformar ni revocar por todo el tiempo que existieran los motivos que habían obligado a dictarla, siendo necesario las dos terceras partes de los votos de los diputados, para calificar los fundamentos que pudieran hacerla variar o revocarla.

En Nicaragua, entre tanto, corría a torrentes la sangre de sus hijos a causa de los jefes Cerda, que mandaba en Managua y Arguelles en León.

Herrera mandó poner sobre las armas 300 hombres.

En Tegucigalpa, el comandante don Ignacio Córdova y el alcalde 1° de Guadalupe, que lo era un señor Lagos, querían sublevarse contra Herrera, su pretexto de que se oponía a las leyes generales. Herrera situó gente en Tegucigalpa y en una proclama que dirigió a ese pueblo les decía que tuvieran confianza en sus procedimientos, y que sus antecedentes eran testigo de sus actos, y al mismo tiempo mandó a su secretario general don Francisco Morazán para que pasara a Tegucigalpa a calmar la excitación del pueblo, que pretendía separarse del Gobierno de Comayagua.

Don Ligorio Moncada reemplazó entre tanto a Morazán en su puesto de secretaria general.

La Asamblea, por su parte, dictó también varios decretos para conservar el orden público.

Lagos y Córdova fueron puestos en prisión, y con esto todo quedó tranquilo.

II

La Asamblea, el 28 de junio de ese año de 1825, hizo la demarcación de la República en siete departamentos, que fueron Comayagua, Tegucigalpa, Gracias, Santa Bárbara, Yoro, Olancho y Choluteca, la que se reformó el 9 de diciembre de 1834 por la Asamblea extraordinaria y redujo a cuatro los departamentos en esta forma: Comayagua, a quien se le unía el partido de San Pedro Sula; Gracias, al que le anexaba el de Santa Bárbara; Tegucigalpa, que le anexaba el de Choluteca; y, por fin, el de Olancho, que le daba el de Yoro, reforma que no tuvo ningún efecto.

El 28 de mayo de 1869 se crearon tres nuevos departamentos, que fueron el de Copán, el de La Paz y el de Paraíso.

En 1872 se erigió el departamento de Choluteca, otro con el nombre de La Victoria, siendo su capital la ciudad de Nacaome, pero tuvo poca existencia. Se formaron también los departamentos de las Islas de la Bahía y la Mosquitia.

El 19 de diciembre de 1881 se le quitó Trujillo a Yoro y con este y la Mosquitia se formó un nuevo departamento, que se llamó Colón y se le dio por capital a Trujillo.

La misma Asamblea Constituyente convocó para el 15 de noviembre de 1825 a la primera Asamblea Ordinaria del Estado, con arreglo al decreto que había dado el 5 de mayo de 1824, y con este objeto se mandan practicar elecciones. Igualmente mandó la Constituyente, en ese mismo año, crear un Consejo Representativo, compuesto de cuatro consejeros propietarios y dos suplentes.

Facultó al ciudadano don José Cecilio del Valle para que levantara n empréstito de un millón y medio de pesos, hipotecando las rentas de Honduras, lo que verificó con la casa de Birí, pero las cantidades no fueron entregadas en los plazos convenidos en el contrato.

La Asamblea aprobó el presupuesto de gastos de Honduras para 1826, el cual ascendió a 79,294$.

Se recibió por este tiempo en Honduras un decreto dictado por el Congreso Federal de Guatemala, que lleva fecha del 16 de junio de 1826, por el cual se mandaba abrir un canal en el istmo de Nicaragua que comunicara con los dos mares, es decir, con el Atlántico y el Pacífico, para la navegación de buques del mayor porte posible.

Este pensamiento, que era tan antiguo como el descubrimiento de Centroamérica, puesto que Gil González Dávila, en 1522, fue el primero que recorrió con este objeto la costa occidental de Nicaragua, renacía ahora después de tantos años con el mismo entusiasmo con que lo acarició el conquistador español.

Como prueba de la visión de los conquistadores y de los gobernantes de la antigua República Federal, citamos el hecho de que, a estas mismas horas, casi en los principios del siglo XX, la gran República del Norte se ocupa en preparar los medios para la apertura del Canal de Nicaragua.

El Estado de Honduras, así como los demás que formaban la Federación, tenían que contribuir al sostenimiento del Gobierno General. Le tocó en ese reparto hacerlo con 27,633$ reales, fuera de otro reparto para saldar el importe de gastos atrasados que era de 181,248$ cuatro reales, que se debía distribuir según la población y riqueza de cada Estado. Además, tenía que contribuir a la fuerza permanente de la Federación, y para esto le tocó enviar 150 hombres en el plazo de 90 días.

La Asamblea Constituyente de Comayagua dictó el 3 de octubre de 1825 la forma del escudo de armas de la República, ordenando que fuera un triángulo equilátero. En su base debía aparecer un volcán entre dos castillos, entre los cuales debía levantarse el arco iris que cubre el gorro de la libertad esparciendo luz. El triángulo debía estar sobre un terreno que aparezca bañado por ambos mares, y en torno de él se debía escribir con letras de oro: «Estado de Honduras de la Federación del Centro» La parte superior del escudo debería ser cubierta con los cuernos de la abundancia unidos con un lazo, descansando sobre una cordillera de montañas, en las que aparecerán las minas, una barra, un barreno, una cuña, una almádana y un martillo.

III

En fin, después de siete meses y nueve días de discusión, se dictó por la Asamblea Constituyente de Comayagua la Constitución de la República el 11 de diciembre de 1825. Ella iba firmada por seis diputados únicamente, que lo eran don Manuel Jacinto Doblado, diputado por Yoro y vicepresidente de la Constituyente; don José María del Campo, diputado por Nacaome; don José Rosa de Izaguirre, diputado por Santa Bárbara; don Ángel Francisco del Valle, diputado por Cantarrana; don Miguel Rafael Balladares, diputado suplente por Tegucigalpa y secretario. La mandó promulgar el jefe señor Herrera y la autorizó don Francisco Morazán, como secretario general del Gobierno Supremo del Estado.

Costa Rica dictó su primera Constitución Política el 22 de enero de 1825. El Salvador y Guatemala ya se habían dado sus códigos fundamentales.

El jefe del Estado, señor Herrera, pasó al salón de las sesiones de la Asamblea y la juró. La mandó circular a todas las autoridades del Estado para que la hicieran jurar el día festivo más inmediato al de su recibo, y con esto la Asamblea cerró sus sesiones el 12 de diciembre, después de quince meses y catorce días, celebrando en este tiempo 285 sesiones.

La Asamblea de Guatemala cerró sus sesiones el 12 de noviembre de 1825, y el primer Congreso Federal terminó sus sesiones el 25 de diciembre de ese mismo año. La Constitución de Honduras consta de 97 artículos. Divide los poderes del Estado en Legislativo, Ejecutivo y Judicial. Se consagra la libertad de imprenta, el derecho de petición y se declara que el Gobierno es popular representativo, siendo la religión del Estado la católica, con exclusión de cualquier otro culto.

El Poder Legislativo reside en una Asamblea del Estado, compuesta de once diputados y establece las atribuciones de este cuerpo. Mandó formar un Consejo Representativo compuesto de un representante por cada departamento, estableciendo además sus atribuciones.

El Poder Ejecutivo reside en un jefe nombrado por todos los pueblos que componen el Estado y le determina su esfera de acción.

En cuanto al Poder Judicial lo forma de una Corte Suprema de Justicia, compuesta de un presidente, dos ministros y un fiscal, los cuales se elegirán popularmente, renovándose por mitad cada dos años. Crea jueces inferiores que se llaman de 1a instancia.

Se establecen garantías para los ciudadanos.

Los departamentos son regidos por jefes políticos o intendentes. Crea municipalidades y en fin organiza todos los servicios.

Esta Constitución duró hasta que la Asamblea Constituyente dictó la del 11 de enero de 1839. Esta feneció por la Constitución que se dio por otra Asamblea Constituyente el 4 de febrero de 1848.

Después vino la dada por el Congreso Nacional Constituyente el 28 de septiembre de 1865, que feneció por la que dio otro Congreso Constituyente el 23 de diciembre de 1873.

Por fin, hoy día rige la que dictó la Asamblea Nacional Constituyente el 14 de octubre de 1894.

Ha tenido, pues, Honduras seis constituciones. No son menos las que se han dado los otros Estados de Centroamérica.

IV

La constitución de 1825 fue recibida con general aplauso. Honduras disfrutaba de tranquilidad, y todas sus autoridades habían entrado en pleno ejercicio de sus funciones, pero no obstante, no se pudo constituir la Corte Suprema de Justicia.

El Estado quedaba pues reorganizado; había establecido su derecho público y Herrera seguía al frente del poder con ventajas para el país.

La división militar que se había levantado en Honduras se disolvió porque ya no tenía razón de ser desde que todo se regía por el miso código que se acababa de poner en vigencia,

Todo, pues, auguraba días felices a Honduras. Tocaba ahora reunirse la Asamblea Ordinaria, que ordenaba la nueva Constitución.

La convocatoria la había hecho la Asamblea Constituyente el 28 de julio de 1825. Las elecciones se practicaron y la Asamblea Ordinaria se instaló el 5 de abril de 1826, con ocho diputados.

El jefe señor Herrera pronunció un notable discurso de apertura de este Congreso. En él enumeró las fuentes de riqueza que poseía la Nación. Manifestó los vacíos que se notaban en las leyes que se habían dictado hasta entonces y, en fin, indicó el camino que debía seguirse en lo futuro.

El Consejo Representativo, que era lo que hoy se llama Senado, se instaló el 6 de ese mes y año, bajo la presidencia del ciudadano don Francisco Morazán.

Secretario general se nombró a don Liberato Moncada en reemplazo de Morazán que dejaba ese cargo. Fueron designados consejeros de Estado don Jon Miguel Fiallos, don Francisco Morazán y don Ciriaco Velázquez.

Con este acto cesó la tranquilidad en Honduras. Negras nubes indicaban que la bonanza anterior era el presagio de una fuerte tempestad que se desencadenaba sobre la República.

CAPÍTULO XVII: GOLPE A DIONISIO DE HERRERA

I. La Asamblea Ordinaria y el Consejo Representativo entran en lucha. El canónigo Irías se declara enemigo del jefe político, señor Herrera. II. El presidente Arce de Guatemala protege a los insurrectos de los demás Estados de Centroamérica contra las autoridades constituidas y apoya al clero y al os imperialistas en sus revueltas. III. Milla invade a Honduras y captura a Herrera y lo manda preso a Guatemala. Intrigas de Milla; su derrota y conducta de los conservadores en los Estados de Centroamérica.

I

La Asamblea Ordinaria iba a entrar en choque con el Consejo Representativo. Le iba a tocar su turno al jefe del Estado, señor Herrera, que era un hombre de talento, buen patriota y digno mandatario.

La Asamblea mandó abrir tertulias políticas con el objeto de uniformar las opiniones en las provincias. Igualmente ordenó que se enseñara la Constitución del Estado en las escuelas primarias.

Entre los miembros de esta Asamblea figuraba el canónigo don Nicolás Irías, de quién ya antes hemos hablado, quien en la sesión de 17 de abril de 1826, pidió que se mandaran practicar elecciones de jefe y vicejefe del Estado, ya que el primero, que lo era el señor Herrera, había sido nombrado interinamente según la ley del 25 de mayo de 1824, y el segundo había hecho su renuncia desde el 7 de enero de ese año de 1826.

La Asamblea se dividió entonces en dos partidos. Uno defendía la legitimidad del Gobierno del señor Herrera y otro que pedía elecciones. No faltaban quienes argumentaran diciendo que con la publicación de la Constitución había también expirado su nombramiento.

La Asamblea contestó al Senado, que lo era el Consejo Representativo según la nueva Constitución, que no era de sus atribuciones aconsejar a la Asamblea ni tampoco interpretar las leyes.

El jefe del Estado, señor Herrera, para obrar más legalmente, tuvo a bien consultar al Consejo Representativo, o sea al Senado, lo que debía resolver en vista de la orden de la Asamblea.

El Senado no sancionó la ley de la Asamblea que llamaba a elecciones con el objeto antes indicado, es decir, para elecciones de jefe y vicejefe de la República.

El Consejo entró en lucha contra la Asamblea, la que llegó al conocimiento del Gobierno Federal, quien le aconsejó que reconsiderase esa ley; pero la Asamblea insistió, no obstante, y el Senado al fin aprobó la orden para nuevas elecciones, dándose así por vencido en esta cuestión.

El diputado Irías, que era enemigo mortal de Herrera, imperialista y aristócrata, gritaba en las sesiones diciendo que el señor Herrera era un usurpador del poder.

Herrera hizo entonces su renuncia del cargo; pero la Asamblea, fundada en que no había número para formar Congreso, nada resolvió respecto a la citada renuncia del señor Herrera.

Llegaron también los diputados por Santa Bárbara, Olancho, Choluteca y Llanos de Santa Rosa.

Don Juan Lindo, que venía a representar al departamento de Choluteca, se adhirió al grupo opositor al Gobierno. Pidió la disolución del Senado por no estar representados todos los departamentos en ese cuerpo.

II

En Guatemala también la anarquía se presentaba. Arce, que gobernaba allí, pretendía centralizar el poder y se apartaba de la federación.

El Salvador, que había protegido a Arce, y que antes le había prestado auxilio, no quiso apoyarlo en sus proyectos.

Don Juan Vicente Villacorta se había retirado de la jefatura de El Salvador y había asumido el mando el vicejefe don Mariano Prado.

Arce, en venganza porque no se secundaban sus proyectos, comenzó por proteger a los descontentos de los Gobiernos de los demás Estados.

Se formó una liga entre Arce, el arzobispo Casanova y el provisor Irías para derrocar a Herrera. Arce entonces convocó para un Congreso Extraordinario para el 10 de octubre de 1826, el cual debía reunirse en la villa de Cojutepeque en el Estado de El Salvador, para cambiar las instituciones y establecer un sistema central unitario. Era esto un golpe de Estado que quería dar el sátrapa de Guatemala; pero felizmente los Gobiernos de Honduras, El Salvador y Nicaragua no se dejaron engañar y rechazaron la medida. Con eso comenzó la lucha entre el Gobierno General y los Estados.

Herrera convocó a la Asamblea que se había disuelto el ocho de ese mes, para que tomase conocimiento del decreto de Arce.

Entre tanto, el vicario Irías seguía moviendo los ánimos apoyado por Arce, quien, para secundar los proyectos revolucionarios, nombró comandante local de Tegucigalpa al teniente coronel don José Ignacio Córdova. El jefe Herrera, viendo que esto era un abuso, lo acusó al Congreso Federal.

La revolución iba, pues, a estallar. La noche del 5 de octubre una pandilla de descamisados y descontentos quiso apoderarse del cuartel de la capital, con el objeto de deponer a Herrera. El plan se frustró y sus autores se fugaron a la ciudad. Al pueblo le habían hecho creer los clericales, y entre estos Irías, que Herrera era hereje, masón y enemigo de la iglesia. Más tarde, ese pueblo ignorante y fanático le quemó su rica biblioteca, que estaba compuesta de obras en francés, solo porque se decía que eran libros herejes. Esto da la medida del embrutecimiento a que habían arrastrado las sotanas a este pueblo y de lo que son capaces los odios de los hombres de sacristía.

El señor Vallejo dice que una bandada de frailes y de sacerdotes se vio en esa época por todas partes, incitando a los pueblos a la anarquía y al desorden.

En la noche del 1° de noviembre de ese mismo año de 1826, se dispararon tiros por las ventanas de la calle al interior de la casa del señor Herrera, poniendo en peligro no solo su vida sino también la de su esposa e hijo. Lo que se quería era asesinar a Herrera, y no logrado su intento, huyeron los culpables en el acto de Comayagua. Vino enseguida la excomunión del vicario Irías, que gobernaba el obispado de Honduras en sede vacante por haber fallecido el obispo, so protesto de que Herrera se había echado sobre bienes de la iglesia.

Tantas infamias surtieron algún efecto: los departamentos de Santa Bárbara y Gracias desconocieron la autoridad de Herrera. En esta situación Arce, que protegía al vicario y que se había asilado en el pueblo de Erandi, invade a Honduras por medio del coronel don Justo Milla, que iba a cargo del batallón número 2 Federal, so protesto de custodiar unos tabacos que existían en Los Llanos, todo lo cual era solo por proteger a Irías y operar un cambio en la política, puesto que aquella villa distaba 60 leguas, por lo menos, de Comayagua. Al mismo tiempo, hace invadir a El Salvador por tercera vez, y la guerra civil aparece en el acto con todos sus horrores, solo por las intrigas de Arce, que quería desorganizarlo todo por su ambición desmedida.

III

El coronel Milla llegó a Comayagua el 4 de abril de 1827. Estableció su cuartel general en la iglesia de San Sebastián. La plaza estaba resguardada por trincheras mal hechas, y la fuerza de Herrera estaba a cargo de un tal Fernández, que en 1832 fue fusilado en Omoa por traidor. Los sitiadores se defendieron con bravura. Milla quiso saquear y quemar la parte de la ciudad que no estaba defendida.

La fuerza sitiadora se aumentaba a medida que disminuía la sitiada. Por otra parte, los víveres faltaban y muchas veces era mayor la sangre que se derramaba que el agua que se tomaba en el río defendido por las tropas del coronel don Justo Milla.

El cobarde jefe Fernández, haciendo traición a Herrera, rindió la plaza el 9 de mayo de ese año de 1827, después de 36 días de sitio por medio de una capitulación en que se le conservaba su empleo, siendo que Milla no había podido obtener ninguna ventaja durante el sitio y entregó a Herrera a merced del vencedor como prisionero de guerra.

El auxilio que había enviado el vicejefe de El Salvador llegó ya tarde a Honduras, y esa fuerza no era tampoco bastante por si sola para batir a los que habían quedado victoriosos por la traición de Fernández. Milla derrotó la tropa salvadoreña el 28 de septiembre en Sábana Grande, territorio hondureño.

Los partidarios de Herrera huyeron auxiliados por el jefe de la fuerza salvadoreña que se retiró a Nicaragua. Entre estos iban Morazán y los coroneles Díaz, Márquez y Gutiérrez. En la villa de Choluteca estas personas se separaron del jefe de la fuerza y pidieron garantías al coronel Milla para poder permanecer en Honduras, quien, accediendo a este deseo, les envió pasaportes por el correo que había llevado la solicitud de ellos. Morazán se dirigió al pueblo de Ojojona, donde estaba su familia, pero diez horas después de estar allí se le redujo a prisión por el teniente Salvador Landaverri, de orden del mayor Angoviano, comandante local de Tegucigalpa, y fue conducido a esa ciudad. Se le encerró en la cárcel pública, a pesar de haber exhibido los pasaportes y licencias de Milla, y bajo cuya palabra se había quedado con su familia, creyendo que no se le molestaría en lo sucesivo.

A los 23 días de estrecha y dura prisión, pudo Morazán fugarse de la cárcel y dirigirse a la ciudad de San Miguel. De allí pasó a León de Nicaragua en busca de auxilios para volver sobre Honduras.

Desgraciadamente, esa República estaba en guerra con el jefe Cerda y el vicejefe Argüello. Prado envió a don José Mariano Vidaurre en calidad de comisionado de El Salvador y Nicaragua para procurar un avenimiento. Morazán encontró al comisionado en el puerto de La Unión y de la conferencia que tuvieron quedó arreglado que Vidaurre procuraría que Nicaragua le diera auxilios contra Milla.

El coronel Ordoñez, que llegó preso a León, formó una revolución contra el vicejefe Argüello y lo depuso, y se le dio entonces a Morazán el auxilio que solicitaba contra Milla. Juntó entre jefes y soldados 135 hombres. En Choluteca recibió el auxilio que le mandó el Gobierno de El Salvador. La división era ya respetable.

Arce, que era el presidente de la Federación y que residía en Guatemala depuso al jefe de ese Estado, don Juan Barrundia y lo redujo a prisión. Llevó la guerra a los demás Estados y se hizo ciego instrumento de la aristocracia para colocar en los Estados de la Federación jefes de su amaño que le obedecieran ciegamente.

Herrera se encontraba también preso en Guatemala, a donde Milla lo había enviado después de la traición de Fernández, el 10 de mayo de 1827.

Tegucigalpa había sido ocupada por una fuerza de 200 hombres que mandó Milla a cargo del mayor Anguiano, con orden de perseguir a todos los patriotas que habían estado de parte de Herrera.

Milla convocó a los pueblos para que hicieran elección de jefe del Estado de Honduras y de consejeros y diputados para la Asamblea Ordinaria y para que se formasen las autoridades locales, tal como se lo había ordenado el presidente Arce.

El Congreso se instaló el 13 de septiembre de 1827 bajo la presidencia de don Juan Fernández Lindo. Los diputados eran todos hombres de sacristía.

De las elecciones hechas resultó jefe del Estado don Jerónimo Zelaya, que se fue a funcionar en Santa Bárbara. Vicejefe lo fue don Miguel Bustamante; secretario general lo fue don José León Ríos.

El 15 de septiembre la Asamblea conservadora declaró que Herrera había dejado de ser jefe desde el 18 de agosto de 1826.

Entonces se supo que fuerzas de El Salvador venían en protección de las de Honduras. El Congreso dio facultades extraordinarias al nuevo Gobierno para que juzgara militarmente a los que venían con esa tropa. Milla se echó sobe los bienes de las iglesias, so protesto de sacar recursos para atacar a sus enemigos.

El provisor Irias, que tantos males causó a Honduras, se apoderó de todas las alhajas de oro y plata de la catedral de Comayagua en 1826 y las trasladó al establecimiento de Belice, las que jamás devolvió. El valor de esto era considerable, pues se llevó en cargas la plata labrada.

El ejército restaurador de Morazán, y las tropas de Milla que eran las conculcadoras de la liberta y de los derechos de un Estado libre y soberano, se encontraron en el campo de la Trinidad, el 10 de noviembre de 1827 y fueron batidas completamente, dejando en poder de los vencedores los elementos de guerra que había acumulado y la correspondencia oficial.

Este triunfo lo obtuvo la vanguardia de las topas restauradoras de Morazán, distinguiéndose brillantemente los coroneles Pacheco, Balladares y Remigio Díaz, que era el jefe de las fuerzas salvadoreñas y leonesas.

Con la derrota de Milla cayó el jefe Zelaya y concluyó el Congreso de los sacristanes y entró a gobernar el Estado el jefe vencedor, don Francisco Morazán, que era un liberal de corazón.

El Consejo se reunió en Comayagua y encargó a Morazán del Ejecutivo con arreglo a la ley, en concepto de consejero, por no haber jefe ni vicejefe del Estado.

Arce dice que la derrota de Milla se debe a no haberse apoderado del departamento de San Miguel, donde habría sido secundado con tropas y recursos, porque allí todos eran afectos a la Federación. Al llegar Milla a Guatemala, Arce lo hizo someter a consejo de Guerra y, aunque fue absuelto, no por eso dejó de causar inmensos males a Honduras, a quien se le quiso hacer tributaria del tirano Arce, que por desgracia mandaba en el cacicazgo de Guatemala, y este pueblo lo toleraba, a pesar de que él era la causa de todos los males que afligían los Estados que formaban la Federación.

Morazán se dedicó enseguida a levantar un ejército con el que, algún tiempo después, venció en las llanuras de Gualcho y preparó los triunfos sucesivos que lo elevaron a presidente de la Federación y lo hicieron por diez años árbitro de sus destinos.

CAPÍTULO XVIII: UNA ESPADA DE ORO PARA EL ASESINO DE MORAZÁN

I. El general Morazán; sus triunfos y sus servicios en favor de la Federación Centroamericana. II. Morazán es nombrado jefe del Estado de Honduras; la capitulación en Vueltas del Ocote. III. Morazán es nombrado presidente de la Federación; su trágico fin en Costa Rica; sus honores póstumos.

I

Morazán nació el 3 de octubre de 1792 en Tegucigalpa.

Había sido secretario general y presidente del Consejo. Su fama de militar valiente y entendido la había adquirido derrotando a Milla en Trinidad, a Domínguez en Gualcho, a Aycinena en San Antonio, a Pacheco en San Miguelito y a Prado en Charcas.

No era pues un hombre desconocido en la política de su país y en todo Centroamérica.

Le vemos ahora de jefe del Estado de Honduras.

En junio de 1828 tomó en persona el mando de las tropas del Estado que gobernaba y de Nicaragua.

Don Diego Vijil como vicejefe provisorio quedó a cargo del Gobierno de Honduras.

Arce no se conformó con la derrota de Milla, y entonces mandó sobre Honduras al coronel don Vicente Domínguez, hombre capaz de cometer toda clase de crímenes. Llegó a San Miguel después de haber batido una división salvadoreña en Quila, el 13 de abril de 1828. El 25 del mismo mes obtiene otro triunfo en Goascorán. El departamento entero de San Miguel fue sometido al Gobierno Federal de Guatemala, que lo ejercía el vicepresidente Beltranena.

Para comprender cómo Domínguez comenzaba la campaña, nos basta decir que el general Medina se iba a Guayaquil en un buque de vela con bandera colombiana. Hubo de arribar el buque al puerto de la Unión perteneciente a San Miguel en el Estado del Salvador. Domínguez lo supo e hizo sacar a Medina y lo fusiló cruel e inhumanamente en esa ciudad. Así comenzaba Domínguez la campaña contra Honduras.

Morazán estableció un cuartel general en Texiguat y organizó una división hondureña y nicaragüense con bastante dificultad, porque

Milla todo se lo había robado, y se marchó a San Miguel en medio de una estación lluviosa. Domínguez tenía toda clase de recursos y estaba al frente de una tropa veterana. Avanzó y se colocó en el pueblo de Chinameca.

Morazán se situó en la hacienda del Gualcho, esperando que mejorase el tiempo. Domínguez se encontraba a una legua de esa hacienda. Tuvo el jefe hondureño que aceptar la batalla, a pesar de las ventajosas posiciones de Domínguez y de la superioridad de sus fuerzas. Hizo avanzar a sus cazadores sobre el enemigo, y después rompió el fuego a medio tiro de fusil. El heroísmo de los soldados hondureños fue espantoso: el fuego se hizo general, y por fin la artillería decidió la victoria en favor de Morazán. Los salvadoreños, mandados por el coronel Ramírez, llegaron a tiempo para perseguir a los dispersos del brillante ejército de Domínguez, que iba en completa derrota. La victoria de Gualcho, dada el 6 de julio de 1827, cubrió de gloria a esa tropa que defendía sus más sagrados derechos. Los sostenedores del imperio mexicano estaban perdidos esta vez.

Cuando en México se supo del movimiento de Ramírez para ir a unirse a Morazán, se hizo marchar al coronel Prado en su persecución; pero no pudo darle alcance, y al saberse la derrota de Domínguez en Gualcho salió el mismo Arzú a campaña, dejando a Montufar en su lugar. Todos se unieron a orillas del río Lempa y todos marcharon unidos contra Morazán, que ya estaba en San Miguel; pero este, más ligeros que aquellos, se marchó a Honduras para reclutar nuevas tropas y volver sobre El Salvador.

Arzú regresó a Guatemala bajo el pretexto de enfermedad, y en su lugar dejó al teniente coronel Aycinena. Este jefe hizo mover sus tropas en dirección al territorio hondureño y las cortó Morazán en la hacienda de San Antonio, en donde Aycinena capituló con fecha del 9 de octubre de 1828. El territorio quedó libre de enemigos y Morazán entró en triunfo el 23 del mismo mes a la plaza de San Salvador.

Después de tomar el descanso necesario, marchó Morazán sobre Ahuachapán para organizar el ejército con que se proponía invadir a Guatemala para derrocar al presidente de la Federación. Una vez que estuvo en actitud de obrar, envió una división a las órdenes de don Juan Prem y de don Enrique Tenelonga a invadir el territorio guatemalteco y apoderarse de Chiquimula, orden que fue ejecutada a pesar de la resistencia del enemigo. Mandó situar una fuerza de 300 soldados sobre Guatemala al mando del coronel Gutiérrez para obligar al enemigo a salir de las trincheras y provocar la deserción de la tropa.

El coronel Domínguez había salido de Guatemala a atacar a Prem, que se hallaba en Zacapa, pero al tenerse noticias de la invasión y de la poca fuerza de Gutiérrez, salieron de la plaza 500 hombres de infantería y 100 dragones a atacarle, y de esta ocasión se aprovechó Prem para moverse de Zacapa sobre Domínguez, a quien derrotó en el lugar llamado Guastatoya el 15 de enero. Al saberse esta acción de armas, las tropas que se habían movido para atacar a Gutiérrez retrocedieron a Guatemala. Prem recibió orden de marchar con 1,400 hombres que tenía a sus órdenes y ocupar el puerto de San José, distante solo siete leguas de Guatemala.

Poco después llegó a noticias de Morazán el pronunciamiento de la antigua Guatemala, ocurrido el 22 de enero de 1829 contra el Gobierno, y esto le obligó a invadir, a su vez, el territorio de Guatemala con los 2,000 hombres que tenía bajo sus órdenes y que formaban el Ejército protector de la ley. Situóse a fines de enero en Pínula, a tres leguas de Guatemala, y de este lugar pasó a establecerse al punto ventajoso de la hacienda de Aceituno. El 5 de febrero hubo un tiroteo entre salvadoreños y guatemaltecos por la Garita del Golfo, de donde fue rechazado después de un serio combate.

El Gobierno de Guatemala dispuso, con fecha del 15 de febrero de 1829, que el coronel Pacheco saliese con una columna a atacar las tropas de Morazán que se hallaban establecidas en Mixco, a las inmediatas órdenes del coronel don Cayetano de la Cerda. Pacheco sorprendió a aquellas tropas y las derrotó completamente el 18 de febrero de ese año, por cuyo motivo se dio a aquel pueblo el título de Villa de la Victoria.

Morazán entonces concentró sus fuerzas y marchó a la antigua Guatemala. De este lugar mandó al coronel español don Manuel Imarna sobre Quetzaltenango para atacar al coronel don Antonio José de Irizarri, que obraba por Los Altos y se había hecho odioso a los pueblos de aquel departamento por sus constantes exacciones y por la dureza de su carácter. Los pueblos sublevados hicieron a Irizarri prisionero, y Morazán dispuso que fuera conducido en calidad de tal a San Salvador.

A principio de marzo salió de Guatemala el coronel Pacheco al frente de su tropa para ir a atacar a Morazán, y en San Miguelito tuvo un encuentro con las que mandaba Torrelonge el 6 de marzo.

Auxiliado muy oportunamente por los dragones del coronel don Doroteo Corzo, derrotó completamente a Pacheco. Para perpetuar la memoria de este triunfo se dio a San Miguelito el título de San Miguel de Morazán.

Morazán volvió a ocupar sus posiciones cerca de Guatemala, y le salió al encuentro en las llanuras de Las Charcas el coronel Prado, a quien también derrotó el 15 de marzo de 1829. Hizo muchos muertos y persiguió al enemigo hasta cerca de las fortificaciones de la ciudad. Este segundo descalabro de las tropas federales fue más considerable que el de San Miguelito, debido al sistema adoptado en Guatemala de tomar siempre la ofensiva sobre los sitiadores, sistema que, por consiguiente, aceleró la rendición de Guatemala, capital de la República y de mucho de los serviles conservadores e imperialistas, y causa de la desgracia de todos los pueblos que componían ese Estado y que se habían apartado del Gobierno por las ambiciones de Arce.

Por fin, el jefe del Estado Mayor de Guatemala, don Mariano Aycinena se vio obligado a capitular el 12 de abril de 1829, y al siguiente día fue ocupada 1 aplaza por las tropas de Morazán. Se redujo a prisión a Arce, que era el presidente de la República Federal; al vicepresidente don Mariano Beltranena; al jefe del Estado Mayor, Aycinena y a otros funcionaros de alta graduación en lo civil y militar.

Don Juan Barrundia volvió entonces a hacerse cargo de las funciones de jefe de Guatemala. Después pasó a ejercer la presidencia de la República.

La asamblea de Guatemala, con fecha del 30 de abril, expidió un decreto por el cual declaraba al general Morazán benemérito de la patria y le condecoró con una medalla de oro.

Por otro decreto fue condecorado el virtuoso y activo ciudadano don Mariano Prado, vicejefe del Estado de El Salvador.

II

El 15 de marzo de 1829 Morazán fue nombrado por el Congreso de Honduras jefe del Estado. Este mismo Congreso, con fecha del 27 de marzo de 1829, declaró que toda resolución emanada de la Santa Sede no tendría ejecución en el Estado de Honduras sin el previo pase del Gobierno.

El 1° de abril de este año, Costa Rica resume la plenitud de su soberanía mientras se restablecen las autoridades federales, lo que se verificó en enero de 1831.

Con motivo de la insurrección del departamento de Olancho y de la guerra intestina que devoraba a Nicaragua, salió Morazán de Guatemala en octubre y llegó a Tegucigalpa a fines de noviembre.

El 2 de diciembre, la Asamblea, que extraordinariamente se había reunido, le dio posesión de la jefatura.

Dos días después, dirigió a los pueblos del Estado un manifestó concebido en términos muy bondadosos y al mismo tiempo enérgicos.

Como la guerra de Olancho se encendía cada día más, Morazán depositó el mando el 24 de ese mismo mes en el consejero don Juan Ángel Arias.

A principios de enero de 1830, Morazán ocupó a Juticalpa y, poniendo en juego todos los medios diplomáticos de que podía disponer, logró que los facciosos capitulasen en las Vuelta del Ocote el 21 de ese mes, y con esto quedó pacificado el departamento de Olancho. Morazán regresó a Tegucigalpa, y el 22 de abril vuelve a hacerse cargo del Gobierno.

El 1° de marzo del mismo año, el Estado de El Salvador decretó la supresión de los conventos de regulares, a causa de que todos los frailes eran partidarios del régimen imperialista, y, por lo tanto, contrarios a todo Gobierno liberal que se trataba de implantar.

Morazán, después de la capitulación de Guatemala, otorgó libertad a los prisioneros de inferior graduación. Los otros se envían a Panamá.

El coronel Irizarri se fue a Chile, con su hijo don Hermógenes, que fue un distinguido poeta. En Chile, el señor Irizarri prestó al Gobierno de O'Higgins algunos servicios, como ser la contratación del primer empréstito que hizo Chile en el extranjero a cuyo fin se le envió a Europa.

En septiembre de 1829, el Gobierno Federal tuvo noticias que los vencidos en Guatemala trabajaban en Cuba, especialmente por lograr la restauración del Gobierno español en Centroamérica. El Congreso Federal dictó entonces un decreto cerrando las puertas del comercio español en toda la América Central,

A fines de este año de 1827 se comenzó a alterar en Honduras y en Nicaragua la paz de la República. El general Domínguez, burlando el decreto que lo había expulsado, se presentó en Trujillo apoyando una restauración conservadora. El general Morazán, encargado nuevamente de la pacificación del país, volvió a San Salvador, y con la tropa que allí se le facilitó, hizo huir a Domínguez de Trujillo y emigró a Belice, establecimiento inglés.

En mayo de 1830, en unión de Fermín Parra, provocó otro movimiento revolucionario en los pueblos de Jano y Leguat, pero, perseguidos por el capitán hondureño, don Concepción Cardoza, fue capturado Parra y Domínguez fue a ocultarse en las montañas.

III

Morazán había pues dado la tranquilidad a todos los Estados de Centroamérica. Se le llevó entonces a la Presidencia de la República y, para hacerse cargo de este alto puesto, llegó a Guatemala el 14 de septiembre de 1630, en donde fue recibido con los honores del triunfo. El 16 tomó posesión de su elevado puesto con las ceremonias acostumbradas.

La Asamblea Ordinaria de Honduras funcionaba entonces sin inconveniente alguno.

El 25 de mayo de ese año dictó una ley en la que se declaraba que los hijos de los clérigos, ordenados in sacris, eran herederos forzosos de ellos. Esta ley fue derogada en 1831; pero se puso en vigencia nuevamente el 13 de febrero de 1833. Ella no fue más que una imitación de la que con igual objeto se había dictado en Guatemala en julio de 1826, pero que no fue sancionada por no haberle prestado su aprobación el Consejo, ósea el Senado.

La misma legislatura de Honduras, con fecha del 27 de mayo de 1830, declaró que los eclesiásticos seculares del Estado podían contraer matrimonio libremente, lo mismo que cualquiera otro ciudadano. Esta ley, por su propia naturaleza, fue de corta duración, y se derogó poco tiempo después de su vigencia, no sin que, antes de su caducidad, dejaran de aprovecharse de ella dos individuos del clero. Pero lo más notable fue que esta ley se presentó y gestionó su aprobación por el que entonces funcionaba como gobernador eclesiástico del obispado de Honduras.

En 1831, el expresidente Arce invadió al Estado de El Salvador por el distrito de Soconusco. Luego fue tomado Trujillo y el Castillo de Omoa por don Ramón Guzmán, en la noche del 21 de noviembre de ese año, con 200 hombres, por haberse rebelado contra el Gobierno Nacional.

Este levantamiento no era aislado. Los sublevados estaban en inteligencia con los de Guatemala, que por la misma época se habían insurreccionado, con el objeto de derrocar la administración que en 1827 se había organizado por Morazán.

Los rebeldes de Omoa pidieron auxilio al gobernador de Cuba para mantenerse en esa posición y celebraron un acuerdo por el que se declaraban súbditos del rey de España, cuyo pabellón enarbolaron en el castillo el 10 de agosto de 1832. Mas apresada la goleta Ejecutivo, que de Cuba les llevaba auxilios y estrechados rigorosamente, la guarnición tuvo que rendirse el 12 de septiembre de ese año, entregando al jefe insurrecto Guzmán.

Contribuyó a que los sitiados de Omoa capitulasen con el jefe de las fuerzas nacionales don Agustín Guzmán, la noticia de que Arce, que obraba con fuerzas mexicanas, había sido derrotado en Escuintla de Soconusco el 24 de febrero de 1832, por una división de tropas guatemaltecas, que mandaba el coronel francés Mr. N. Ranlt.

Al mismo tiempo, el 9 de marzo de ese mismo año, se verificó el combate de Tescales entre fuerzas de Domínguez y una división de tropas del Estado de Honduras que mandaba el coronel Ferrera, que había salido a recobrar a Trujillo y Omoa. En los bagajes de los vencidos de Tescales se encontraron rosarios y estampas de la virgen de Guadalupe, a quienes ellos atribuían la virtud de entumir al enemigo al tiempo de la pelea; pero los resultados probaron lo contrario, porque el enemigo peleó con más bravura que de ordinario en ese encuentro.

El 27 de septiembre, la bandera española que los sublevados habían enarbolado en Omoa, fue llevada por los vencedores a Guatemala, y allí fue arrastrada por las calles atada a la cola de un caballo.

III

Desde 1829, Morazán restableció en todos los Estados de Centroamérica las autoridades legítimas y él, de hecho, quedó ejerciendo todos los poderes, y para mantener la paz desterró a los enemigos que juzgaba peligrosos. Logró dominar al arzobispo de Guatemala, señor Casaus, a quien lo hizo salir desterrado a la Habana, con otros sacerdotes turbulentos.

Sin perder Morazán el carácter de jefe de Honduras, intervino en los asuntos de Nicaragua hasta que restableció allí la tranquilidad.

Permaneció en los territorios de Honduras y de El Salvador hasta que fue elegido jefe de la Confederación Centroamericana.

Los votos populares se repartieron entre Morazán y Valle; pero la Asamblea Federal declaró que al primero correspondía la presidencia, y al efecto tomó posesión de su cargo, el 30 de septiembre de 1830, recibiendo las felicitaciones de todos los Estados de la América Central, y gobernó diez años consecutivos.

En 1831 se trasladó a El Salvador para combatir a los aristócratas que procuraban encender allí la guerra civil, de acuerdo con Cornejo, que era el jefe del Estado.

Se encontraba Morazán en Santa Ana el 6 de enero de 1832 cuando Cornejo le ordenó abandonar el territorio salvadoreño. No teniendo Morazán fuerzas bastantes obedeció y este Estado se retiró entonces de la Confederación.

El 14 de marzo, con las fuerzas federales de El Salvador y Honduras, derrotó en Jocoro a Cornejo, y enseguida se dirigió a la hacienda de San Miguel y marchó de allí contra la ciudad de San Salvador, en la que entró con solo 800 hombres después de un combate de dos horas. Asumió el mando provisional de la provincia mientras se hacían elecciones. Prendió a Cornejo y a otros los envió a Guatemala, encargando de la jefatura de este país a don Joaquín San Martín, quien se puso después en desacuerdo con Morazán y lo combatió de acuerdo con Gálvez, jefe del Estado de Guatemala. Morazán se retiró a Honduras y siguió ejerciendo la presidencia de la Confederación apoyado por un gran partido en San Salvador, por el Estado de Honduras, por gran parte del Estado de Nicaragua y por la mayoría del Congreso Federal, lo cual sucedía en 1833. Derribado del poder por el general San Martín, la Asamblea de San Salvador de octubre de 1834, dio a Morazán el título de general de su ejército y lo declaró benemérito de la patria.

En 1836, sucesos especiales pusieron a El Salvador bajo la inmediata dependencia del presidente de la República, que continuaba siéndolo Morazán.

En este año, la Asamblea Federal abrió los puertos de la República a los buques mercantes españoles.

Después llegó el año de 1838, y el general don Rafael Carrera encendió de nuevo la guerra civil en Centroamérica. Se volvió entonces Morazán a Guatemala y entró en esta ciudad el 14 de abril de ese año y fue recibido con marcado entusiasmo. El 23 de ese mismo mes, la Asamblea Federal autorizó al presidente Morazán para gobernar por sí mismo o por la persona que él designara el distrito de Guatemala, y como las fuerzas de Carrera se apoderaban de los bienes de todos y robaban escandalosamente, se le ofreció a Morazán la dictadura; pero él la rechazó. El 24 de octubre de 1838 decretó en estado de sitio todo el territorio de Guatemala, marchó a El Salvador, derrotó a Carrera y lo obligó a salir de este territorio. Regresó entonces a Guatemala y convocó a la Asamblea de este Estado, la que inauguró sus sesiones el 30 de enero de 1839. En estos días terminó Morazán su periodo constitucional y dejó la presidencia de la República.

El 15 de abril de 1839 derrotó en las batallas de Espíritu Santo y San Pedro de Perulapán el 25 de septiembre, al jefe de Honduras, don Francisco Ferrera, que no era más que un servil instrumento del partido aristócrata o conservador.

En este mismo año de 1839 logró Morazán ser elegido por el voto popular jefe del Estado de El Salvador.

El 16 de septiembre los enemigos políticos de Morazán prendieron en San Salvador a la familia del general y le hicieron decir por comisionados que entregara el mando a don Antonio José Cañas, sino quería que su familia fuese degollada. Morazán, que se hallaba en Suchitoto con 300 hombres, despreció la amenaza y, una vez restablecida la autoridad, convocó la Asamblea del Salvador de 1840, y encargó a Silva del Poder Ejecutivo. Él estaba resuelto a combatir a los aristócratas y entonces invadió el territorio guatemalteco donde se encontraba Carrera. Pronto se hizo dueño de la plaza de Guatemala; pero en ella se vio al día siguiente sitiado por Carrera. Salió, no obstante, de la ciudad, abriéndose paso por entre las filas de los enemigos. Llegó a la Antigua y en Ahuachapán derrotó a los serviles. Entró en San Salvador con el resto de sus fuerzas; convocó una junta e hizo ver la necesidad de abandonar el país para evitar mayores males y se embarcó con otros muchos en el puerto de La Libertad en la goleta Izalco. Carrillo no le permitió desembarcar en Puntarenas, dirigióse entonces al territorio colombiano y en David publicó un manifiesto, fechado el 16 de julio de 1841.

Después fue llamado Morazán por todos los liberales de los Estados de la América Central y salió de Chiriquí y desembarcó en el puerto de la Unión, marchando de allí inmediatamente a San Miguel, donde reunió 200 hombres, y con una escuadra de cinco buques, llamados El Cruzador, La Asunción Granadina, La Josefa, La Isabel II y El Cosmopolita, se dirigió al puerto de Caldera, en el que desembarcó sin obstáculos el 7 de abril de 1842. Sin llegar a combatir ajustó en Jocote un convenio el once de ese mes, por el cual don Braulio Carrillo, jefe del Estado de Costa Rica, debía entregar el mando y salir del territorio de la República. El mismo Carrillo aprobó el tratado, y en virtud de él se organizó en Costa Rica un Gobierno provisional bajo la presidencia de Morazán. Aspiró entonces este último a la reorganización de la América Central; pero, sorprendido por una revolución en la misma capital del Estado, hubo de salir de la ciudad de San José y llegó hasta la de Cartago. Allí le prendieron sus enemigos, por denuncia que le hizo un subalterno suyo, apellidado Mayorga. Morazán se encontraba herido, y como creyó que aquel le fuera fiel, llegó a su casa a pedirle auxilio y este denunció a su antiguo jefe. La mujer de Mayorga, más noble que él, al saber que su marido lo traicionaba, le avisó, pero cuando quiso huir ya la casa estaba rodeada de tropa.

Se le llevó con grillos a San José, de cuyo Gobierno era jefe legítimo. Luz Blanco y otros arrancaron la orden al general don Antonio Pinto para fusilar a Morazán, el hombre más grande y meritorio de Centroamérica, el más patriota y el más amante de la Federación.

La orden se cumplió el 15 de septiembre de 1842.

Morazán conservó su serenidad hasta los últimos instantes de su vida. Murió con el valor que había manifestado siempre ante el peligro. Ese pueblo ingrato sacrificaba a un héroe en el mismo día en que proclamó su independencia. Tenía apenas 49 años 11 meses y 13 días. La muerte de Morazán fue un crimen que hace odiosos a los hombres que fueron cómplices en este hecho. No se le oyó ni se le juzgó. Por eso, ante la historia, esto es y será siempre un crimen, y ella llamará asesinos a los que lo realizaron.

Tanta cobardía espanta en hombres que debían haber sentido algún respeto por ese gigante para ellos.

Al lado de Morazán se fusiló también al general don Vicente Villaseñor.

Cuatro años más tarde, el 14 de diciembre de 1846, el expresidente Arce, que obligó a Morazán a sacrificarse por su patria, moría también en San Salvador, oscuro y abandonado de casi todos.

Y así se iban poco a poco desapareciendo los personajes de aquella época luctuosa para esos pueblos.

Morazán fue jefe de un partido compacto, disciplinado, cuyos hombres, todos valientes, estaban dispuestos a morir por la causa que defendían.

Al través de los años y cuando desaparecen imperfecciones, es cuando se ve lo grande y lo noble en los hombres de la época en que han figurado.

No son los contemporáneos para juzgarle. Es la posteridad la que condena o ensalza.

Tegucigalpa ha glorificado al héroe de Trinidad y de mil combates. Ha levantado en la plaza principal una estatua ecuestre a Morazán, la que, perpetuando su memoria, recordará siempre al mártir del brutal poder de un mandón de Costa Rica.

En San Salvador otra estatua de bronce inmortaliza al héroe que contribuyó a la reorganización de ese pueblo tan heroico como valiente. Allí se conserva también, con religioso respeto y alta veneración, los restos del ilustre patriota, víctima de la saña de los hombres malvados que pidieron, decretaron y realizaron su muerte, cuyo crimen no se borrará jamás mientras haya hombres que sepan hacer justicia a los hombres.

Al asesino de Morazán, Antonio Pinto, se le dio, con fecha del 12 de octubre de 1842, el grado de general, y se le obsequió una espada guarnecida de oro por la victoria alcanzada en los días 12 al 15 de septiembre sobre el general Morazán.

Más tarde, el Gobierno de Costa Rica dictó el decreto del 6 de noviembre de 1848, haciendo exhumar los restos del gran servidor de la Federación, para remitirlos a la República de El Salvador, tal como Morazán lo dispuso en los momentos de ser fusilado por Pinto. El 27 de ese mes se procedió a la ceremonia de la exhumación e identificación de los restos mortales, que encerrados en una urna, fueron entregados al teniente coronel don José María Cañas, a quien el Gobierno de Costa Rica comisionó para llevarlos a San Salvador.

Cañas y don Ramón G. González, yendo con tan preciosas reliquias a bordo del bergantín Chambrón llegaron a las aguas de Acajutla el 27 de enero de 1849, en cuyo lugar fueron recibidos con toda pompa por la Municipalidad de Sonsonate. De esta ciudad se llevaron a Santa Ana, donde la Municipalidad de aquella población los recibió con la mayor solemnidad. Allí estuvieron durante algún tiempo por concesión especial del Gobierno.

El presidente Vasconcelos, por su parte, dictó un decreto el 29 de enero, por el que daba las gracias, en nombre de El Salvador, al Gobierno de Costa Rica, por haber entregado tan preciosa reliquia.

La Asamblea de San Salvador declaró el 21 de febrero de ese año nulo el decreto de 12 de octubre de 1842, que concedía una espada al general Pinto.

Es por esto que hemos dicho que los restos de Morazán descansan en tierra salvadoreña.

Allí descansan también los restos de otro patriota ilustre, el padre Delgado, que falleció el 12 de noviembre de 1832, cuyos servicios no se olvidarán jamás. Ardiente y decidió patriota que contribuyó en alto grado a la independencia de Centroamérica. Él era partidario de la independencia absoluta, y fue el alma de la resistencia que El Salvador opuso a la declaratoria de incorporación a México, y el que más influyó en la guerra que este Estado tuvo que sostener con el Gobierno Federal en 1827 y 1828, guerra que terminó con la capitulación en mexicanos.

El Salvador dio muestras marcadas de sentimiento por el padre Delgado, tan querido por su patriotismo, por sus virtudes y por su ilustración. Por decreto del 28 de enero de 1833, el Cuerpo Legislativo de San Salvador mandó celebrar una misa fúnebre por el término de diez años a la memoria de tan distinguido patriota, a la que debían concurrir los principales funcionarios. Dispuso, además, mandar hacer la efigie o retrato del Dr. Rdo. Patria, cuyo retrato se colocaría en el Salón de Sesiones del Congreso, a la diestra del presidente del Cuerpo Legislativo.

¡El Salvador no olvida a sus buenos servidores!

CAPÍTULO XIX: AÑOS CONVULSOS

I. Morazán, después del triunfo de Trinidad, regresa a Honduras. Se restablece al jefe Herrera y se reúne el Congreso y designa jefe. Trabajos de este congreso. Márquez sucede a Vijil en el gobierno de Honduras y fallece. Derrotas de Domínguez y su fusilamiento. II. Don Joaquín Riveras es nombrado jefe de Honduras y le sucede Ferrera interinamente y, por fin, don José María Bustillos provisionalmente. III. Se instala la Asamblea en 1836; sus trabajos. Gobierna en Honduras don Justo Herrera.

I

Volvamos ahora a Honduras para estudiar los sucesos que se desarrollaron en este Estado, después del año 1827. Morazán, victorioso en Trinidad, regresó después a Comayagua; pero allí no había jefe ni vicejefe que gobernara. Él era el miembro más antiguo del Consejo, y en este carácter, tócole ejercer el poder Ejecutivo.

Se eligió, como hemos dicho, a don Diego Vijil por vicejefe del Estado y a don Miguel Cubas de secretario general de Gobierno.

Cuando el 12 de noviembre de 1827 llegó Morazán victorioso a Tegucigalpa, ordenó que 200 hombres, a las órdenes del coronel Díaz, fueran a ocupar a San Pedro Sula para que desalojaran a los enemigos que se habían apoderado del castillo de Omoa: 200 hombres puso a disposición del coronel Pacheco, para que con ellos marchara a Gracias y destruyera a los enemigos que estaban allí, y que después se marchara a proteger a los que defendían la plaza de San Salvador, que se encontraba situada por los federales, marchando con el coronel Leones señor Osejo a ocupar la capital.

Nombró enseguida al coronel Gutiérrez comandante de la plaza de Tegucigalpa.

Todos cumplieron con su deber,

Después se sucedieron los hechos que ya hemos referido en el capítulo anterior.

En Comayagua se reunieron los diputados en junta preparatoria el 12 de febrero de 1828. En la sesión del día 14 se acordó restablecer la autoridad del exjefe Herrera.

El 17 de marzo se instaló el Congreso, y nombró de presidente a don José Antonio Márquez. Se dedicó a la formación de un Reglamento Interior de Sala, que contaba 184 artículos.

El 27 de ese mes, convocó a las elecciones de los representantes que debían concurrir el 25 de diciembre a la tercera Asamblea Ordinaria; pero estas elecciones no se verificaron sino el diez de ese mes.

No obstante, la Asamblea solo funcionó el 4 de marzo de 1829. El vicejefe señor Vijil leyó un extenso discurso, dando cuenta de todos los sucesos ocurridos hasta esa fecha.

Resultaron electos por la Asamblea de jefe del Estado, como ya lo hemos dicho, el señor Morazán y vicejefe señor Vijil; pero lo más importante era establecer el poder judicial, es decir, designar los miembros que debían componer la Suprema Corte de Justicia. Fueron electos los señores don Nicolás Buitrago, don José Guzmán, don Liberato Valdéz y don Joaquín Rivera, y suplentes lo fueron don Ramón Vijil y don Joaquín Aguilar.

Era necesario atender a los gastos ordinarios del Gobierno y a los extraordinarios de la guerra, y para subsanar esta necesidad, se levantó un empréstito de doce mil pesos sobre los capitales de los curas párrocos. Debían, además, ingresar en Tesorería General los que estaban debiendo de cuartas episcopales y de colegio. Los que debían principales de capellanías se les obligaba a ingresar la tercera parte a la Tesorería del Fisco. Igualmente, las capellanías sin patrono pertenecían al Estado, pudiendo rematar los bienes dedicados a este objeto, abonando el cinco por ciento de réditos. El Estado respondía de esas obligaciones.

Resolvió, además, el Congreso, que mientras existiera la guerra civil y se restablecieran en Guatemala las supremas autoridades federales, se hiciera uso de todas las rentas que producía Honduras; pero esto duró poco, porque con la caída de Arce, el Estado de Guatemala volvió a entrar en el orden constitucional y se devolvieron a la Federación sus rentas.

En las sesiones que celebró la Asamblea en los días 26 y 27 de marzo de ese año, abolió el privilegio del fuero que gozaban los clérigos, merced al cual los tribunales civiles no podían conocer en sus causas civiles o criminales.

Con el objeto de fomentar la agricultura, se mandaron vender las tierras nacionales y de las manos muertas en pequeños lotes, no pudiendo una misma persona obtener más de veinte cuadras.

Se creó el impuesto del 10% sobre las maderas que se exportaran de las costas norte o sur, debiendo las personas que se dedicaban a este comercio presentarse ante la corporación municipal más inmediata a dar conocimiento de sus personas, para que por medio de los jefes departamentales se elevara a noticias del Gobierno.

Se suprimió la Factoría de Tabacos de la capital y pasó a la Tesorería General la administración de este ramo, y se bajó su precio a cuatro reales la libra.

Se permitió la exacción de plata en bruto mientras se establecía un nuevo cuño, pagándose un 60% en la ciudad de Comayagua y Tegucigalpa, donde debían darse las guías correspondientes.

Se suprimieron las escribanías públicas. Se restableció el colegió Tridentino de Comayagua sobre un plan de estudios más amplio, abriéndose las clases de Derecho.

Se mandó fundar una aldea en Rancho Grande, que venía a quedar entre Comayagua y Tegucigalpa y con lo cual se facilitaba la comunicación entre estos dos pueblos y ese desierto se hacía así menos temible. Se les daba 20 cuadras de terreno a los que fueron a establecerse en la reciente villa.

Se ordenó también levantar un censo y se pensó en dictar códigos propios.

Muchos de estos y de los otros proyectos que se aprobaron no se llevaron a efecto.

Los puertos de Omoa y Trujillo se habían separado de la obediencia al Gobierno a causa de la revolución. La Asamblea dictó un decreto para que se les requiriera por última vez. Y como no obedeció Omoa, el Gobierno cerró sus relaciones con él y mandó abrir un nuevo puerto en el Triunfo de la Cruz, que hoy se llama Tela.

El 30 de marzo se ocupó la Asamblea en reformar los derechos parroquiales, que eran excesivos y porque los curas sin caridad alguna eran inexorables con sus feligreses enteramente pobres.

Se dictó la Ley de Matrimonio Civil el 10 de abril de ese año, debiendo celebrarse el acto ante los alcaldes.

Debido a la época en que esta ley se promulgó y al atraso del pueblo y más que eso, a la guerra que los clérigos hacían al Estado, no fue ella bien recibida por entonces.

Olancho estaba sublevado y resistía en nombre de la santa religión. El coronel Márquez, que había ido a pacificar a ese pueblo, les ofreció indulto en nombre del Gobierno, lo que no fue aceptado y atribuían a cobardía el proceder humano que empleaba para con ellos.

En fin, la Asamblea se trasladó a Tegucigalpa el 11 de abril, para continuar sus sesiones el 26 de ese mes, como en efecto lo hizo.

Se restablecieron los antiguos impuestos; se declaró también que los diezmos los cobrar en adelante el creo sin más auxilio que el que les prestase la religión misma, y que para su percepción no les diera su apoyo la autoridad civil. Golpe de muerte recibió con esta medida esta contribución no despreciable.

Siendo presidente de la República el Dr. Don Marco A. Soto, el 30 de enero de 1879 acabó con esta pesada contribución, por no haberse podido entender con el obispo de Comayagua, fray Juan de Jesús Zepeda.

Entre otras cosas declaró también el Congreso que las municipalidades se compusieran en lo sucesivo de siete miembros por lo menos, cuyo número no podía exceder de 13, y creó un tribunal de segunda instancia, compuesto de tres personas, para mejor garantía en la administración de justicia. Prohibió los enterramientos en las iglesias, puesto que ya se habían mandado crear cementerios generales por el Congreso Federal de 1826.

El 12 de mayo cerró por fin el Congreso sus sesiones, después de haber estado reunido sesenta y ocho días.

II

A don Diego Vijil le sucedió en el gobierno de Honduras el coronel don José Antonio Márquez, que falleció en Comayagua el 26 de marzo de 1832, víctima de una fiebre maligna y, comprendiendo que estaba para morir, dirigió días antes, el 22 de ese mes, una proclama a los hondureños en la que les decía que depositaba el mando en el presidente del Consejo, quien sabría llenar los deberes de su cargo; se despide en ella del pueblo que gobernaba y lo exhorta para que continúe por la senda gloriosa que el honor le trazaba.

En el mismo día en que Márquez fallecía, se daba la batalla de Jutique en la que perecieron el comandante Gutiérrez, el capitán Estévez, el teniente Carias y el subteniente Pepiton. Domínguez, el jefe del ejército enemigo, o sea de los serviles, fue completamente batido.

Domínguez ocupó después a Comayagua.

Trujillo también estaba ocupado por tropas enemigas.

Ferrera los derrotó y recuperó a Trujillo como ya lo hemos dicho.

Entonces, el coronel Torrelonge atacó a Omoa y se tomó las trincheras a viva fuerza por medio del coronel don Máximo Menéndez. Y así siguió de triunfo en triunfo y la derrota fue completa.

Capturando Domínguez en su fuga se lo llevó a Comayagua y fue fusilado con otros más el 14 de septiembre de ese año.

Los serviles que estaban en el castillo de Osma capitularon al fin. Ramón Guzmán fue fusilado.

Así concluyeron todos los de ese partido infame que tantos males causó a Centroamérica. Pero al fin la bandera liberal flameó llena de gloria, merced al heroísmo de los brazos que la defendían.

III

Por fallecimiento de Márquez se nombró jefe del Estado de Honduras a don Joaquín Rivera, pero a causa del mal estado de su salud, la Legislatura le concedió licencia temporal para separarse del mando, y Ferrera se hizo cargo del Poder Ejecutivo.

Bajo el Gobierno de Rivera, y antes de abandonar el poder, la Asamblea resolvió que, sin sustraerse del pacto federal, el Estado de Honduras resumiera la administración de los puertos de Omoa y de Trujillo y de la renta de tabacos. Mas el 22 de noviembre de 1834 la Asamblea Extraordinaria del Estado de Honduras acordó devolver al Gobierno Federal los puertos y alcabalas marítimas, quedando derogadas todas las disposiciones que fueren contrarias a esta última.

En el tiempo transcurrido entre el acuerdo del 22 de mayo de 1833 y decreto del 28 de noviembre de 1834, llegan a Comayagua noticias alarmantes sobre la aproximación del cólera asiático. Entonces se tomaron medidas importantes para prevenir el mal, pero felizmente no pasó esta vez a Honduras tan terrible flagelo, haciendo estragos solo en Guatemala.

Se reglamentó la libertad de imprenta, declarándose quienes abusaban de ella, quienes podrían denunciar los impresos como abusivos, quienes responderían de los impresos y las penas que podían imponerse, así como el tribunal que debía conocer de estos negocios.

Ferrera entró a gobernar a Honduras el 20 de septiembre de 1834. Se había distinguido en la gloriosa campaña contra Domínguez y la facción servil que, proclamando la monarquía española, enarboló su bandera en el castillo de Omoa. No obstante, su ambición le hizo empañar más tarde su hoja de servicios, porque se ligó a los reaccionarios y combatió a Morazán. Mas una vez que Rivera se mejoró reasumió sus funciones y Ferrera se ausentó temporalmente de Honduras. Volvió Rivera a enfermarse, y el Poder Ejecutivo, con fecha del 10 de septiembre de 1835, entró a ejercerlo con calidad de interino el ciudadano don José María Bustillo, en su carácter de presidente del Consejo Representativo.

A principios de 1835, don Joaquín Riveras volvió a asumir el mando en Honduras, cesando por consiguiente Bustillos en él.

IV

La Asamblea debió haber abierto sus sesiones el 2 de enero de ese año, conforme al artículo 22 de la Constitución del 11 de diciembre de 1825, pero por circunstancias especiales solo pudo cumplirse con el precepto constitucional citado, el 1° de junio de ese año de 1836. El jefe del Estado, señor Rivera, leyó su mensaje e indicaba en él los principales negocios a que debía prestar la Asamblea su atención. Uno de ellos era el de aceptar o rechazar las reformas que había acordado la Asamblea de los Estados Federales, con fecha del 13 de febrero de 1835.

El 3 de junio se tomó en consideración esa reforma y la Asamblea, en vista que no eran conformes con el voto nacional, en que se pidió economía de hombres y de caudales, decretó que el Estado de honduras no aceptaba las reformas emitidas por el Congreso Federal el 13 de febrero de 1835.

A Rivera se le hicieron cargos porque el Cuerpo Legislativo no se había reunido en la época designada en la Constitución. Publicó un folleto para vindicarse sobre este particular.

En virtud del decreto del 31 de enero de 1832, la moneda provisional que circulaba en Honduras causaba graves perjuicios. Se dictaron decretos para amortizarla, así como contra los que falsificaban moneda.

El 24 de diciembre de 1836 hubo un motín en Tegucigalpa contra las autoridades constituidas. El movimiento no era asilado y se prolongó hasta el 29 de ese mes. Sus moradores huyeron a los montes y la ciudad quedó asolada. Al fin, el Gobierno restableció el orden, y más tarde decretó una amnistía exceptuando de ella a los que no abandonaron sus conatos revolucionarios.

El 31 de diciembre de 1836 terminaba el periodo constitucional del jefe, señor Rivera y del vicejefe coronel Ferrera. La Asamblea había cerrado sus sesiones el 29 de julio. El jefe del Estado se desprendió por sí mismo del poder, dictando un decreto en que él se da por separado, así como también respecto al vicejefe, en el mismo día 31 en que de hecho cesaba en sus funciones.

Encargó del poder en calidad de vicejefe al ciudadano don José María Martínez por ser el presidente del Consejo.

Martínez asumió el poder desde el 1° de enero de 1837 hasta mayo de ese año, fecha en que se declaró jefe del Estado de Honduras constitucionalmente electo don Justo Herrera, que era hermano de don Dionisio Herrera, que había sido jefe en honduras en 1824, en Nicaragua más tarde y que no admitió la jefatura de El Salvador.

Era el señor Herrera un hombre instruido, de conversación amena y que no carecía de talento, aunque se le juzgaba inferior a su hermano don Dionisio.

CAPÍTULO XX: HONDURAS, UNA ÉPOCA DESESPERANTE

I. El cólera asiático en Honduras y lo que predicaban los frailes a este respecto. Termina la Federación y Honduras se declara libre e independiente. II. Se instala la Asamblea de 1838; discurso de don Justo Herrera y se instala la segunda Constituyente en Comayagua para reformar la Constitución de 1825. Decretos de la Constituyente. III. Los Gobiernos de Honduras y Nicaragua celebran tratados de alianza ofensiva y defensiva. IV. Nicaragua invade a El Salvador; guerra entre Honduras y Nicaragua; se ajusta la paz. Derrota de Cabañas. V. El pacto de Chinandega. Se manda ejecutar la Constitución de 1837. Derrota de Cabañas en Nacaome y crueldades de Malespín.

I

En el año de 1837 el Estado de Honduras se encontraba aquejado por los efectos del cólera asiático, que lo había invadido, después de hacer estragos terribles en Guatemala.

Los conservadores predicaban que las aguas habían sido envenenadas por los liberales, y con este engaño lograron levantar algunas asonadas en Nicaragua, Manto y Texiguat, las que felizmente pudieron ser sofocados fácilmente a pesar de ser hijas del fanatismo.

No habiendo los conservadores logrado su objeto de derrocar el Gobierno con sus prédicas de estar las aguas envenenadas, a pesar de que el cólera hizo grandes estragos en todo el territorio, y principalmente en Gracias, donde hubo más de cuatro mil defunciones, y de los cordones sanitarios que el gobernador Herrera estableció, como lo hizo también el Dr. Gálvez, que gobernaba Guatemala, se ocurrió a otro árbitro más activo todavía que el de las prédicas.

Se entendieron con el coronel don Francisco Ferrera, a quien le hicieron comprender que él era el hombre necesario y que debía imponerse en estas circunstancias. A pesar de que era liberal y que había peleado en las filas de Morazán, lograron trastornarlo explotando su vanidad, y este hombre comenzó por entregarse por completo al partido servil o conservador.

La situación de Honduras era, por esta época, desesperante. El comercio estaba paralizado; existía una pobreza extrema y hasta la agricultura se había abandonado.

Los agentes de los conservadores de Guatemala decían al pueblo que esa pobreza provenía de la Federación, y también porque la Constitución Federal del 22 de noviembre de 1824 era dispendiosa, por cuanto creaba un tren de empleados en que se invertían las rentas del Estado.

En el año de 1833, el Congreso Federal de Guatemala dictó un decreto convocando a los pueblos a elecciones para una Asamblea Constituyente Centroamericana. Este decreto lo sostuvo el señor Barrundia en el Congreso, por cuanto la Constitución del 24 era mala y debía reformarse. Mas el decreto fue rechazado por los serviles, que no aceptaban la idea de la unión Centroamericana. Muchos liberales, sin comprender sus intereses, se dejaban alucinar por los ataques conservadores a ese código, y no querían, sin embargo, su reforma.

El conservador don José Aycinena sostenía en la prensa que para que hubiera nacionalidad centroamericana, era preciso que los Estados se organizaran bien por si solos, y que únicamente después de estar bien organizados, con la mayor independencia posible y con autonomía individual, volvieran a Federación. Esto lo hacía por cuanto realizado lo primero no se obtendría jamás lo segundo, y este argumento les agradaba sin comprender la perfidia que él encerraba.

El Congreso Federal decretó, no obstante, la reforma. La Asamblea de Honduras rechazó también este decreto y entonces declaró: «que el Estado de Honduras no adoptaba las reformas emitidas por el Congreso Federal el 13 de febrero del año pasado.»

Honduras olvidaba que la pobreza de las rentas del Estado se debía a las revoluciones locales que se habían sucedido en los años de 1836 y 1837, a los malos cálculos económicos y al fanatismo de muchas poblaciones hondureñas.

En Honduras se decretó la existencia de moneda nacional y este decreto paralizó el comercio exterior, en el interior la moneda perdió la mitad de su valor. Vino entonces el agiotaje con perjuicio de la hacienda pública y de los particulares.

Habiéndose suprimido los diezmos, los restableció el fanatismo, merced a la debilidad de los gobernantes que temblaban ante cuatro canónigos viejos de Comayagua que amenazaban con la excomunión y con las penas del infierno.

La Federación terminó en mala hora, y Honduras se declaró en República soberana e independiente según los deseos de Aycinena; pero no por eso mejoró su hacienda. Por el contrario, fue entonces cuando una deuda inmensa la afligió, pero esto nada les importaba porque les alagaba su fantasía poder, por si solos, tratar con las potencias de ambos mundos. Esa situación subió de punto y fue terrible a la época en que el Dr. Don Marco A. Soto subió al poder, pero él vino un tanto a mejorarla.

No tenía leyes propias y se regía por las leyes españolas, a pesar de estar independiente de España.

En la Universidad de Guatemala, el Dr. Aycinena combatía todo proyecto tendente a la formación de códigos nacionales.

La instrucción pública estaba sumamente atrasada en Honduras. Casi nadie sabía leer.

II

La Asamblea Legislativa de Honduras se instaló en abril de 1838.

Por esa época apareció el primer periódico que se editó allí.

Se llamó Semanario Oficial de Honduras, en el cual se daba cuenta de las deliberaciones de la Asamblea.

Ferrera era diputado por Cantarranas.

Don justo Herrera presentó un mensaje, fechado en Comayagua el 30 de abril de 1838, bastante notable en su fondo y en su forma.

Esta Asamblea tuvo a bien aceptar el decreto del Congreso Federal, por el cual quedaban los Estados que componían la República de Centroamérica en libertad de constituirse del modo que tuvieron por conveniente, y derogó el 13 de junio el decreto del 10 de julio de 1829, relativo a reos políticos.

Se pensó también en convocar a una Asamblea Constituyente para que rehiciera y reformara la Constitución particular del Estado, que era la de fecha 11 de diciembre de 1825.

Según el decreto dictado al efecto, la Constituyente debía componerse del doble número de representantes del que se necesitaba para formar las Asambleas Constitucionales. Las elecciones debían ser directas y en la forma acostumbrada, nombrándose por cada sección, de las once en que estaba dividido el Estado, dos diputados propietarios y un suplente. Estas elecciones se debían mandar practicar inmediatamente, a fin de que los diputados electos concurrieran a Comayagua el 30 de agosto, para abrir las sesiones del 1° de septiembre de ese año de 1838.

El 7 de octubre de ese año se instaló en Comayagua con gran pompa la Asamblea convocada a virtud de los anteriores acuerdos.

Era la segunda Constituyente que tenía Honduras. Su primer presidente lo fue el señor don José Santiago Bueso.

La municipalidad de Tegucigalpa felicitó ardientemente a la Constituyente.

Dos corrientes se establecieron desde luego en el seno de la Asamblea. La liberal y la reaccionaria, o sea conservadora. Esta última sostenía las doctrinas de Aycinena. Los emigrados políticos que habían regresado a virtud del decreto del 13 de junio, unidos con Ferrera pretendían un cambio en la administración. Tegucigalpa, siguiendo esas doctrinas subversivas, se separó del Gobierno por acuerdo de su municipalidad, la que declaraba que no sería hondureña, mientras la Legislatura no decretase la independencia del Estado y mandara tomar posesión de los puertos y rentas federales.

El intendente fue depuesto y los revolucionarios se pusieron bajo la protección del Gobierno de Nicaragua.

El 26 de octubre la Asamblea Constituyente dictó el siguiente decreto:

"EL ESTADO DE HONDURAS ES LIBRE, SOBERANO E INDEPENDIENTE".

El jefe del Estado de Honduras, señor don José María Martínez, mandó cumplir esta ley de la Asamblea.

El 5 de noviembre del mismo año de 1838, se libró otro decreto que declaraba libre a Honduras e independiente del antiguo Gobierno Federal, de los Gobiernos de los demás Estados de Centroamérica y de cualquier otro Gobierno o potencia extranjera.

Dio la misma Asamblea un indulto general de las penas aflictivas a todos los reos que por sus delitos cometidos el día de su instalación las merecían según la ley, pero quedaban, no obstante, sujetos a las indemnizaciones civiles provenientes del delito.

III

En el año de 1838 ejercieron el poder ejecutivo en Honduras accidentalmente y en calidad de consejeros, los señores Felipe Medina, José Alvarado y Luis Matute.

En enero de 1839 ejercía el poder ejecutivo el consejero don Juan Francisco Molina, siendo secretario general don Conrado Chávez, que llegó a ser jefe del Estado en 1845.

Comandantes de armas lo era el ya nombrado don Francisco Ferrera.

Pero el 18 de enero de 1839 los Gobiernos de Honduras y Nicaragua celebraron un tratado de alianza ofensiva y defensiva, que fue el que trajo la disolución del sistema federal. Ferrera dio noticias de este tratado a Rafael Carrera, que estaba en armas en Mita desde el 24 de marzo de 1839.

En Guatemala gobernaba el general Salazar, y contra él se fue Carrera y entró triunfante a la capital el 13 de abril de ese año.

Por causa de este tratado las fuerzas de Honduras y de Nicaragua invadieron al Estado de El Salvador, llegando hasta la ciudad de San Vicente.

Morazán recuperó a Guatemala, pero su tropa era escasa y se encontró sitiado por más de cinco mil salvajes. Al día siguiente se retiró e iba a dejar a Centroamérica, pero ya sabemos cuál fue su suerte cuando regresó a Costa Rica.

El tratado del 18 d enero fue la ruina de Morazán y la ruina de la federación y la ruina también de esos Estados.

Francisco Ferrera, hombre ambicioso, se unió a los incendiarios de Comayagua para labrar la ruina del jefe a quien había antes servicio. Arranca de sus filas y reniega de sus doctrinas en favor del partido servil que asoló a Costa Rica.

La facción de Rafael Carrera era compuesta de hombres criminales que nada respetaban; su objetivo era el robo. Fue en estas circunstancias cuando los conservadores tentaron a Morazán con ofrecerle la dictadura, ya que todo estaba trastornado: Morazán era hombre de ideas y de principios y jamás consintió en esto, puesto que no estaba en sus convicciones gobernar sin ley y sin miramiento alguno.

IV

Hemos visto que Honduras y Nicaragua se habían declarado Estados soberanos y en sus relaciones con El Salvador estaban sujetos a las reglas del derecho internacional.

Honduras y Nicaragua se aliaron entonces el 18 de enero de 1839 para hacer la guerra a El Salvador, sin motivo alguno justificado.

Gobernaba este Estado con el título de vicepresidente de la República don Diego Vijil. El 12 de febrero de este año, dictó El Salvador un decreto poniendo al país en actitud de defensa. El general don Bernardo Méndez invadió con más de mil soldados nicaragüenses el territorio de El Salvador, por el departamento de San Miguel, lo cual ocurría a fines de febrero de ese mismo año. Don Francisco Ferrera se situó en la frontera de El Salvador con una división hondureña para auxiliar a Méndez. En esta crítica situación, el Gobierno de San Salvador encomendó su defensa al general Morazán, quien apenas pudo reunir 800 hombres y se colocó en la hacienda de San Francisco, a inmediaciones del río Lempa.

Los nicaragüenses se encontraban en Corlantique, en la rivera opuesta de aquel río. Al saber Morazán la aproximación de Ferrera, dejó en San Francisco a su segundo jefe, el coronel don Narciso Benítez, y con parte de las tropas marchó a la frontera al encuentro de Ferrera. Al saber Méndez el movimiento de Morazán, pasó el Lempa por el lugar llamado Petacones, un cuarto de legua distante de las posiciones de Benítez y, antes del amanecer del 19 de marzo de 1839, atacó a los salvadoreños en la llanura de Jicaral, inmediata a San Francisco y les causó una derrota.

Después de esto, Morazán se vio precisado a volver al territorio para atender a la defensa del Estado. Don Manuel Quijano, segundo jefe del ejército de Nicaragua, ocupó a San Vicente y de este lugar marchó con la guardia leonesa a ocupar Cojutepeque, pero Benítez fue en su persecución con una sección de cazadores, y el 28 del mismo mes alcanzó a Quijano y lo derrotó completamente, logrando apenas este jefe incorporarse al cuartel general.

Morazán entonces se dirigió a Cojutepeque para dar algún descanso a sus tropas y volvió a entrar en campaña dispuesto a defender palmo a palmo al territorio salvadoreño contra los ya reunidos ejércitos de Honduras y Nicaragua. Después de haber cansado al enemigo con algunas maniobras, se situó en la hacienda del Espíritu Santo con los 600 hombres de su mando, y en aquel punto fue atacado el 6 de abril de ese mismo año por fuerzas superiores de hondureños y nicaragüenses. En este día memorable Morazán, secundado por jefes distinguidos como don Trinidad Cabañas, don Enrique Rivas y el coronel don Narciso Benítez, defendió sus posiciones con singular heroísmo y puso en completa derrota al enemigo.

Benítez murió en la refriega; Morazán y Cabañas fueron heridos y muchos enemigos quedaron muertos o heridos en el campo de batalla; pero el territorio de El Salvador quedó por entonces libre de enemigos. Benítez era colombiano y conocido por un valor a toda prueba.

La Asamblea de San Salvador, llena de admiración por aquellos triunfos, decretó el 21 de marzo dar las gracias más expresivas al benemérito general Morazán y a los jefes y oficiales vencedores en Las Lomas y en El Espíritu Santo. Les concedió además una medalla de oro con las armas del Estado y con una leyenda que decía: Al valor y sufrimiento.

Guatemala, el 17 de abril de ese año, declaró disuelto el Pacto Federal y al Estado en el goce de su absoluta independencia. La Asamblea Constituyente ratificó esta declaración el 14 de julio del mismo año, y consecuente con lo hecho ajustó el 11 de mayo de 1839 su primer tratado de alianza con Honduras; el 11 de julio celebró igual tratado con El Salvador, el 24 de julio con Nicaragua y el 1° de agosto con Costa Rica.

Don Timoteo Méndez dejó de ejercer las funciones de jefe del Estado de El Salvador y fue llamado a sucederle el consejero don Antonio José Cañas. Bajo este periodo se intentaron los medios pacíficos para restablecer las relaciones de amistad con Honduras y Nicaragua. Con fecha del 5 de junio del año en curso de 1839 se ajustó un convenio en la ciudad de San Vicente con el comisionado del Gobierno de Honduras, por el cual se restablecía la paz y buena inteligencia entre una y otra República, y estipulaban ambas partes que se reuniría una Convención en Santa Ana para establecer sobre nuevas bases la unión en Centroamérica. A este convenio adhirió Nicaragua con fecha del 10 de julio siguiente, y la paz parecía enteramente restablecida; pero el 8 del mismo mes el general Morazán había sido declarado popularmente electo jefe del Estado por la Asamblea Legislativa y la guerra comenzó de nuevo con Honduras y Nicaragua.

En Guatemala se habían verificado hechos de importancia que debían influir necesariamente en los destinos de El Salvador. Poco después de celebrado con don Rafael Carrera el convenio del Rinconcito habíase reducido a corto número las fuerzas del Estado por razones de economía. En vista de esto influyeron en el ánimo de Carrera para que se pronunciara contra el Gobierno constituido, lo que se verificó el 24 de marzo de 1839 en Mataquescuintla. El jefe del Estado, que lo era el general don Carlos Salazar levantó tropas para poner la capital en estado de defensa; pero a ello se opusieron los mismos que se entendían con el caudillo Carrera. Entonces el canónigo Larrazábal comisionó al presbítero Nicolás Arellano para que llamase a Carrera, el cual entró a Guatemala con sus turbas indisciplinadas el 13 de abril de 1839 y persiguió al general Salazar, a don José Francisco Barrundia, a don Mariano Gálvez y a otros patriotas. Llamó al ejercicio del poder a don Mariano Rivera Paz y dio armas a Francisco Rascón para ponerlas en manos de los descontentos de El Salvador y mantener en alarma a los partidos de Santa Ana y de Sonsonate.

Rascón, con las tropas que pudo armar, acometió contra las tropas que defendían el departamento de Sonsonate y fue derrotado el 10 de julio de ese año por el coronel don Enrique Rivas. Enseguida hizo una nueva tentativa el 31 de agosto y fue rechazado por el teniente coronel don Indalecio Cordero, movimientos que se ejecutaban cuando El Salvador había ya celebrado un tratado de paz con Guatemala.

De este modo se encontraba en estado guerra El Salvador y Honduras. El general Morazán ordenó al general Cabañas, ya restablecido de su herida, invadir al Estado de Honduras con una división salvadoreña de 300 hombres, la que se engrosó con patriotas hondureñas y derrotó al enemigo el 28 de agosto. El 6 de septiembre siguiente les hizo una segunda derrota en Cauta Grande. Entró enseguida a Tegucigalpa, haciendo huir a Olancho a los miembros del Gobierno, y ocho días después marchó a Choluteca, desbaratando la guarnición de 150 hombres que defendían aquella plaza.

Entre tanto, el general Ferrera había logrado sacar recursos de Nicaragua, y habiendo llegado a reunir más de 1,600 hombres hondureños y nicaragüenses, invadió el Estado de El Salvador por el departamento de San Miguel, y después se fue a Chalatenango, donde el espíritu separatista tenía más partidarios. Dio Ferrera a sus tropas el pomposo título de Ejército Pacificador de Centroamérica, siendo que era la tropa del desorden y de la anarquía.

El general Cabañas, que obraba sobre Honduras, una vez que repuso sus bajas, marchó de Choluteca sobre Tegucigalpa. El 13 de noviembre derrotó una vez más a las fuerzas hondureñas en el campo de La Soledad, como ya antes se ha dicho y pocos días después embistió a Tegucigalpa, de cuya ciudad se apoderó después de una viva resistencia que opuso el enemigo.

Gobernaba en Honduras el conservador don José María Zelaya.

Nicaragua organizó tropas para auxiliar a Honduras. Se le dio el mando de ellas al coronel don Manuel Quijarro e invadió a Honduras. Cabañas se dirigió a su encuentro y hubo un combate entre salvadoreños y nicaragüenses en el lugar llamado El Potrero. Quijarro quedó dueño del campo y Cabañas se retiró a San Miguel.

En esta situación se pensó en la formación de una convención, designándose como punto de reunión la ciudad de Santa Rosa en Honduras. Guatemala, Nicaragua y Honduras ofrecieron mandar sus representantes. El Gobierno de los Altos se adhirió al pensamiento, y aún El Salvador no oponía dificultad en mandar los suyos, pero pedía que la Convención se reuniera en Chinandega; pero después avisó que aceptaba a Santa Rosa como punto de reunión de la Convención.

La derrota de Cabañas en Honduras y la guerra de Los Altos impidieron la continuación de las negociaciones entabladas con aquel fin, como lo impedían los serviles, y sin embargo, culpaban a Morazán y lo desprestigiaban ante esa gente ignorante.

Ferrera iba ya perdiendo su prestigio entre los conservadores de Honduras y Nicaragua. Le habían visto huir dos veces, a pesar de la superioridad de sus fuerzas. Manuel Quijano, que había batido a Cabañas el 30 de enero en la hacienda del Potrero, venía a subrogar a Ferrera, y merced a ese triunfo regresaron las autoridades otra vez a ocupar sus puestos. Todo esto iba indudablemente contra Morazán.

Él quiso entonces atacar de frente al foco conservador que estaba en Guatemala, pensamiento que no realizó porque al fin se retiró a los Estados Unidos de Colombia, dando desde allí un manifiesto. Su salida fue un acto heroico de patriotismo, ya que se decía que por su culpa no se realizaba la federación, siendo que era su defensor y acérrimo partidario.

Sin embargo, el orden no pudo restablecerse y ya nadie podía culpar a Morazán de lo que pasaba después de su retiro. La guerra civil siguió su curso.

Morazán, en la América del Sur encontró recursos y volvió a Centroamérica. Esta vez fue desgraciado y ya sabemos cómo fue cruelmente fusilado en Costa Rica por el general Pinto, cuya mancha no borrará jamás. Este acto le hizo odioso ante el mundo y ante la historia.

V

El 11 de abril de 1842 se instaló en la ciudad de Chinandega en Nicaragua una convención con el objeto de formar una Confederación Centroamericana. Allí concurrieron delegados de Honduras, Nicaragua y de El Salvador. Se acordó constituir un Gobierno Nacional provisorio ejercido por un supremo delegado, cuyas funciones se fijarían en el acta de su creación.

El 24 de julio la Convención de Chinandega emitió el pacto de confederación entre El Salvador, Honduras y Nicaragua.

En este pacto se dispuso que el Poder Ejecutivo sería ejercido por un supremo delegado con un Consejo Consultivo de un individuo por cada Estado.

El Poder Judicial residiría en un tribunal de individuos electos también por las legislaturas.

Igualmente, se dispuso que para la organización del Poder Ejecutivo y del Consejo se reunirían los delegados en la ciudad de San Vicente y organizarían una junta para elegir el miembro que debía presidirla.

El Salvador y Nicaragua aceptaron desde luego el pacto; el Gobierno de Honduras lo hizo mal de su agrado, y el de Guatemala presentó un sinnúmero de observaciones con el objeto de desvirtuar sus efectos. Nada pues podía realizarse por completo. La intranquilidad, la emulación y recelo de los Estados unos con otros siguió adelante.

La Constituyente de Honduras que se había reunido en 1838 dio su Constitución el 11 de enero de 1839, quedando desde esta fecha derogada su primera constitución del 11 de diciembre de 1825. Había durado trece años y meses.

En esta fecha, Honduras ya no formaba parte de la Federación, era libre y enteramente independiente. Establecía esta nueva Constitución que su Gobierno era republicano, representativo y popular. La religión del Estado era católica, apostólica y romana.

El ejercicio público de esta y de las demás que se establecieran en el país, serían protegidos por el Gobierno.

El Poder Ejecutivo residía en un presidente, electo directamente por el pueblo.

Presidió la Constituyente D. Juan Lindo, diputado por Gracias.

La mandó ejecutar y darle vigencia don Juan Francisco de Molina.

Esta Constitución duró hasta el 4 de febrero de 1848. Tocóle a don Juan Lindo hacer ejecutar la del 4 de febrero de ese año, el cual estaba gobernando en Honduras desde el año anterior.

El año de 1841 sucedióle en el mando a don Justo José Herrera, que gobernaba en Honduras desde el año 1837, don Francisco Herrera. El año de 1845 le sucedió el señor Conrado Chávez, y el 47 entró don Juan Lindo, que gobernó hasta el año de 1852.

En Honduras se había levantado un partido llamado de los Texiguats, acaudillado por antiguos partidarios del general Morazán.

En vista de esto, el Gobierno de San Salvador mandó a Honduras al brigadier don Escolástico Marín con 400 hombres en auxilio del Gobierno de Honduras, lo cual tenía lugar en agosto de 1844, estando al frente del Estado don Conrado Chávez.

Los liberales de Honduras se refugiaron entonces en Nicaragua.

El 5 de septiembre de ese año estalló una revolución en la ciudad de San Miguel en Nicaragua, encabezada por partidarios de Morazán. Los jefes eran el general don Trinidad Cabañas y los coroneles Gerardo Barrios, Domingo Asturias, Antonio Ruiz, J. Antonio Vijil y don José Antonio Milla. Malespín, que gobernaba en ese Estado, dictó medidas enérgicas y expulsó del territorio a muchas familias de los comprometidos en San Miguel y de los que creía sospechosos.

Malespín marchó sobre San Miguel con el fin de destruir la facción, pero los sublevados huyeron a Nicaragua al tener conocimiento de que este se acercaba. Por esto Malespín juzgó que Nicaragua estaba en connivencia con sus enemigos y la consideró hostil. Pidió la extradición de Cabañas, Barrios y demás revolucionarios, y le fijó al fin el término de 24 horas para que se le diera contestación.

El Gobierno de Honduras se unió al de El Salvador, y en aquella República se organizaron tropas para combatir a los revolucionarios de San Miguel, y estando Malespín en camino a Nicaragua, las fuerzas combinadas de Ferrara, Morales y Guardiola, atacaron el 24 de octubre al general Cabañas y lo derrotaron en Nacaome.

El 16 de noviembre se movió de esta ciudad al ejército salvadoreño con dirección a Zatoca, en cuyo lugar se incorporó al ejército del coronel don Manuel Quijano, con unos 60 hombres que tenía bajo sus órdenes. Las tropas aliadas de Honduras se hallaban ya incorporadas al ejército, y Malespín fue nombrado general en jefe de los ejércitos, que esta vez le llamaron protectores de la paz.

Después de esto se tentaron varios arreglos que no pudieron llevarse a efecto, pero la guerra continuó porque se quería a todo trance hacer rendir la plaza de León.

Malespín era un hombre muy cruel. Prisionero que caía en su poder lo hacía fusilar. La guerra que se hacía era sin cuartel. Después de muchos combates parciales, cayó en poder de Malespín, la ciudad de León, sufriendo la población los horrores del saqueo e hizo fusilar al gran mariscal Casto Fonseca, al presbítero Crespín y a muchas otras personas notables, como había hecho ya fusilar a los de la goleta Carolina en las aguas del Realejo.

Entre estos estaba el patriota don Lucas Ala y don Simón González. Fue así como terminó esa lucha desastrosa, que el Salvador y Honduras habían hecho a Nicaragua. Era así como entendían la guerra esos hombres tan crueles como bárbaros.

CAPÍTULO XXI: CABAÑAS, UNA ANTORCHA LUMINOSA

I. Malespín en Honduras; lo excomulgaba el obispo Viteri. El Salvador entra en guerra con Honduras y se firma la paz en Sensenti. Trágico fin de Malespín. II. El general Guardiola se rebela contra Lindo, gobernador de Honduras. III. Guerra de los Estados de Centroamérica contra Guatemala y triunfos de Cabañas. IV. Honduras protege a Nicaragua para contener la guerra civil. V. El Congreso americano. Honduras protege a los revolucionarios de El Salvador y sigue la guerra adelante. VI. Guatemala se une a El Salvador para atacar a Honduras. VII. Gobierna en Honduras el doctor Arias; se reúne la Constituyente y se promulgaba la Constitución del 28 de septiembre de 1865.

I

Malespín después de estos triunfos y manchado con la sangre de sus víctimas, se retiró a El Salvador y se situó en el departamento de San Miguel; pero el general Cabañas se puso en marcha sobre esta ciudad y tuvo un encuentro con las tropas de Belloso en Quelepa, pero a su vez fue derrotado en Montero por el vicepresidente de El Salvador, señor Guzmán, pudiendo no obstante llegar a Lempa con 900 hombres el 22 de febrero de 1845, y mientras esto sucedía, Malespín se ocupaba en secuestrar los bienes de Guzmán, y cuando este se acercaba a San Miguel, Malespín huyó cobardemente a Honduras.

El obispo Viteri excomulgo a Malespín por los fusilamientos, que había ejecutado sin respetar siquiera a los sacerdotes.

Las cámaras legislativas declararon nula la elección de Malespín de presidente, y como ya estaba perdido, se puso bajo la protección del Gobierno de Honduras con unos cuantos militares que le quedaban. Por este motivo, la guerra de El Salvador con Honduras era inminente, y al efecto de una y otra parte se hacían aprestos bélicos para ello. Al fin se arribó a un pacto en Jocoro, por el cual Malespín renunciaba al gobierno de El Salvador, se sometería a un juicio de responsabilidad por su conducta pública y se le respetarían sus bienes; pero este pacto no produjo resultado, porque El Salvador pidió a Honduras explicación franca y categórica sobre su modo de pensar r especto a Malespín, y si permitía perseguirlo en su territorio, y como no se dio contestación satisfactoria, la guerra se hizo inevitable entre estos dos países.

El general Cabañas fue nombrado jefe del ejército de El Salvador, que debía obrar sobre Honduras. Compró, además, un bergantín goleta que llamó Veloz Salvadoreña, el 20 de marzo de 1845, la que fue armada en guerra y puesta bajo el mando de Juan Dheming. Malespín, por su parte, tenía a su disposición la goleta Constelación, la Agustina y la Carolina.

Antes de irse a las vías de hecho, se hizo otra tentativa para celebrar la paz y se firmó un convenio el 28 de abril de 1845 en Chinameca, entre los señores Sebastián Salinas y Leonardo Romero por parte de Honduras, y el general Nicolás Angulo y licenciado don Félix Quiroz por parte de El Salvador.

El Gobierno de Honduras no aprobó este convenio y los aprestos de guerra continuaron. El 28 de ese mismo mes el ejército llamado Protector de la Constitución, que estaba al mando del general Cabañas, se hallaba en San Antonio del Sauce; pero tres días antes, una partida de hondureños se había introducido por Santa Clara al territorio salvadoreño.

Cabañas invadió a Honduras en los últimos días de mayo de 1845 y, sin encontrar dificultad, llegó hasta Comayagua, que por entonces era la capital de la República, pero fue atacado por las fuerzas que mandaba el general don José Santos Guardiola, y los salvadoreños sufrieron una derrota. Cabañas fue allí un héroe y tuvo que volver a El Salvador.

El general Cordero invadía también a Honduras por el departamento de Chalatenango y avanzó hasta los llanos de Gracias, en donde, el 7 de junio, rechazó las fuerzas hondureñas mandadas por el general Eusebio Toro y Ciriaco Bran. El 10 de ese mes los salvadoreños fueron rechazados en Sensenti, y los heridos de Comayagua y Santa Rosa, que se les llevaba a El Salvador, fueron quitados por los hondureños e inhumanamente fusilados.

Los hondureños penetraron en virtud de estos triunfos a El Salvador, y en el acto se levantaron trincheras en el río Lempa.

Guardiola ocupó el puesto de la Unión el 18 de julio de 1845, y el 7 de agosto se tomó la plaza de San Miguel. Intentó acceder al pedido que se le hacía de evacuar el territorio salvadoreño; pero Angulo no se dejó engañar y avanzó contra Guardiola. Este sorprendió al general

Angulo en la hacienda del Obrajuelo y, después de un combate que duró cerca de tres horas, fueron vencidas las tropas hondureñas, y al día siguiente Guardiola evacuó el territorio de El Salvador.

El 26 de agosto de 1845 se firmó un armisticio en Sumpul, pero Guardiola, sin respetar el pacto, sorprendió al general Carvallo el 27 de agosto en la Unión. Murió allí el mismo Carvallo, el coronel León Ramírez y 39 soldados.

Por fin, se firmó la paz definitiva el 27 de noviembre del mismo año de 1845 en Sensenti, que era una población hondureña. Esta paz fue respetada.

El general Malespín fue muerto el 25 de noviembre de ese año. Su cabeza se llevó a San Salvador y se expuso en una jaula de fierro. Ignacio Malespín, que solo era coronel y hermano del anterior, fue hecho prisionero. Juzgado militarmente se le fusiló en diciembre de ese mismo año, junto con otros revolucionarios.

Así iban concluyendo esos hombres fatales para Centroamérica y que habían sido la ruina de esos países.

II

En Honduras seguía gobernando don Juan Lindo. El 4 de febrero de 1849, el general don Santos Guardiola se pronunció contra el Gobierno, fundado en que Lindo no había querido aprobar el tratado firmado en Costa Rica por el licenciado don Felipe Jauregui.

El general don Gerardo Barrios, que era gobernador del departamento de San Miguel, excitó al presidente del Estado para que mandara 500 hombres a las órdenes del general Cabañas o del mismo para proteger a Lindo contra las tropas de Guardiola, con el fin de tener un amigo en el Gobierno de Honduras y que le sirviera para fines posteriores.

Barrios se internó en Honduras con sus tropas para restablecer la paz, la que se obtuvo en marzo de ese año, por haber firmado don Victoriano Castellanos y el general Guardiola un convenio en Pespire, por el cual el general insurrecto deponía las armas y reconocía la autoridad que ejercía Lindo. Barrios se regresó a su gobernación con su columna expedicionaria.

III

El 11 de noviembre de ese mismo año de 1849, se levantó el general don José Dolores Nufio en La Brea contra el Gobierno de

Guatemala, apoyado por los Gobiernos de El Salvador, Honduras y Nicaragua, con el objeto de lograr la reaparición del Gobierno Nacional.

Guatemala comenzó a levantar tropas para la defensa de su territorio, y El Salvador, habiendo hecho alianza con el Gobierno de Honduras, se puso en actitud de guerra, situando fuerzas en la frontera occidental. Al mismo tiempo invitó al de Honduras para que mandara tropas a Coatepeque, y para ello llamó al servicio a los generales Guardiola, Ferrera y Saget.

El Gobierno de Guatemala envió gente a sublevar a El Salvador y, después de un encuentro, murieron los oficiales de esa tropa. El presidente de Nicaragua quiso también ponerse al frente de las tropas y dejó en su lugar al licenciado don Francisco Dueñas.

El 9 de enero de 1851 se instaló la Representación Nacional en Chinandega, y a pesar de que quiso buscar la paz, no logró su objeto.

El 24 de enero llegó Cabañas a Metapán con 1,500 hombres. El general Vaquero conducía 500.

Carrera, al conocer los movimientos de las tropas enemigas, avanzó sobre Chiquimula. El día 25 Cabañas se puso a las órdenes de Vasconcelos en Metapán. El ejército aliado se componía como de 4,000 hombres.

Vasconcelos envió condiciones de paz, que consistían en la expulsión de Carreras de Guatemala, y como no se aceptaron, salió el grueso del ejército el 28 de ese mes sobre Guatemala, y en el lugar llamado Jocote se presentaron a Vasconcelos 400 montañeses.

El 2 de febrero se acometieron los dos ejércitos en la altura llamada La Asada.

Carrera resistió con buen éxito a los ataques del enemigo y el ejército aliado se pronunció en derrota. Así fracasó esta tentativa de reorganización centroamericana.

Cabañas trató de reorganizar algunas compañías y con ellas se retiró el 4 de febrero en Coatepeque, dispuesto a disputar el paso al enemigo que marchaba a El Salvador.

El 9 de febrero llegó Carrera a Chingo y anunció a la Municipalidad de El Salvador su marcha sobre la capital.

Las tropas aliadas se repusieron y se replegaron a las fuerzas en Coatepeque. Entonces Carrera desistió de pasar a El Salvador y retrocedió a Santa Ana, y al fin Guatemala ordenó licenciar el ejército de operaciones.

La Asamblea Nacional de El Salvador premió al general Cabañas declarándolo Benemérito de la Patria, por los importantes servicios prestados a la causa del orden.

IV

Don José Francisco Barrundia pedía la reorganización de la nacionalidad centroamericana ante la Representación de El Salvador, pero, ante todo, era preciso restablecer la paz entre esta República, Honduras y Guatemala, y aunque se enviaron comisionados a este último Estado, no quiso reconocerlos ni aceptar arreglo alguno.

En Nicaragua también estalló la guerra civil y esto obligó a los de San Salvador a trasladar la Representación Nacional a Tegucigalpa.

Honduras envió tropas en defensa de la autoridad legítima de Nicaragua, y entonces los revolucionaros capitularon en la ciudad de León.

En 1852 fue nombrado presidente de El Salvador a don Francisco Dueñas.

El 1° de marzo de 1852 subía a la presidencia de Honduras el general don Trinidad Cabañas, en reemplazo del presidente don Juan Lindo. Había nacido en Comayagua en 1802. De estudiante se improvisó soldado, y desde 1822 le vemos combatir gloriosamente con las tropas salvadoreñas que, animadas por el más noble patriotismo y por la justísima causa de la independencia de los pueblos, resistían la imposición que el imperio de Iturbide quería ejercer sobre las hermosas tierras centroamericanas.

Comenzó Cabañas su carrera de soldado raso y fue ascendiendo hasta obtener las palas de general. Sus brillantes hazañas le llevaron a la presidencia de su patria para dejarla el 6 de julio de 1855, cuando apenas su progresista espíritu y su carácter organizador tendían a hacer la felicidad de sus conciudadanos.

Cabañas brilla entre Morazán y Barrios como antorcha luminosa entre dos mártires. Sirvió en el campo de las luchas sin haberse visto envuelto en los oscuros pliegues de la infamia, de las crueldades ni de la ingratitud.

Veamos pues lo que hizo.

El Gobierno Confederado estaba ya disuelto. La esperanza de la reconstrucción de la patria centroamericana se alejaba una vez más.

En Guatemala se restablecía un tanto la paz, por haberse firmado arreglos con El Salvador en abril de 1853; pero la guerra nacía ahora entre Honduras y Guatemala.

Cabañas había levantado un ejército con el cual invadió, en julio de ese año, a Chiquimula; pero el 6 de ese mes fue derrotado por el general don Vicente Cerna, que mandaba las fuerzas de Guatemala. Retrocedió Cabañas a Honduras y Nujio, su aliado, huyó por el camino de Jocotán.

Se atribuía a Cabañas ser el que fomentaba la revolución de Nicaragua; pero esto era una falsedad que tenía por objeto hacerlo solo impopular.

El Salvador quería la paz entre ambos países y acreditó comisionados ante los Gobiernos de Guatemala y de Honduras, pero sin resultado alguno a tan laudable propósito.

La guerra civil estalló también en Nicaragua. Gobernaba aquí el general don Fruto Chamorro, y los revolucionarios proclamaron director supremo provisional a don Francisco Castellón.

La guerra continuó entre Honduras y Nicaragua, a pesar de la intervención amistosa de El Salvador.

Se principió a correr que el Gobierno de Honduras quería vender algunas de las islas del golfo de Fonseca para establecer colonias. El Gobierno de El Salvador, temiendo la ruina de su comercio, protestó de este hecho. El Gobierno de Honduras tranquilizó al de El Salvador, porque tal venta no era efectiva.

La guerra continuó, no obstante, hasta que el general don Francisco López, en 1856, se pronunció contra el Gobierno del general Cabañas, a quien derrotó en Masaguara, y lo obligó a salir del territorio, quedando don Santiago Bueno encargado provisionalmente del Gobierno.

Al terminarse el año de 1860, el Gobierno de Honduras imputó al de El Salvador el hecho de fomentar la revolución en la frontera de este Estado.

Costa Rica se sintió también agraviada con el Gobierno de El Salvador, porque creyó que había ayudado a preparar la desgraciada expedición del general don Juan Rafael Mora, la que terminó con el fusilamiento de este jefe y del general don José María Cabañas, lo que ocurrió en Puntarenas el 30 de septiembre y dos de octubre de ese año.

Entre tanto, en Honduras se habían desarrollado hechos de alta gravedad. A Cabañas le sucedió en el mando en 1856 el general don

José Santos Guardiola; pero el 11 de enero de 1862 fue este asesinado, estando en el segundo periodo de su administración.

El general Barrios, que gobernaba en El Salvador, trabajó por contener el orden y porque se reconociera la autoridad de don Victoriano Castellanos, que era por la ley llamado a la primera magistratura, mientras los pueblos elegían al sucesor. El Gobierno de Honduras, por este servicio condecoró a Barrios con una medalla de honor.

A Castellanos le sucedió en el mando de Honduras don Francisco Montes, el cual fue derrocado del poder y le sucedió el general don José María Medina en 1864.

V

La paz al fin se restableció en Honduras, Guatemala y Nicaragua. Nuevos jefes aparecieron en estos Estados y que con su presencia parecía que apaciguarían la tempestad.

La venida de los españoles al Pacífico en 1863, la toma de las islas de Chinchas al Perú en 1864 y los bombardeos del Callao y Valparaíso hicieron pensar a los Gobiernos de Centroamérica en la necesidad de llevar a efecto la idea de Bolívar y por la cual trabajó tanto Morazán, sobre la formación de un Congreso Americano.

El Gobierno del Perú invitó a los Gobiernos de América a un Congreso. Este se reunió en Lima el 14 de noviembre de 1864. El Salvador asistió a él por medio de un representante, y después hizo tratados con España, como lo fueron celebrando las demás Repúblicas de Centroamérica. El objetivo de la reunión no satisfizo lo que se esperaba de ese Congreso.

El Salvador había hecho fusilar en la madrugada del 29 de agosto al general Gerardo Barrios, faltando a lo prometido al Gobierno de Nicaragua. Así se premiaba a los que servían y peleaban por la libertad.

Las cosas volvían a enturbiarse nuevamente y esas luchas fratricidas iban a continuar con el calor de antes. Era imposible tranquilizar a esos países, porque las intrigas se sucedían unas tras otras.

En 1867, el general don Vicente Cerna había sucedido al general Carrera en el Gobierno de Guatemala. El general don Justo Rufino Barrios levantó el estandarte de la insurrección y era Honduras el lugar a donde se dirigían los revolucionaros de El Salvador, apoyados por el presidente de aquella República, que lo era el general don José María Medina.

En enero de 1871 el Gobierno de Honduras acreditó de comisionados a don Céleo Arias y a don Teodoro Aguilar para arreglar cuestiones pendientes con El Salvador.

El general don Santiago González y otros militares pasaron a Honduras en busca de elementos para derrocar la administración de El Salvador y los obtuvieron. Por esta y otras causas los comisionados de Honduras regresaron sin haber llenado satisfactoriamente su misión oficial. Se realizaron conferencias para tratar de la paz con nuevos comisionados de uno y otro Gobierno en Amapala, e intertanto Honduras preparó su ejército y declaró la guerra el 5 de marzo a El Salvador. El Gobierno de El Salvador movilizó también sus tropas. Las tropas de Honduras se internaron el 16 de marzo de 1871 hasta Pasaquina, donde con 300 salvadoreños se encontraba el general don Florencio Xatruch. El fuego fue nutrido por ambas partes y, tres horas después, los invasores, superiores en número, se declararon en derrota. Con esto terminan las conferencias de Amapala, y Miranda y Xatruch invadieron a su vez a Honduras.

La otra división hondureña y a la cual se habían incorporado los revolucionarios salvadoreños, invadió Sensuntepeque. Estaba compuesta de 800 hombres al mando del teniente general don Juan López, quien cedió el mando al general González, que fue proclamado presidente provisional de la República y general en jefe del ejército de la revolución. El general Martínez mandaba las tropas del Gobierno y esperó el ataque de los revolucionarios. González, en vez de atacar, se fue a fines de marzo a Santa Ana y allí se fortificó. El 7 y 10 de abril se atacó Santa Ana y derrotaron a las tropas de Dueñas. González entró a la capital y fue bien recibido.

VI

El general González fue electo presidente de El Salvador constitucionalmente para el periodo del 1° de febrero de 1874 y, bajo su administración, hizo prosperar notablemente al país.

El Gobierno de Honduras pidió a las otras Repúblicas que mandasen plenipotenciarios al puesto de La Unión, a fin de tratar del asunto de nacionalidad. Esta invitación fue bien acogida. El Congreso se instaló el 7 de febrero de ese año, y ante él se quejó el Gobierno de Honduras por los ataques que le hacía la prensa independiente de El

Salvador. Honduras, por su parte, y a pesar de las quejas, se estaba entendiendo con el partido reaccionario para hacer la guerra a El Salvador, y por eso el Congreso de La Unión no dio resultado alguno a su objeto.

El Salvador aceptó la guerra a la que le provocaba Honduras, con fecha del 25 de abril de ese año de 1872. El general Espinoza invade con su ejército el territorio hondureño por Nacaome. El 5 de mayo siguiente, la división salvadoreña de Oriente invadió también a Honduras, y al día siguiente las tropas de Espinoza derrotaron al enemigo en Sábana Grande. El día 8 del mismo mes el puerto de Amapala cae en poder de El Salvado; el 9 las tropas salvadoreñas ocupaban sin dificultad la plaza de Tegucigalpa.

El general González dejó la presidencia de El Salvador en manos del licenciado don Manuel Méndez y se puso a la cabeza de la división del centro, que debía obrar sobre Gracias, donde se encontraba atrincherado el general don José María Medina, que era el presidente de Honduras con el grueso del ejército. Los generales Rafael Osorio y Santiago Delgado invadieron por otros puntos que creyeron convenientes.

Guatemala hizo suya la causa de El Salvador y declaró a su vez la guerra a Honduras. Movilizó sus fuerzas y el mismo presidente de la República general, don Miguel García Granado, se puso al frente de ellas y entregó el poder al general don José Rufino Barrios.

Todo, pues, se conjuraba contra Honduras.

En San Salvador se había organizado el partido hondureño. Se levantó un acta y se proclamó presidente provisional de Honduras al licenciado don Céleo Arias. Este y sus demás compatriotas se incorporaron en el ejército del centro, que obraba bajo las inmediatas órdenes del general González.

González salió de San Salvador hacia frontera de Honduras, llegó sin dificultad hasta los alrededores de Gracias, ciudad donde el general Medina se había fortificado. El 22 de mayo, día señalado para el ataque, el general en jefe Medina abandonó la ciudad y se dirigió al interior del territorio. Los salvadoreños ocuparon ese mismo día a Gracias.

Espinoza se hallaba en Comayagua, y su segundo, el general Medina, a quien se llamaba Medinita, para distinguirlo del general José Medina en Tegucigalpa y, al saberse en Comayagua de la marcha de Medina hacia la costa, Espinoza salió con algunas tropas con el fin de batirlo. Este movimiento determinó a Medina a marchar sobre Comayagua, que quedaba mal defendida y, evitando un encuentro con las tropas del general Espinoza, atacó a aquella ciudad el 27 de mayo y fue rechazado.

Entonces Medina se fue a embarcar a Trujillo.

González abandonó a Gracias y se marchó a El Salvador, dejando a los generales Espinoza y Osorio como jefes expedicionarios, para que, de acuerdo con el jefe de las fuerzas de Guatemala, siguieran en la pacificación de Honduras.

González entró a El Salvador con sus tropas el 16 de junio. La República volvió entonces al estado de paz.

Espinoza con la venia de Medinita, ya presidente de hecho, creyó también pacificada a Honduras, y se volvía con sus tropas a San Salvador, cuando tuvo noticias de que el fugitivo de Comayagua, general Medina, desembarcaba en Omoa y que, reuniendo nuevas fuerzas, avanzaba al interior y dispersaba las tropas del general don Mariano Álvarez.

Medina estableció después de esto su cuartel general en Santa Cruz y ordenó reclutamientos en Gracias y en Santa Bárbara. Esto obligó a Espinoza a contramarchar y a entrar nuevamente en campaña. El 12 de julio, el general don Juan Antonio Medina, que mandaba tropas salvadoreñas, sorprendió al expresidente de Honduras en su campamento de Santa Cruz, que lo era el general don José María Medina, y se apoderó de sus elementos de guerra y le obligó a retirarse a Santa Bárbara. Cuatro días después, el castillo de Omoa estaba en poder de las tropas de El Salvador.

Las tropas del expresidente don José María Medina estaban, como hemos dicho, en Santa Bárbara y fueron atacadas por las fuerzas unidas de los generales Espinoza, Rafael Osorio y Gregorio Solares, con fecha del 26 de julio, y, después de seis horas de combate, en el que fue herido levemente Espinoza, las tropas salvadoreñas y guatemaltecas se apoderaron de la ciudad y el general Medina, casi solo, tomó desde Gualala el camino hacia Omoa.

Crescencio Gómez, que había quedado como jefe del poder, mientras don José María Medina entraba en campaña, lo transfirió al general don Juan Antonio Medina, y desde este momento este jefe se dio a reconocer de sus tropas como presidente provisional de Honduras, y como segundo jefe dio a reconocer el 28 de julio al general don José María Medina, y se disponía a atacar las fuerzas del general Espinoza que se aproximaban a Omoa, cuando el coronel don Lonquín Sánchez desconoció la autoridad del llamado presidente provisional de Honduras y fusiló al cabecilla Chanona y capturó al general Medina y al licenciado don Crescencio Gómez, poniéndolos a disposición del Gobierno del licenciado don Céleo Arias.

El general don Juan Antonio Medina abandonó la población de Omoa y con esto termino la campaña de Honduras, quedando el doctor Arias firme en el Gobierno. Este acontecimiento se celebró con grandes fiestas, como era natural, puesto que ya Honduras entraba a organizarse sólidamente.

Sin embargo, se levantaban facciones contra el Gobierno del doctor Arias. Se había hecho un desembarco en Omoa, pero el 2 de julio fue tomado y recuperado por fuerzas del Gobierno de Honduras.

Para calmar esta situación, el presidente González, de El Salvador, escribió una carta particular al doctor Arias el 8 de octubre, aconsejándole amistosamente que dimitiese el poder en obsequio de los intereses centroamericanos o en el general don Juan López o en don Teodoro Aguiluz o en don Remigio Padilla. Arias no aceptó esa indicación de González. Se reunieron entonces para conferenciar en Chingo, los gobernantes de El Salvador y de Guatemala, y resolvieron apoyar la candidatura de don Ponciano Leiva para la presidencia de Honduras, y desde aquel lugar le dirigieron una nueva carta al Dr. Arias, excitando su patriotismo para que se alejase del poder, que en concepto de ellos, no podía ya sostener.

Las fuerzas salvadoreñas y guatemaltecas que se encontraban en Honduras, recibieron orden de apoyar a Leiva, desconociendo la autoridad de Arias.

El presidente de El Salvador, a solicitud de Leiva, el 13 de diciembre de ese año, por noticias que tuvo de que el comandante de Amapala había capturado la lancha de vapor La Salvadoreña, mandó fuerzas a las órdenes inmediatas del general don Juan J. Samayoa sobre ese puerto, del cual se apoderaron después de un reñido combate. Poco después, la plaza de Comayagua, último baluarte del Gobierno del Dr. Arias, caía en poder del ejército aliado.

Entonces, la autoridad de don Ponciano Leiva fue reconocida en todo el territorio. La revolución de Honduras terminaba por completo por aquel entonces.

VII

Bajo el Gobierno del Dr. Arias se reunió una Constituyente en Comayagua para reformar la Constitución del 28 de septiembre de 1865. Esta fue derogada y se dictó la de fecha 23 de abril de 1873; pero solo se mandó promulgar y publicar el 25 de diciembre de ese año. En esta Constitución se reformó y mejoró notablemente el Poder Judicial, determinando sus atribuciones. Se abolió la pena de muerte por su Art. 89, dejándola solo para los delitos de asesinato, homicidio premeditado y seguro, asalto o incendio si se siguiese muerte y para el homicidio.

Los militares en servicio quedaban sujetos a las penas de la Ordenanza del ejército.

El presidente del Congreso Constituyente lo fue don Ramón Midence, diputado por el departamento de Tegucigalpa.

Los diputados que formaron parte de la Comisión redactora de este código, lo fueron los señores don Máximo Gálvez, licenciado don Martín Uclés, licenciado don Teodoro Funes, licenciado don Santiago Cerna, presbítero don Miguel Bustillos y don Tiburcio Hernández.

CAPÍTULO XXII: LA LOCURA DE BARRIOS

I. El general don Ponciano Leiva sucede al señor Arias en la presidencia de Honduras. El Salvador y Guatemala entran en guerra. II. El general Barrios se declara jefe supremo en Centroamérica y es desconocida su autoridad por los otros Estados. III. Barrios les lleva la guerra y muere en el campo de batalla de Chalchuapa. IV. Serie de gobernantes en Honduras; el Dr. Don Marco Aurelio Soto. V. El filibustero Walker y su trágico fin. VI. Posiciones en el litoral del norte y como se encuentran actualmente.

I

Los presidentes de El Salvador y Guatemala habían derrocado al Dr. Arias de la presidencia de Honduras y habían hecho presidente de esa República a don Ponciano Leiva. Era este general del ejército y asumía el poder en 1873.

Todo parecía que iba a marchar en paz, ya que los Gobiernos que lo elevaban debían conservarlo y apoyarlo en todo caso.

No tardó empero mucho tiempo sin que el país volviera a estar revolucionado. Los presidentes de El Salvador y de Guatemala tuvieron una conferencia en Chuvigo, el 15 de febrero de 1874, para convenir la forma de intervenir en Honduras. Mas el Gobierno de Guatemala se quejó más tarde por falta de cumplimiento a lo pactado por el presidente de El Salvador y se preparó para hacerle la guerra a esa República. El Salvador tentó medios conciliatorios para evitarla; pero no habiendo logrado su objeto, se preparó para resistir. El general don Santiago González fue nombrado jefe del ejército de occidente y marchó a la frontera, y la guerra entonces comenzó de nuevo entre estos dos países.

Entre tanto, tropas guatemaltecas invadieron a Honduras, apoyadas por el presidente don José María Medina, que quería proclamarse presidente provisional de Honduras, no respetando la autoridad del general Leiva, que era el presidente constitucional.

El Gobierno de El Salvador mandó entonces una columna de tropas a las órdenes del coronel don Fernando Figueroa para que auxiliara a Leiva. Estas tropas, en combinación con las del general hondureño don Enrique Gutiérrez, vencieron al enemigo en Los Naranjos, después de cuya acción Figueroa se volvió a El Salvador para apoyar la defensa del territorio invadido por las tropas de Guatemala.

Al fin, después de muchos combates y de derramarse bastante sangre, El Salvador y Guatemala celebraron la paz el 8 de mayo de 1876 y se firmó el tratado llamado de Cedros.

Leiva, el aliado de El Salvador, un mes después dejó el poder por haberse así estipulado en ese tratado. El Dr. Zaldívar ocupó la presidencia de El Salvador.

II

Don José Rufino Barrios gobernaba en Guatemala en 1885.

El general Próspero Fernández en Costa Rica.

El Dr. Zaldívar en El Salvador.

En Honduras, el general Luis Bográn.

Y en Nicaragua, don Pedro Joaquín Chamorro.

Todo estaba tranquilo; pero un hecho vino a encender de nuevo la política y a hacer renacer la guerra, que tanto había aniquilado a esos países.

El general Barrios emitió con fecha del 28 de julio de 1885, un decreto por el cual por sí y ante sí se declaraba jefe supremo de Centroamérica, lo que se le avisó por telégrafo al presidente de El Salvador.

Costa Rica optó sin vacilar por la guerra.

En El Salvador todo esto causó bastante indignación. Barrios meditaba esto desde tiempo atrás, y por eso contestó que nada le haría variar su determinación y que contaba con cincuenta mil rifles para hacerse obedecer.

Todos los Gobiernos se armaron en el acto, menos el de Honduras, que esta vez se puso del lado de Barrios. Las otras Repúblicas defendían su independencia, y el patriotismo de sus hijos correspondió a la grandeza de la causa que iban a sostener.

El Gobierno de México, cuando tuvo conocimiento del famoso decreto del 28 de febrero del presidente Barrios, resolvió impedir ese aumento de poder. El presidente don Porfirio Díaz, autorizado por la Asamblea de México, se propuso apoyar a El Salvador, que le pedía auxilio. Nicaragua y Costa Rica se aliaron entonces a El Salvador.

El Gobierno de Estados Unidos rechazó también el decreto del presidente Barrios.

El presidente de Costa Rica, que estaba gravemente enfermo, se puso no obstante en marcha en dirección a Esparta, para contribuir con su presencia siquiera a dar valor a las tropas. Era un militar valiente y de reputación bien fundada. Desgraciadamente murió en Atenas el 12 de marzo de ese año. Asumió el mando el general don Bernardo Soto, joven todavía y de nobles antecedentes.

III

El 23 de marzo de 1885, salió el general Barrios de Guatemala con un ejército respetable que había hecho reunir en Jutiapa, y con toda clase de elementos de guerra para emprender a viva fuerza la cruzada unionista en Centroamérica.

El 30 de marzo embistió el enemigo contra las trincheras del Coco y, después de un recio combate, obligó a retroceder a las tropas salvadoreñas en desorden a Chalchuapa. El general don Adam Mora y el general Fernando Figueroa, que mandaban el ejército llamado de Occidente, restablecieron el orden.

El 31 de marzo atacaron las tropas de Barrios en San Lorenzo y fueron rechazadas por el general Regino Monterroza, encargado de defender aquel punto. Al día siguiente, nuevas fuerzas y en mayor número atacaron de nuevo ese lugar sin mejor resultado que el anterior.

El enemigo tomó posiciones en el cerro Tachipelmil y lanzaba granizadas de balas sobre la plaza de Chalchuapa. Barrios mandaba en persona su ejército; desplegó su infantería alrededor de aquella población y arrojaba granadas en todas direcciones.

El 2 de abril atacó la plaza con numerosa y bien disciplinada tropa. Los defensores de la plaza contestaban con energía a los fuegos del enemigo.

El batallón Jalapa estaba flaqueando. Barrios, para infundir aliento, se presenta en su lugar y una bala le atraviesa el cuerpo y le deja sin vida. Venancio Barrios y otros jefes distinguidos también habían allí fallecido. En tal situación se retiraron las tropas de Guatemala, quedando el campo sembrado de cadáveres.

El Salvador estaba triunfante, y entre sus pérdidas se contaban las de los valientes. Brigadier don Rafael Osorio, Braulio Aragón y Joaquín Leiva, muertos allí en defensa de la patria.

Al día siguiente de esta batalla, que decidió la suerte de Centroamérica y que salvó sus instituciones, la Asamblea de

Guatemala derogó el decreto de 28 de febrero. El cuerpo diplomático propuso la paz a las naciones de Centroamérica. Se abrieron al efecto conferencias y la primera se celebró el 6 de abril en Goascorán. Los comisionados arreglaron los principales artículos de ella, y el 10 se dirigieron a Choluteca a donde se encontraba el presidente de Honduras, y con él siguieron a Namasigüe. Allí, en unión del comisionado de Nicaragua, se concluyó y firmó el pacto de paz.

El 18 de abril volvían a Guatemala las tropas, y al día siguiente oficialmente se declaró la paz en el Palacio Nacional.

Barrios, víctima de su ambición, muró allí. Había hecho un gobierno personalísimo en Guatemala. La revolución, teniendo por móvil el deseo de mando, se presentó después en El Salvador, pueblo tan valiente y altivo, como digno de mejor suerte.

IV

Tócanos ahora retroceder un poco para recorrer la serie de los gobernantes de Honduras con un poco de detención, ya que, por dedicarnos a los sucesos habidos entre las demás repúblicas, y principalmente con la de Guatemala, hemos tenido que dejar a un lado a muchos de ellos y tratar los hechos de su gobierno muy a la ligera.

En 1841, el general Francisco Ferrera gobernó, con los conservadores como ya se ha dicho, hasta 1847, en que le sucedió don Juan Lindo que, como liberal probado, gobernó con los hombres de su partido.

En 1852 le sucedió el general don Trinidad Cabañas, que era también hombre liberal y gobernó hasta 1855.

En 1856 le sucedió el general don Santos Guardiola, que pertenecía al partido conservador. Fue asesinado en Comayagua el 11 de enero de 1862, por un oficial de la guarnición que, entrando a su casa, llegó hasta el lecho en que dormía y allí lo ultimó a puñaladas.

El 4 de junio de 1862, gobernó interinamente hasta el 4 de diciembre de ese año, don Victoriano Castellanos. A este le sucedió el senador don Francisco Montes, que fue derrotado por las tropas guatemaltecas a cargo del general don Vicente Cerna.

Le sucedió el general don José María Medina, que gobernó hasta 1872. Era conservador. Le sucedió el doctor don Céleo Arias, netamente liberal. Lo derrotó el Gobierno de Guatemala para hacer subir a don Ponciano Leiva en 1873 y gobernó hasta 1876, época en que le sucedió provisoriamente, hasta agosto de ese año, el doctor don Crescencio Gómez.

Apoyado por el Gobierno de Guatemala, ocupó la presidencia en agosto de 1876, el doctor don Marco Aurelio Soto, que gobernó hasta 1882, época en que se fue a Estados Unidos, y más tarde a París.

El doctor Soto nació en Tegucigalpa el 13 de diciembre de 1846. Hizo su carrera de abogado en Guatemala y aquí se hizo periodista, publicando interesantes estudios sobre Economía Política. Entusiasta sostenedor de las ideas revolucionarias, ayudó al general García Granados hasta que lo hizo subir a la presidencia de Guatemala, destruyendo al Gobierno del mariscal Cerna. Allí, Soto desempeñó los cargos de subsecretario de relaciones exteriores, y más tarde fue ministro de ese ramo y del de Gobernación, bajo la presidencia del general don Justo Rufino Barrios. En este último carácter firmó el decreto de expulsión de los jesuitas, arrastrando iras y anatemas, pero, convencido de que hacía a Centroamérica un positivo servicio, librándola de comunidades absorbentes, "que se chupan la savia de las naciones y predican el desamor a la familia y la inobediencia a los deberes del ciudadano para con la patria".

Como presidente de Honduras, el doctor Soto fue un hábil administrador, puesto que, encontrando la ruina y el desorden en lo económico y la anarquía del caudillaje y del cacicazgo en lo político, organizó el país rápidamente, haciendo renacer en todos el deseo del trabajo y del adelanto. Honduras renació del estado de postración en que la habían dejado exánime las revoluciones, merced a la infatigable labor de aquel hombre de orden y de gobierno, que supo comunicarle el espíritu de vida que a él le animaba.

El doctor Soto posee una basta ilustración, y a su nombre de experto estadista podía agregársele el de hábil escritor. Pertenecía entonces, y como al presente, a la Real Academia Española en el carácter de honorario, y por eso no es raro que se rodeara de los hombres más notables por sus talentos para combatir con ellos las tareas de gobierno.

Con estos antecedentes, la administración del Dr. Soto tuvo que ser fecunda y notable en resultados benéficos para Honduras. Organizó por completo todos los servicios públicos; dio ensanche a la instrucción primaria y secundaria, abriendo escuelas y colegios, base de todo progreso. Mantuvo buenas relaciones con las potencias extranjeras y con las Repúblicas vecinas.

Por decreto del 30 de enero de 1879, quitó la contribución llamada de diezmo, que cobrara el clero, correspondiendo al clamor del pueblo que no podía pagarla por ser exorbitante.

El Dr. Soto quiso arreglar esto amistosamente con la autoridad eclesiástica; pero el obispo de Comayagua, fray Juan de Jesús Zepeda, se negaba a todo y contestaba que no tenía facultad de Roma para hacerlo, ni procuraba tampoco pedirlas. El provisor Carranza, tan intransigente como el obispo, decía que el pueblo no estaba preparado para esa reforma y se oponía tenazmente a ella.

Trabajó porque el congreso dictara los códigos que se necesitaban para el país y él intervino en sus redacciones, presidiendo las comisiones; y por fin, logrado su objeto, promulgó el Civil, el Penal, el de Procedimientos, el de Comercio y el de Minas, prevaleciendo en este último un espíritu verdaderamente elevado y generoso, en beneficio de los que consagran a la explotación de los minerales que son tan abundantes en todo el territorio de Honduras. Bajo su administración se dictaron leyes especiales que requerían varios ramos del servicio público, sobre todo, para organizar la hacienda pública y las rentas del Estado. Mejoró las vías de comunicación, los correos, y, en una palabra, en todo hizo adelantos de consideración.

Hoy día, el Dr. Soto vive en París y descansa de su pesada labor, mereciendo el aprecio de sus conciudadanos que le recuerdan con placer.

Al Dr. Soto le sucedió interinamente, y solo por unos cuantos días, el general don Enrique Gutiérrez, que murió repentinamente creyéndose por muchos que había sido envenenado.

Asumió entonces el mando el general don Luis Bográn en calidad de interino. Después, el pueblo le dio sus votos y gobernó ocho años contados desde el 30 de noviembre de 1833 a causa de haber sido reelecto. Y, tanto en su primera elección como en la reelección, tuvo por competidor al candidato liberal don Céleo Arias. Fallecido este quedó de jefe del partido el Dr. Don Policarpo Bonilla. Bográn entregó el mando en 1891 al general don Ponciano Leiva.

La administración de Bográn fue desgraciada para Honduras. No siguió los adelantos iniciados por el Dr. Soto y, por el contrario, se notó un atraso en todo que hizo retroceder al país en las conquistas que había hecho bajo la progresista administración del Dr. Soto.

El general Leiva despreció al partido liberal y desterró a sus jefes principales, que lo eran el Dr. Bonilla, el general don José María

Reina, don Erasmo Velásquez, don Dionisio Gutiérrez, don Miguel R. Dávila, don Enrique Lozano y don Miguel Oquelí Bustillo. Por esta causa no alcanzó a terminar su periodo presidencial de cuatro años. Revolucionando el país dejó el mando y le sucedió el Dr. Don Rosendo Agüero. Fue derrocado del poder por el general en jefe del ejército, don Domingo Vázquez. Mas la revolución siguió adelante encabezada por el elemento liberal a cuya cabeza se encontraba el Dr. Don Policarpo Bonilla.

Al fin Vázquez cayó del poder, y a cargo de él quedó el Dr. Bonilla interinamente en 1894, quien llamó a elecciones y el voto de sus conciudadanos le fue favorable y gobernó constitucionalmente desde 1895 hasta el 2 de febrero de 1899.

El Dr. Bonilla, observante de la Constitución, no se hizo reelegir ni reformar el Código que juró respetar, para seguir gobernando como lo han hecho otros gobernantes en Centroamérica.

V

Antes de entrar a estudiar el gobierno del Dr. Bonillas, ocuparémonos primeramente de Guillermo Walker y de sus pretensiones con relación a Centroamérica, y enseguida de las provisiones que existían en el litoral del norte, para ver cómo se encuentran al presente.

En Nicaragua gobernaba don Fruto Chamorro en 1854.

Había allí dos partidos que se llamaban el Democrático y el Legitimista, que estaban en pugna. El desorden interno era extremo. El partido demócrata buscó auxilio en los Estados Unidos y vino una partida de aventureros capitaneados por Guillermo Walker, quien se posesionó de la ciudad de Granada en octubre de 1855, y poco después se declaró presidente de Nicaragua y comenzó a manifestar tendencias para el dominio de toda la América Central.

En Guatemala gobernaba el general Carrera.

En El Salvador, el señor San Martín, que el 12 de febrero de 1856 lo reemplazó don Rafael Campo.

En Costa Rica, don Juan Rafael Mora.

Y en Honduras, el general Guardiola.

Todos los Estados se alarmaron en presencia de la invasión de Walker y los suyos a Nicaragua y se prepararon para mandar fuerzas contra los invasores.

Costa Rica fue la primera que se lanzó a la pelea, comenzando por desalojar a los filibusteros de su territorio, en el que también habían penetrado en son de guerra y en son de conquista. El mismo Mora tomó el mando del ejército de operaciones contra Walker, obteniendo laureles en esa campaña, que se prolongó hasta 1857.

Guatemala, El Salvador y Honduras también enviaron tropas a Nicaragua, donde al fin se logró hacer capitular a Walker y a los pocos soldados que le quedaban, después de sostenerse por tanto tiempo contra los aliados centroamericanos. Don José Víctor Zavala, guatemalteco, lució en esta campaña y se conquistó su merecido nombre de valiente y arrojado ante el peligro.

Las tropas de Honduras eran mandadas por el general don Francisco Xatruch. Las de El Salvador estaban a cargo del general Belloso.

Walker recibía constantemente refuerzos de Nueva Orleans y esto fue lo que hizo prolongar la guerra hasta el citado año de 1857.

Walker no escarmentó con las derrotas sufridas. En agosto de 1860 se presentó otra vez en el puerto de Trujillo perteneciente a Honduras, seguido de unos ochenta hombres y con ánimo de trasladarse de allí al territorio de Nicaragua, objeto predilecto de su ambición; pero los oficiales de un buque de guerra inglés que se hallaba en la costa, lo obligaron a rendirse y lo entregaron a las autoridades de Trujillo, donde se le juzgó y fusiló en septiembre de ese año.

VI

Por lo que respecta a las posesiones de la costa, existía Belice, que en inglés se denominaba British Honduras, es decir, Honduras Británica, que comprendía una porción del territorio del antiguo reino de Guatemala, del que formaba parte lo que hoy constituye esa colonia inglesa.

Las guerras que España sostenía con Inglaterra desde tiempos atrás, encontraban resonancia en las costas y mares de la América latina, permitiendo a los ingleses hostilizar las posesiones de la monarquía española en el Nuevo Mundo. Se apoderaron de esta manera de Belice, Roatán, Rio Tinto y otros parajes del litoral del norte de Centroamérica.

Súbditos británicos llegaron allí armados, que de cuando en cuando se adueñaban de esos puntos, a donde les llevaba el incentivo del tráfico.

En 1650 fue preciso expeler a viva fuerza de Roatán a los ingleses por medio de tropas de Guatemala y de la Habana, que se batían en aquella isla al mando del general don Francisco Villalba y Toledo.

En 1751 hízose cargo del Gobierno de la provincia de Honduras el coronel don Pantaleón Ibáñez Cuevas, funcionario que trajo instrucciones de España para armar una expedición y arrojar por ese medio a los ingleses de Belice, Roatán y la Mosquitia, lugares de que estaban entonces apoderados y que los ingleses se resistían a desocupar a despecho de lo convenido sobre tal abandono en el tratado de paz firmado pocos años antes en París, por los plenipotenciarios de España e Inglaterra.

Por Real Orden de 1784, el gobernador español, residente en Comayagua, tenía órdenes de que poblara con gente de Honduras la isla de Roatán.

En cuanto a la expedición conferida al coronel Ibáñez no fue ya necesario que se realizase, porque los lugares en que se encontraban los ingleses fueron, al fin, evacuados en los primeros meses de 1752, al venir de Guatemala el general Vázquez Prego, encargado del superior gobierno de estas provincias.

A pesar de esto, los ingleses mostrábanse aficionados a Belice, la Mosquitia y a las Islas de la Bahía, y no descansaban de extraer de los bosques la zarzaparrilla y otros ramos de comercio que tentaban su codicia en esos parajes, en los que, además, encontraban lucrativo expendio para los artefactos de procedencia británica.

En 1786, por tratado que se celebró en Londres entre España e Inglaterra, desocuparon los súbditos ingleses la Mosquitia; pero más adelante volvieron indebidamente a formar establecimientos en esa costa.

En los indios Mosquitos de Nicaragua llegaron los ingleses a ejercer un protectorado; pero esa situación se reglamentó en 1861 por el convenio concluido entre Nicaragua y la Gran Bretaña, en el cual esta última reconoce que toda la costa de la Mosquitia no disputaba por Honduras, es parte integrante de Nicaragua, sujeta a la soberanía de esa República. Estipulóse, además, en ese tratado, que los indios Mosquitos tendrían derecho para gobernarse por sí mismos en el territorio especial a ellos asignado y que se denomina Distrito de la

Reserva, sin perjuicio de que, espontáneamente y en cualquier tiempo, puedan incorporarse de un modo absoluto a Nicaragua,

Por lo que respecta a Belice, obstinados los ingleses en situarse en esa sección del territorio guatemalteco, se establecieron allí definitivamente de un modo formal en 1783, en virtud de concesión que para el usufructo de los bosques de ese distrito o, con más propiedad, para el corte de Palo de Tinte o Campeche, les hizo el rey don Carlos III.

Pero, como después siguieron avanzando en tierra guatemalteca, sin respetar la demarcación primitiva, dispuso el Gobierno de Guatemala, en los últimos años de la administración del general Carrera, ajustar con la Gran Bretaña un tratado de señalamiento de los límites que correspondía a Belice, evitando así nuevos avances en el territorio de Guatemala. Este tratado se llevó a efecto en 1859, y la Inglaterra se obligó a contribuir con cincuenta mil libras esterlinas para la apertura de camino carretero entre la ciudad de Guatemala y el Atlántico; pero hasta la fecha la Inglaterra no ha entregado una sola libra y por eso las cosas están como antes.

Las Islas de la Bahía, y una zona de la Mosquitia hondureña, habían caído desde años atrás en poder de los ingleses; pero en 1860 fueron restituidas a Honduras, bajo la presidencia del general Guardiola, de acuerdo con el tratado celebrado el 27 de abril de 1857 con el Gobierno de Honduras y de Inglaterra.

Las Islas de la Bahía constituyen hoy, con ese mismo nombre, un departamento de Honduras. La Mosquitia corresponde a otro que se llamada de Colón, con la ciudad de Trujillo, que es la capital.

La devolución de estos territorios influyó de un modo poderoso al tratado Clayton-Bulwer, concluido en Washington el 19 de abril de 1850, entre los Estados Unidos de América y la Gran Bretaña. Las dos naciones contratantes se comprometieron a no asumir ni ejercer dominio alguno sobre Nicaragua, Costa Rica, en la costa de la Mosquitia ni en parte alguna de la América Central, haciéndose así cumplida justicia en sus derechos a los centroamericanos.

CAPÍTULO XXIII: HONDURAS... OTRA VEZ HABLAN LOS FUSILES

I. Antecedentes del Dr. Bonilla. II. Se le destierra de Honduras y se hacen dos tentativas contra el Gobierno del presidente don Ponciano Leiva. III. Tercera revolución encabezada por el Dr. Bonilla con apoyo del Gobierno de Nicaragua. IV. El presidente Vásquez resiste a la revolución, pero al fin son vencidas sus tropas entrando a gobernar de hecho la República el jefe victorioso; sus reformas en este periodo. V. Gobierno Constitucional del Dr. Bonilla y los adelantos efectuados bajo su administración. VI y VII. Consideraciones generales y caracteres del Gobierno del presidente Dr. Bonilla.

I

El Dr. Don Policarpo Bonilla pertenece al partido liberal de Honduras.

Comenzó su vida pública en las luchas electorales para presidente de la República en los años de 1883 y 1887.

Jefe del partido liberal lo era por entonces el Dr. Céleo Arias, y gobernaba la República el general don Luis Bográn, que trataba de hacerse reelegir de presidente en 1887.

Pero cuando el señor Bonilla entró de lleno a la política activa de su patria, fue al comienzo de la campaña electoral de 1891. Arias, que era el jefe del liberalismo hondureño, había presentado su candidatura a la presidencia, disputándose el puesto con don Ponciano Leiva, que era apoyado por el Gobierno de Bográn que ya iba a entrar a su último periodo. Su candidatura era pues oficial.

Arias falleció al comienzo de la lucha y entonces entró el Dr. Bonilla a ser jefe del partido y candidato a la presidencia. Las elecciones fueron reñidas pero, como era natural, el candidato oficial quedó triunfante por una insignificante mayoría, debida al fraude y a las influencias del Gobierno. Mas si los liberales fueron así vencidos, hubo de notable que este partido apareció y quedó después con una sólida organización que no había tenido antes, lo cual obligó al partido gobiernista a organizarse, y entonces tomó el nombre de Partido Progresista; pero esta organización fue efímera; solo duró mientras se resolvió la lucha electoral. Ese partido desapareció y solo existe en Honduras un partido, y este es el liberal.

II

El nuevo Gobierno inaugurado por don Ponciano Leiva no se creyó seguro, y entonces pensó alejar del país a todos los hombres de importancia, creyendo así concluir con el partido que encabezaba el Dr. Bonilla. En 1892, con motivo de un asalto al cuartel de Amapala, puerto situado en el Golfo de Fonseca, el presidente Leiva atribuyó complicidad en este suceso a los jefes del partido de oposición y expatrió al señor Bonilla con varios de sus amigos más caracterizados, como ser al Dr. Don Miguel R. Dávila, don Dionisio Gutiérrez, don José María Reina y otros.

Los emigrados se trasladaron a la vecina República de Guatemala, y en el destierro promovieron tres revoluciones. La primera tuvo lugar en el mismo año de 1892 la que se llevó a cabo invadiendo al país por la costa norte, encabezada por el general don Manuel Bonilla y por el coronel don Leonardo Nuila. Este ataque fue sofocado por el Gobierno de Honduras, y esta tentativa fracasó por completo.

El Dr. Bonilla no tomó parte alguna en este primer intento revolucionario.

En 1893, el Dr. Bonilla y sus partidarios invadieron a Honduras por el sur, penetrando por Nicaragua. El movimiento era esta vez más amenazador y en tanto extremo que el Gobierno entró en negociaciones con los revolucionarios.

El presidente Leiva, por enfermedad, había depositado el poder en uno de sus ministros, el licenciado don Rosendo Agüero.

Las negociaciones de paz fracasaron por la presión que, según parece, ejercía el general en jefe del ejército, don Domingo Vásquez en el presidente Agüero, y la guerra continuaba.

El 25 de febrero principió la batalla de Tatumbla, pequeño pueblo del sur del departamento de Tegucigalpa, que duró un mes, más o menos. Al fin, los revolucionarios lograron salir de este pueblo por un movimiento estratégico y marcharon de noche sobre la capital, que distaba poco. En la madrugada del 28 de marzo, las fuerzas invasoras pudieron penetrar hasta las mismas calles de Tegucigalpa; pero, con el auxilio del general Vásquez, fueron rechazadas hasta una altura vecina. En este cerro, que se llamaba El Picacho, a orillas de la ciudad, y que la domina completamente, fueron los revolucionarios atacados por las tropas del Gobierno y salieron aquellos victoriosos, pero se vieron obligados, no obstante, a abandonar sus posiciones, dirigiéndose enseguida a las fronteras nicaragüenses, porque las pérdidas sufridas no bastaban para seguir con éxito la campaña. El señor Dr. Bonilla salió herido gravemente en un combate parcial que se libró después de aquella acción.

III

Después de estos sucesos, el general don Domingo Vásquez fue elegido presidente del Estado por renuncia que hizo Leiva de ese cargo, la que fue admitida por el Congreso Nacional.

Vásquez obtuvo del Congreso en octubre de 1893 una ley por la que se le autorizaba para declarar la guerra a Nicaragua en caso de que aparecieran por sus fronteras los revolucionarios.

La causa de los emigrados hondureños era solidaria con la del Gobierno inaugurado en Nicaragua por el general don José S. Zelaya, así como por ideas y compromisos a causa de que los emigrados habían ayudado a Zelaya a derrocar al Gobierno conservador de Sacasa.

En presencia del decreto Ley del Congreso de Honduras, el Gobierno de Nicaragua auxilió abiertamente al señor Bonilla y amigos, y entonces hace con ellos causa común.

En estas condiciones se llevó a cabo la tercera y última revolución liberal en Honduras.

IV

El 24 de diciembre de 1893 el jefe de la revolución, Dr. Bonilla, inauguró su Gobierno provisorio en los Amates, en la frontera con Nicaragua y, como era natural, fue reconocido en el acto por el de Nicaragua.

El presidente Vásquez, mientras tanto, se había preparado activamente para la defensa. Del 15 al 17 de enero de 1894 se libró en Choluteca, ciudad al sur de Honduras, la batalla decisiva de esta guerra, entre el ejército aliado de Nicaragua y revolucionarios con las fuerzas del general Vásquez. El valor y estrategia de este militar no fueron bastantes porque sufrió allí una completa derrota. Con los restos de su ejército correo, no obstante, a la capital, a donde le persigue el ejército aliado sin darle tregua. El 23 del mismo enero empieza el sitio de Tegucigalpa, que resistió hasta el 22 de febrero.

El presidente general Vásquez logró, al fin, escaparse y se fue a refugiar al vecino Estado de El Salvador.

El señor Bonilla, meced a este triunfo, ocupó de hecho la presidencia de la República, y entonces se dedicó a restablecer el orden y a organizar el país del mejor modo posible; atendió los servicios de aduanas y, por último, procuró reparar los males causados por tan larga guerra, como la que acababa de terminar. Decretó la creación de juntas en los departamentos para el reconocimiento de las pérdidas sufridas por los particulares y causadas por la revolución o por exacciones del Gobierno derrocado. Las cantidades reconocidas fueron de alguna consideración, y la deuda aceptada por ese motivo se ha pagado ya en su mayor parte.

Igualmente, dispuso el Gobierno, que presidía el Dr. Bonilla, otorgar pensiones de invalidez y montepíos a los revolucionarios y aun a las familias de militares muertos al servicio del general Vásquez.

Aparte de esto, los servicios públicos fueron atendidos debidamente: el correo y el telégrafo y demás ramos del ministerio de Fomento se mejoraron notablemente.

Pero a donde dirigió de lleno su atención el Dr. Bonilla fue a la instrucción pública. En la capital se fundó un nuevo colegio de segunda enseñanza para varones; se reabrieron, además, la Facultad de Leyes, el Instituto Nacional y muchos colegios en las cabeceras de departamentos.

Por un decreto de mayo de 1894 se mandó abrir las escuelas elementales en todo el país.

En abril del mismo año convocó a elecciones para diputados a la Constituyente que se reunió en julio.

Abierto el Congreso, el Dr. Bonilla, en un magnífico mensaje, dio cuenta de todos los sucesos ocurridos hasta entonces e hizo entrega del mando que ejercía a la misma Asamblea; pero por voluntad de esta continuó ejerciéndolo provisoriamente.

Esta Asamblea, que era Constituyente, reformó la Constitución Política del Estado y la dio el 14 de noviembre de 1894.

Presidió esta Asamblea don Pedro H. Bonilla.

El 13 de noviembre de ese año, el señor Dr. Bonilla la mandó promulgar y publicar.

Esta Constitución es la que hoy rige el Estado de Honduras.

La misma Asamblea convocó al pueblo a elecciones para presidente de la República y, practicando el escrutinio, se declaró elegido al señor Bonilla para presidente, y para vicepresidente al general don Manuel Bonilla el 15 de diciembre de 1894.

El 1° de octubre de 1895 juró ante la Representación Nacional el cargo, cosa que no había hecho antes por acuerdo de la misma Asamblea, y entonces entró a ejercer sus funciones constitucionalmente.

Cesó con esto el Gobierno, de hecho, que había ejercido hasta entonces, y con esto llegamos también a la segunda parte de su liberal y provechosa administración.

V

En el tiempo que lleva de régimen legal el Gobierno del señor Bonilla, ha seguido fomentando el progreso de su país, manifestándose su carácter emprendedor en todos sus actos gubernativos.

Para asegurar los derechos garantidos por la Constitución, se han dictado las siguientes leyes: De amparo, o sea de garantías individuales de fecha del 24 de noviembre de 1894; la de elecciones del 20 de diciembre del mismo año; modificaciones a esa misma ley el 7 de marzo de 1895; ley sobre el estado de sitio del 7 marzo de este mismo año y otras de bastante importancia. Por fin, bajo su administración y merced a sus exigencias, se ha operado una reforma completa en todos los códigos, ya que esta se hacía necesaria para armonizarlos con la nueva Constitución del Estado, a fin de que existiera la debida correspondencia entre aquellos y la ley fundamental.

Las líneas telegráficas han sido aumentadas y se han creado nuevas oficinas de correos, haciendo que Honduras se adhiera a la Convención Postal Universal. Líneas telefónicas hacen el servicio en la capital.

Ha protegido la inmigración, dictando disposiciones para facilitar el medio de adquirir terrenos a fin de colonizar al país, ya que tenía tantas extensiones que se prestan para el desarrollo de la agricultura.

Se ha establecido como obligatorio el sistema métrico decimal por ley de la República.

Le ha dado atención preferente a la estadística y establecido archivos públicos, así como bibliotecas para el pueblo.

La Escuela de Artes y Oficios, la Litografía Nacional y la Tipografía del Gobierno, han recibido un ensanche considerable en sus talleres.

Las vías de comunicaciones mejoran día a día, lo que da a los pueblos ventajas consideradas para el comercio.

Actualmente está en construcción un ferrocarril interoceánico a cargo de un Sindicato Norteamericano, habiendo el Gobierno tenido que otorgar grandes concesiones de terrenos por la obra y pago de la deuda extranjera que abruma al país. Tal acto ha merecido al Gobierno alguna censura de parte de sus enemigos y de publicaciones extranjeras mal informadas. La obra sigue adelante, y su realización importa para la transformación del país, convirtiéndolo en uno de los más productores y comerciales de Centroamérica. Si bien es verdad que el Gobierno cede terrenos eriales e incultos que no tienen valor alguno ni hay habitantes como poblarlas, es natural que, si el Sindicato logra realizar su objeto, aprovecha del beneficio que la obra reporta al país. Sin ella esos terrenos jamás tendrían valor alguno y, si les da, es sin sacrifico actual para el Estado.

Hay también, en proyecto, la construcción de otras vías férreas a comarcas ricas del territorio y que, al realizarse, ganarán notablemente porque se generaliza el comercio y se lleva el progreso a puntos apartados, que saldrán de la triste situación en que se encuentran hoy día.

Como siempre, la instrucción pública ha sido impulsada preferentemente, como que en el desarrollo de este ramo se interesan todos los Gobiernos cultos. La instrucción es laica y gratuita. La instrucción primaria es obligatoria para los niños de 7 a 15 años de edad. Ha dado el señor Bonilla libertad de enseñanza. No existe el monopolio que han establecido varios Gobiernos en Sudamérica.

El número de escuelas primarias era, en 1896, de 383, de las cuales solo 25 eran privadas, con una asistencia media de 23,767 alumnos, invirtiéndose en la instrucción primaria 139,000 pesos plata.

Había, en 1896, veintitrés escuelas superiores o complementarias, de las cuales ocho anexas a los colegios de segunda enseñanza, que eran once, y a estos establecimientos asistieron 1,588 alumnos.

En la Universidad Nacional de Tegucigalpa se hacen los estudios profesionales. Las Facultades de Jurisprudencia y Ciencias Políticas, de Medicina y Cirugía, y la de Ciencias Exactas o Ingeniería, están regidas por una Junta Directiva o Consejo de Instrucción Pública, que preside un decano. En la ciudad de Comayagua hay una segunda Facultad de Jurisprudencia y Ciencias Políticas, que se llama Escuela de Derecho.

Existen colegios de segunda enseñanza o liceos provinciales en Tegucigalpa, Olancho, Danlí, Comayagua, Marcala, Intibucá, Gracias, Copán y Santa Bárbara.

Hay, además, en Tegucigalpa, una Escuela de Artes y Oficios; una imprenta y una litografía del Gobierno, perfectamente montadas, donde se ejecutan trabajos de primer orden. Una Casa de Moneda, una Biblioteca Nacional, un Hospital General, un diario oficial del Gobierno, que se llama La Gaceta. Se ha mandado fundar últimamente un Museo Nacional por decreto del 15 de mayo de 1898, el cual prestará importantes servicios a la juventud estudiosa de este país.

No es posible exigir mayores adelantos en un gobernante que ha tenido que organizarlo todo y que nada existía que valiera la pena, puesto que lo hecho por el señor Soto se dejó perder bajo la administración de sus sucesores. Lo que hoy existe se debe todo al doctor Bonilla. Mandó jóvenes a Chile para formar profesores en pedagogía y a estudiar leyes para que regresen más tarde a impulsar la enseñanza conforme a los últimos adelantos en estas materias, haciendo que la nación les costeara su educación holgadamente.

En la administración de justicia ha hecho también reformas importantes. Ha creado tribunales y juzgados, respetando la independencia de este poder, tal como lo ha querido la Constitución del Estado, y se puede decir con propiedad que hoy existe allí una regular administración de justicia, El Poder Judicial se compone de una Corte Suprema de Justicia, compuesta de cinco jueces, un secretario y un fiscal y, además, empleados secundarios.

Existen, además, una Corte de Apelaciones en Tegucigalpa, otra en Comayagua y la tercera en Santa Bárbara, con jueces, secretarios y fiscales, tal como lo manda la ley. En Tegucigalpa hay un Juzgado de Letras en lo Civil y dos en lo Criminal, y dos fiscales para el servicio de ellos, aparte de los demás empleados de planta para el funcionamiento correcto de ellos. Existen Juzgados de Letras en Olancho, en Paraíso, en Danlí, Choluteca, Valle, Amapala, Comayagua, La Paz, Intibucá, Gracias, Copán, Ocotepeque, Santa Bárbara, Cortés, Yoro, Colón, La Ceiba y en las Islas de la Bahía.

Además del Presidio de Omoa, que es de lo más notable, existe una Penitenciaria en Tegucigalpa y Presidios en Comayagua, Copán, Santa Bárbara, Colón, fuera de las cárceles departamentales.

Se ha dado la independencia necesaria o, mejor dicho, autonomía al Poder Municipal, base del progreso local.

Honduras está, pues, en estado de seguir ya con pocos esfuerzos todos los progresos de que están en posesión los pueblos más cultos, si sus futuros gobernantes siguen la senda que les ha marcado el doctor Bonilla.

VI

Hay otro hecho que honra al expresidente de Honduras, y es el haber sido el iniciador del Pacto de Amapala, merced al cual vino la formación de la República Mayor de Centroamérica, por la unión de los Estados de El Salvador, Nicaragua y Honduras. Guatemala y Costa Rica no quisieron aceptar ese pacto, y al haberlo consentido habría aparecido la antigua República Federal, cuya ventaja a nadie se le escapará. No obstante, cuando haya gobernantes que piensen en las ventajas de esta federación, es indudable que otra será entones la suerte de Centroamérica.

En los pueblos no faltan nunca hombres que desconozcan los beneficios de un buen Gobierno. Al doctor Bonilla intentaron hacerle dos revoluciones, pero él supo vencerlas en su comienzo y salvó al país de sus estragos y de la consiguiente anarquía con el desborde natural de las pasiones.

La primera estalló en Nicaragua y fue sofocada luego por la intervención de Honduras, la que, de haber triunfado era indudable que habría envuelto a Honduras en sus horrores, y la obra se produjo dentro del territorio hondureño por emigrados enemigos del Gobierno el 13 de abril de 1897. Poco tiempo le bastó al señor Bonilla para batir a los revoltosos y pacificar por completo a todo el país. Sin embargo, ambos movimientos perturbaban el desarrollo que el Gobierno estaba dando al progreso del país.

VII

El Gobierno del señor Bonilla en Honduras tendrá que ser considerado en la historia como uno de los mejores si se le compara con los que con anterioridad a él han regido los destinos de ese país.

Es de notar que desde que el señor Bonilla se presentó en 1891 de jefe y candidato de un partido, manifestó una sólida preparación política, así como la entereza y convicción de un avanzado liberal.

Sus ataques al Gobierno en aquella época fueron siempre moderados, sin que jamás salieran del límite doctrinario que dio a sus polémicas.

El Gobierno del señor Leiva le temía, aunque sin motivo, puesto que el doctor Bonilla había probado que no aspiraba llegar al poder por medios ilegales ni tampoco cometiendo crímenes ni manchándose con la sangre de sus enemigos políticos. Por eso se consideró como mero pretexto el fundamento que dio al Gobierno a la expatriación del señor Bonilla y a sus principales partidarios, mientras no existiesen pruebas irrefutables. El acto ejecutado en su contra, violando todo derecho, se estimó en Honduras de arbitrario e impolítico, puesto que, lejos de haber procurado Leiva un avenimiento con los liberales, los arrojó del país, quedando estos desde ese momento en libertad de obrar como lo creyeran por conveniente para poder regresar a su patria. Bajo el derecho que les creó esa situación, promovieron y llevaron a cabo sus revoluciones, hasta que en la última alcanzan buen éxito, como antes lo hemos dicho.

El Gobierno del Señor Bonilla ha sido muy uniforme desde el primer momento. En el régimen provisorio el poder con que estaba investido era discrecional, y sin embargo, no hay noticia alguna de que hubiera cometido arbitrariedad ni violencias a la sombra de la autoridad suprema, pues llegó hasta olvidarse en el país que el imperio de la Constitución estaba suspenso.

Tal conducta, que contrastaba esencialmente con la observada por el Gobierno derrocado, fue indudablemente oportuna y humana, dando por resultado la armonía de los elementos contrapuestos del país y el olvido de los odios que traen consigo las guerras civiles. El nuevo régimen que implantó el doctor Bonilla se captó las simpatías de la generalidad de sus gobernados y el respeto de sus enemigos. Esta es, pues, una lección provechosa para los hombres de Gobierno que todavía piensan que la manera más eficaz de apaciguar una oposición contra ellos es la opresión de los pueblos y la persecución sanguinaria de los individuos que la promueven. La tolerancia legal, el respeto a la conciencia individual y hasta la generosidad del que manda, son medios que pueden más que las medidas de rigor desarmar la oposición más sistemática, puesto que no hay poder más grande y sólido que aquel que descansa en la opinión pública. Ha pasado ya la época del terror, y los políticos de América deberían dirigir sus esfuerzos uniformemente a desterrar para siempre ese pernicioso sistema de Gobierno. Ni aun los gobiernos militares son aceptables, sobre todo dentro del sistema republicano. El imperio del militarismo no está llamado nunca a hacer la felicidad de las naciones, puesto que hay que tener presente que las colectividades humanas no se han formado para guerrear y destruirse. Su aparecimiento ha obedecido, por el contrario, a fines más elevados de protección mutua y desarrollo armónico. De aquí nace la necesidad de los gobiernos civiles, como los únicos que se prestan a que los pueblos alcancen ese fin.

La importancia de la administración del señor Bonilla está en haber inaugurado un gobierno civil, cuya fuerza la cifró desde su comienzo en el cumplimiento invariable e imparcial de la ley. Y este carácter de su Gobierno es nuevo, en la forma que lo ha establecido, en Honduras y aun en Centroamérica. Llegado al poder, sin embargo, se encontró el señor Bonilla, como era de esperarse, con invencibles dificultades, así como con hábitos arraigados, para establecer en toda su extensión un Gobierno según la teoría de su credo político. La innovación que introducía era radical, y por supuesto que los viejos elementos deberían resentirse, en razón a que toda innovación, en cualquier orden de hechos, produce la desconfianza en las primeras tentativas. Esto es natural: la Política, como ciencia de aplicación, no puede alcanzar reformas bruscas en la organización de las sociedades sin producir trastornos fecundos en males.

De allí que el Gobierno del doctor Bonilla se haya visto obligado a marchar poco a poco, pero con firmeza de propósitos. No obstante, los rumbos están ya señalados a sus sucesores y al pueblo mismo, y al seguir por ellos los mandatarios que vengan enseguida, veremos afianzarse en Honduras las instituciones del sistema republicano moderno y, como lógica consecuencia, el engrandecimiento del país.

VIII

En 1986 estalló en Nicaragua una revolución encabezada por el vicepresidente de ese Estado y el Gobierno del señor Bonilla, a pedido del presidente de aquella República, general don J. Santos Zelaya le auxilió con fuerzas hondureñas. Este acto, como era natural, fue duramente censurado por el pardito conservador de Honduras, dando motivo a protestas de algunos diputados de ese bando en el Congreso Nacional. Pero juzgada la intención del señor Bonilla, la cual era mantener la paz en todas las Repúblicas y evitar la entronización de los conservadores en el poder que ha sido siempre fatal, se vio que obró bien en ayudar a la República vecina en esa crítica situación.

Además, existía el pacto de alianza celebrado por medio del tratado de Amapala, que trajo por resultado la formación de la República Mayor de Centroamérica, era entonces solidaria la causa de los tres Gobiernos. Por otra parte, si la revolución hubiera triunfado en Nicaragua, peligraba la tranquilidad en Honduras y luego la de El Salvador, puesto que los enemigos de los Gobiernos de los tres países habrían sido apoyados por los revolucionarios nicaragüenses. Estaba, por lo tanto, en el interés de toda Centroamérica el que la revolución fuera ahogada en su comienzo para mantener la paz y el progreso en esos Estados; he aquí porque la intervención de Honduras en favor de Nicaragua aparece sobradamente justificada.

Ahora, si consideramos esta cuestión en su fondo, se nota que la conducta del Gobierno de Honduras no tuvo violación de la soberanía del país vecino y aliado suyo, puesto que se procedió con autorización y a pedido del Gobierno Constitucional que allí existía.

IX

La marcha pacífica del Gobierno del señor Bonilla en Honduras fue perturbada por una revolución interna que estalló en abril de 1897; pero felizmente fue sofocada en una rápida campaña de un mes. El jefe expedicionario a quien se confió el mando de la tropa lo fue el actual presidente, general don Terencio Sierra, hombre de valor y táctico experimentado.

Desde que el doctor Bonilla subió al poder, los emigrados voluntarios de Honduras y aun sus pocos enemigos en el interior, fraguaban contra él revoluciones, valiéndose para ello de todos los medios de que podían disponer, como ser desacreditado los actos del Gobierno para hacerse de prosélitos. La autoridad suprema tenía conocimiento de los trabajos sediciosos de sus adversarios; pero respetuosa al precepto constitucional los dejaba en libertad porque no se presentaba acto alguno ostensible de vías de hecho, que legitimara el uso de medidas violentas para reprimir ese desborde de las pasiones. Sin embargo, esa conducta tolerante del Gobierno se consideró por los emigrados como un síntoma de debilidad, y de allí que se aprovecharan de la primera oportunidad para invadir al país; pero como lo hemos dicho, el Gobierno constituido venció casi sin sacrificios de sangre. Muchos de los principales jefes y cabecillas del movimiento cayeron prisioneros jefes y cabecillas del movimiento cayeron prisioneros y se les juzgó por los tribunales competentes.

Aquí aparece otro hecho que honra al señor Bonilla y caracteriza a la vez a su Gobierno. A virtud de las facultades extraordinarias que le daba el estado de sitio, decretó una amnistía general para los prisioneros y para todos los comprometidos en la revolución.

El señor Bonilla, guiado por la experiencia, comprendió en el acto que la clemencia de los que mandan trae muchas veces más ventajas que la dureza de los castigos que establecen las leyes y que ella trae el convencimiento en el enemigo aún más sistemático.

Esta conducta noble y generosa del jefe del Estado vino a probar una vez más que guardaba perfecta armonía con sus antecedentes políticos y forma en verdad una excepción en los Gobiernos de Centroamérica y aún de toda la América.

La historia nos enseña que, en general, los caudillos políticos, cuando han hecho uso de las armas por necesidad o bien por maldad para hacer prevalecer sus ideas, han llevado al poder una autoridad militar sino despótica, y en todos los casos se han hecho después crueles y duros, cegados por la autoridad. Pero, tratándose del doctor Bonilla, sucede todo lo contrario: jefe de una revolución triunfante, una vez que llegó a la primera magistratura del su país, abandonó la espada del guerrero para apoyarse en la ley, apareciendo en breve el estadista y el hombre de Gobierno respetuoso de las instituciones nacionales y amante del progreso de su patria y clemente como pocos.

Apagados los odios, y cuando en Honduras se oiga solo el ruido que produce el movimiento industrial de pueblo de orden y de trabajo, se reconocerá, estamos seguros de ello, que el señor Bonilla, como jefe de Gobierno, inició una era de positivo engrandecimiento para el país.

El 1° de febrero de 1899 el doctor Bonilla entregó el mando con las formalidades de estilo al presidente constitucional, general don Terencio Sierra. Es indudable que el señor Sierra seguirá la política de conciliación y de progreso que dejó establecida su antecesor.

Es esta una bella esperanza para el país. Honduras marcha decididamente al progreso.

IDEA HISTÓRICA DE CÓMO SE HA FORMADO EL DERECHO CONSTITUCIONAL EN EL ESTADO DE HONDURAS

I

Declarada la independencia de Centroamérica, los Estados de El Salvador, Honduras, Nicaragua, Costa Rica y Guatemala, formaron una Federación; paro cada Estado debía constituirse con entera independencia uno de otro y darse su Constitución, sin salir de los límites que estableciera la Constitución Federal.

En tal caso era indispensable dictar este primer código, y con este objeto se señaló el número de diputados que cada Estado debía mandar al Congreso de Guatemala y se fijó la época en que debía funcionar esta Asamblea Constituyente.

Al efecto se elaboró y discutió la referida Constitución y se promulgó el 22 de noviembre de 1824, que fue recibida con entusiasmo por todos los pueblos de la Federación.

Formaron este Código cuatro diputados por Costa Rica, ocho por Nicaragua, once por Honduras, doce por El Salvador y veintiséis por Guatemala.

El presidente de Guatemala, que lo era de la Federación, don José Manuel de la Cerda, la mandó promulgar en el mismo día 22 de noviembre del citado año de 1824.

Según este código, el territorio de la República era el mismo que comprendía el reino de Guatemala, con excepción de la provincia de Chiapas, que resolvió incorporarse a México. El Gobierno era popular, representativo federal.

En su artículo 10 establecía que cada uno de los Estados que componía la Federación era libre e independiente en su gobierno y administración interior, y que les correspondía todo el poder que por la Constitución no estuviese conferido a las autoridades federales.

El Poder Ejecutivo se debía ejercer por un presidente nombrado por el pueblo de todos los Estados de la Federación.

El Poder Ejecutivo de los Estados debía residir en un jefe nombrado por el pueblo de que se formaba cada Estado.

Esta Federación duró hasta fines de 1838, o, mejor dicho, hasta enero de 1839.

II

Como cada Estado debía tener su Congreso, el de Honduras se debía componer de ocho diputados propietarios e igual número de suplentes.

El primer Congreso de Honduras debía reunirse en Cedros y se instaló el 29 de agosto de 1824, con el título de Asamblea Constituyente, bajo la presidencia del ciudadano diputado don Pedro Nolasco Arriaza.

Este Congreso declaró por jefe del Estado de Honduras a don Dionisio Herrera, y vice a don Justo Milla.

Se ocupó activamente en organizar todos los servicios del Estado.

La Asamblea Constituyente funcionó primero en Tegucigalpa hasta principios de 1825, y después se trasladó a Comayagua.

Elaboró también su Constitución y, al fin, dio su trabajo por terminado el 11 de diciembre de 1825, día en que el jefe del Estado, señor Herrera, la hizo promulgar y la juró ante la Asamblea. La mandó circular a todas las autoridades del Estado para que a su vez fuera jurada por las autoridades civiles y militares del país.

La Asamblea Constituyente con esto dio por terminado su trabajo y cerró sus sesiones el 12 de diciembre de ese año. Entraba entonces a funcionar el Congreso Ordinario.

Declaró esta Constitución que el Estado de Honduras era libre e independiente de toda potencia o Gobierno extranjero y que nos ería jamás patrimonio de ninguna familia ni persona.

Declaró también que Honduras profesa y profesará siempre inviolablemente la religión cristiana, apostólica, romana, sin permitir mezcla de otra alguna.

En seguida declaraba que todo hondureño era libre dentro de su país; protegía la libertad, la propiedad y la igualdad. Dividía el Supremo Poder en Legislativo, Ejecutivo y Judicial. Reglamentaba estos poderes y daba reglas para fijar su competencia la órbita de sus respectivas atribuciones. Daba después reglas para garantir los derechos que otorgaba la misma Constitución, formando así un derecho público propio que venía a garantir los derechos individuales.

En fin, este código se componía de noventa y siete artículos, que como base venían en hora oportuna a afianzar la libertad individual, el derecho de propiedad y a crear la base de los poderes que deben existir en cada Estado para darle vida propia y segura.

A la sombra de esta Constitución se formó el Estado de Honduras y se puede decir que, si ella era un tanto liberal, le faltaba todavía un poco para satisfacer las exigencias de los hombres de libertad y de progreso.

III

La Constitución de 1825, distaba mucho de ser un código completo, tal como lo exigía el pueblo; pero, no obstante, era lo bastante en esa época para echar las bases de la República y organizar sus poderes y formar su derecho público.

Duró este código hasta que se promulgó por otra Constituyente la Constitución del 11 de enero de 1839, bajo la presidencia de don Francisco Morazán.

Por esta Constitución se consagró la libertad civil, en virtud de la que cada ciudadano podía ejecutar todo aquello que no estuviera prohibido por una ley preexistente; la igualdad ante la ley; la seguridad individual; la propiedad y de la cual podrían hacer el uso que mejor le convenga al dueño de ella, con tal que no fuera contra lo dispuesto por las leyes.

En materia de religión se consagró el sabio principio de que cada uno era libre para tributar a Dios el culto que quisiera según su conciencia. La de 1825 era restrictiva a este respecto: solo aceptaba la religión cristiana sin permitir mezcla de otra alguna. La actual dejaba a cada cual adorar al Dios que le dictara su conciencia. Esto solo basta para comprender la ventaja de este código sobre el anterior.

El Poder Ejecutivo residía no ya en un jefe sino en un ciudadano que se llamaba presidente, electo directamente por el pueblo. Sus atribuciones se detallaban con más claridad.

Sin embargo, los ministros de Estado, que debían ser tres, eran nombrados por la Cámara a propuestas del presidente, siendo que, como secretarios de él, debía aquel ser libre para su designación y remoción.

Este código mejoró el Poder Judicial. Se componía esta Constitución de 129 artículos y estaba suscrita por 17 diputados.

IV

La Constitución de 1839 fue derogada por la de 4 de febrero de 1848, que puso en vigencia don Juan Lindo, presidente de Honduras en esa época.

Consta este código de 114 artículos y está suscrito también por 17 diputados.

Establecía que desde 1860 en adelante, ningún hondureño sería ciudadano sino sabía leer, escribir y contar, lo que se establecía para empujar a los habitantes al conocimiento de lo más elemental que se puede exigir a todo hombre. Era el medio de hacer obligatoria la instrucción primaria.

El Gobierno del Estado era republicano, popular, representativo y se ejercía por tres poderes distintos: Legislativo, Ejecutivo y Judicial. La religión del Estado era la cristiana, católica, apostólica, romana, con exclusión del ejercicio público en cualquiera otra.

Como se ve, reaccionaba notablemente sobre lo establecido en la Constitución de 1839. Volvía a ser lo que se declaró en la Constitución de 1825.

Establecía, además, un Consejo de Estado, cosa que no existía en las anteriores.

Las garantías individuales se iban extendiendo un tanto más y establecía ciertas incompatibilidades, sobre todo para los individuos del ejército que no podían ser elegidos presidente, diputado ni senador; creaba también dos Cámaras para el ejercicio del Poder Legislativo, siendo una de diputados y otra de senadores.

En las anteriores solo había una Cámara llamada de representantes.

El periodo presidencial era de cuatro años con facultad de ser reelegido una sola vez, sin el intervalo de igual tiempo, si lo fuese popularmente; más para ello era preciso que la Asamblea General los declarase previamente Buenos servidores del Estado.

Por la Constitución del 39, el periodo presidencial era solo dos años, pero podía ser reelecto una sola vez, si el reelegido admitía el cargo.

Por la de 1825, el jefe del Estado duraba cuatro años y podía ser reelecto una sola vez.

V

Vino enseguida la Constitución del 28 de septiembre de 1865, que promulgó el presidente don José María Medina.

Consta este código de 112 artículos y está suscrito por 24 diputados.

Establecía que todo poder político emanaba del pueblo.

El Gobierno quedaba dividido en los tres poderes antes establecidos, Legislativo, Ejecutivo y Judicial.

La religión de la República era la cristiana, católica, apostólica, romana, con exclusión del ejercicio público de cualquier otra. El Gobierno la protege; pero ni este ni autoridad alguna, tendrían intervención en el ejercicio privado de las otras que se establecieran en el país, si ellas no tienden a deprimir la dominante y a alterar el orden público. Era esto consagrar una tolerancia religiosa restringida; pero, en fin, era algo en virtud de lo que se determinaba en favor de la religión que se le hacía tener al Estado.

Esta Constitución establece que el Poder Legislativo se ejerce por un Congres de Diputados, es decir, por una sola Cámara. Desaparece ya la del Senado que establecía la de 1848.

El periodo presidencial se fija en cuatro años, sin derecho a reelección sucesiva, y comienza el 1° de febrero del año de la renovación. Se le faculta al presidente para nombrar y remover motu proprio a los ministros del despacho.

El Poder Judicial lo ejerce una Corte dividida en dos secciones, residiendo una en Comayagua y otra en Tegucigalpa, debiendo cada sección componerse por lo menos de tres magistrados propietarios y dos suplentes y por tribunales unipersonales de primera instancia.

En cada departamento habrá un Gobernador propietario y un suplente nombras por el Ejecutivo. Las Comandancias departamentales podrán ser servidas por los gobernadores; pero los comandantes no podrán servir las gobernaciones políticas.

Desaparecía también el Consejo de Estado.

VI

El 23 de diciembre de 1873, siendo presidente de la República don Céleo Arias, se promulgó otra Constitución, suscrita por 24 diputados y compuesta de 115 artículos.

En materia de religión, establece lo mismo que la anterior, con solo este agregado: "El Congreso ordinario podrá permitir el ejercicio público de otros cultos, cuando la conveniencia social lo demande".

Esto ya era algo para proteger la libertad de cultos, pero todo quedaba subordinado a la apreciación del Congreso y debía por lo tanto ser materia de una ley.

Se crea en ella solo un Congreso de diputados en el que residen el Poder Legislativo.

La duración del periodo presidencial se dejaba como antes, reducido a cuatro años, sin renovación, a contar desde el 1° de abril del año de la renovación. El presidente nombra y remueve a su antojo a los ministros del despacho.

Se declara la abolición de la pena de muerte en materia política, lo cual es conforme con lo que se establece en todo país civilizado, quedando solo vigente esa pena para castigar los delitos de asesinato, homicidio premeditado y seguro, para los casos de asalto o incendio si se siguiere muerte, y para el parricidio en los casos que determine la ley.

Consagra también la libertad individual, la del pensamiento escrito y de palabras, siempre que no se tienda a alterar el orden y la tranquilidad pública.

Detalla en fin las atribuciones de todos los poderes y autoridades que ella establece, para evitar de este modo la confusión y la abrogación de atribuciones.

VII

La última Constitución de Honduras y la que rige el presente, es la que se promulgó el 14 de octubre de 1894 en Tegucigalpa, siendo presidente de la República el Dr. Don Policarpo Bonilla.

Consta de 167 artículos y está suscrito por 41 diputados constituyentes.

La República de Honduras es, según este código, un asilo seguro para toda persona que llegue a su territorio. Los extranjeros están obligados a respetar las leyes y las autoridades tienen los mismos derechos civiles que los regnícolas.

Además, se les garantiza a todos, nacionales o extranjeros, la inviolabilidad de la vida humana, la seguridad individual, la libertad, la igualdad y la propiedad.

Como se ve, la pena de muerte quedó abolida por completo para toda clase de crímenes. Existe la garantía del Habeas Corpus y los tribunales castigan toda prisión arbitraria, para que este derecho tenga su debida sanción y no se burle por nadie.

Las leyes no pueden tener efecto retroactivo, excepto en materia penal, cuando la nueva ley sea más favorable al delincuente. El tráfico de esclavos es considerado y castigado como crimen y por eso todo hombre que pise su territorio es libre

Reaccionando sobre viejas preocupaciones declaró que garantizaba el ejercicio de todas las religiones, sin más límite que el trazado por la moral y el orden público, no pudiendo someterse el estado civil de las personas a una creencia religiosa determinada. Existe, pues, verdadera libertad de cultos.

El pensamiento, ya sea expresado de palabras o por escrito, es libre y una ley especial garantiza la libertad de imprenta. Se garantiza también la libre enseñanza y la que se costee con fondos del Estado será laica; la primaria es gratuita.

La libertad de reunión, sin armas, es también libre, así como la de asociación para cualquier objeto lícito.

Toda industria es libre. No hay estancados en provecho de la nación sino el aguardiente, la pólvora, el salitre y el tabaco.

El Poder Legislativo reside en un Congreso llamado Cámara de Diputados.

Esta Constitución, en fin, es bien liberal y llena las exigencias, aun de los más avanzados en principios e ideas republicanas.

MEMORÁNDUM PARA EL ESTUDIO DE LA HISTORIA DE HONDURAS

Nacimiento de Cristóbal Colón: 1435
Nace en Florencia América Vespucio: 1451
Nace en Sevilla Fr. Bartolomé de las Casas: 1474
Llegada de Colón a Madrid: 1486
Descubrimiento de América y del tabaco en la isla de cuba: 1492
Regreso de Colón a España y emprende un segundo viaje: 1493
Tercer viaje de Colón y descubrimiento de la América del Sur: 1498
Cuarto y último viaje de Colón en que descubre a Honduras y Nicaragua por la costa del norte. Muere doña Isabel la Católica: 1504
Se permite la esclavitud africana en América, en virtud de una Real Cédula del monarca español: 1511
Vasco Núñez de Balboa descubre el Océano Pacífico el 25 de septiembre de 1513
Expedición del licenciado Espinoza al territorio de Costa Rica: 1514
Se descubre el Golfo de Nicoya por Hernán Ponce: 1516

Pedrarias manda decapitar a su yerno Vasco Núñez de Balboa: 1519

Gil González Ávila recibe el título de capitán general y auxilios de la Corte y pasa a América: 1519

Pedrarias dispone expediciones a Nicaragua y a Costa Rica y llega Gil González a la tierra firme: 1520

Descubre Gil González la parte sur de Nicaragua: 1522

Sale Gil González de Nicaragua. El padre Las Casas toma el hábito de los dominicos. Salen también de México los expedicionarios Pedro de Alvarado y Cristóbal de Olid para hacer la conquista de Guatemala y de Honduras: 1523

Llega a Nicaragua Francisco Hernández de Córdova y funda las ciudades de Bruselas y Granada: 1523

Gil González de Ávila principia la conquista de Honduras. Pedro de Alvarado funda la ciudad de Guatemala e Ixniche. Sale Cortés de México: 1523

Gil González y Francisco de las Casas, prisioneros de Cristóbal de Olid, lo asesinan en la noche: 1525

Pedrarias se traslada a Nicaragua y hace ejecutar en la plaza de León al conquistador Francisco Hernández de Córdova. Muere Gil González en la ciudad de Ávila en España: 1526

Se destruye la ciudad de Bruselas; regresa Pedrarias a Panamá. Llegan Salcedo y Pedro de los Ríos a León. Se nombra a Pedrarias gobernador de Nicaragua. Se traslada la ciudad de Guatemala al valle de Panchoy. Pedrarias se hace cargo del gobierno de Nicaragua: 1527

Jorge de Alvarado funda la ciudad de San Salvador. Pedrarias condena a 18 caciques a ser devorados por los perros en un corral que hizo hacer en la plaza, a donde concurren los españoles a presenciar este terrible espectáculo: 1528

Martín de Astete va al reconocimiento del Río del Desaguadero y llega hasta el punto de voto: 1529

Jorge Alvarado llega al punto Culebra y se interna a la conquista de Costa Rica. Pedro de Alvarado toma posesión del Gobierno y Capitanía General de Guatemala: 1530

Muere Pedrarias en avanzada edad: 1531

Pedro de Alvarado le arrebata unos buques que Gabriel de Rojas había construido en el Realejo para una expedición al Perú: 1533

Pablo III publica su bula en la que declara que los indios eran hombres verdaderos, después que supo que se reían y se establece una nueva Audiencia en Panamá: 1537

Se establece la Audiencia de los Confines, la que funcionó en Gracias: 1543

Se asesina en León al obispo Valdivieso por uno de los hijos del exgobernador Contreras y muerte de los hijos de este. La Audiencia de Gracias se traslada a Guatemala: 1549

Se prohíbe a las colonas de América el comercio con el extranjero bajo pena de muerte. Carlos V. abdica el trono de España en favor de su hijo Felipe II: 1556

Se celebra en Guatemala la jura de Felipe II: 1557

Se traslada la Audiencia de Guatemala a Panamá: 1565

Muere fray Bartolomé de las Casas en Madrid: 1566

Se ordena que la Audiencia regrese y funcione en Guatemala: 1568

Francisco Drake, primer pirata en América: 1570

La provincia de Costa Rica es agregada al Gobierno de Nicaragua: 1574

El pirata Francisco Drake recorre el mar del sur en las costas de Centroamérica: 1570

Muere Felipe II y se inaugura el reinado de Felipe III: 1598

Se prohíbe a los clérigos ser electos alcaldes, abogados o escribanos: 1601

Muere Felipe III y sube al trono Felipe IV: 1621

Se estanca el tabaco, el aguardiente, la pólvora y los naipes en las colonias: 1636

Se introduce en Centroamérica el uso del papel sellado: 1638

Muere Felipe IV y le sucede Carlos II el Hechizado. El pirata Darío saquea la ciudad de Granada: 1665

El filibustero Gallardillo toma por traición la fortaleza de San Carlos y saquea Granada: 1670

Se construye por orden real un castillo en el río San Juan: 1671

Se publica la Recopilación de Indias   1680

Se presentan en el Realejo tres buques piratas y son rechazados por el ejército de Nicaragua   1683

Los piratas saquean a Granada, incendian un templo y dieciocho casas. Dampier desembarca con sus filibusteros en el Realejo y se dirige a la ciudad de León, la saquea y después incendia la Catedral y otros edificios: 1687

Se presenta en el Realejo una escuadrilla de Panamá pidiendo auxilio para atacar a los piratas de Amapala:1687

Los piratas de ambos mares saquean y destruyen la ciudad de Segovia: 1689

Muere Carlos II el Hechizado y le sucede Felipe V por haberse extinguido en España la casa de Austria: 1700

Muere Felipe V y le sucede Fernando VI de España: 1746

Carlos III ordena la expulsión de todos los jesuitas de España y América: 1767

Llegan a Guatemala las ordenanzas de Carlos III: 1778

Muerte de Carlos III y se corona rey de España a Carlos IV: 1788

ÉPOCA DE LA INDEPENDENCIA

Guatemala proclama su independencia absoluta e invita a los demás Estados de Centroamérica a que hagan lo mismo: 15 de septiembre de 1821

Se forma un Congreso Nacional de los Estados de Centroamérica: 1823

Juramento solemne de la independencia en la Plaza Mayo de Nueva Guatemala: 23 septiembre de 1821

Nicaragua se separa de Guatemala y suspende la proclamación de su independencia de España: 27 de septiembre de 1821

Se reforma el acuerdo anterior y se proclamó la independencia bajo el Plan de Iguala: 11 de octubre de 1821

En San Salvador, capital de El Salvador, se proclama la independencia absoluta de España, que ya se había jurado el 22 de septiembre: septiembre 29 de1821

En Comayagua, capital de Honduras, proclama su independencia a condición de que esta provincia quede independiente de Guatemala y sujeta al Gobierno que se estableciera en América Central: 29 de septiembre de 1821

Tegucigalpa, los Llanos y otros partidos de Honduras aceptaron el acta de Guatemala del 15 de septiembre. Guatemala declara libre el comercio, así como el de sus provincias con los Estados o Naciones que no se opusieren a su independencia, sin más restricción que no sacar el oro o la plata en especie: 17 de noviembre de 1821

La Junta Gubernativa de Guatemala declara que los pueblos que componen el reino estaba pronunciada por la unión al imperio mexicano; pero El Salvador y Granada desconocen la legitimidad de esta declaración y resuelven sostener por las armas su independencia absoluta: enero 5 de 1822.

El Congreso Provincial de San Salvador que se había instalado el 12 de noviembre, declara unida la provincia de El Salvador a los Estados Unidos de Norteamérica y adopta la Constitución de esa República para formar un nuevo Estado de esa Federación. Provino esto porque el coronel don Manuel Arzú, con un cuerpo de tropas de Guatemala, denominado Columna Imperial atacó a la plaza de San Salvador, pero fue rechazado. El acuerdo de unir a Estados Unidos esta provincia no tuvo efecto: diciembre 2 de 1822.

El 7 de enero de 1823, el general don Vicente Filísola se posesiona con sus tropas de la plaza de San Salvador a viva fuerza, y el 10 de ese mes, sojuzgada por las armas imperiales, proclama y jura la unión al imperio mexicano. El 21 de ese mes quedó consumado el sometimiento de esta provincia a México.

La Asamblea Provincial de Honduras acuerda la unión de esta provincia a las demás del reino de Guatemala para formar una nación independiente, con reserva para conocer a Iturbide si volvía a ocupar el trono imperial de México: mayo 10 de 1823.

Se instala en Guatemala el Congreso General de las provincias del antiguo reino de Guatemala y lo preside el presbítero Dr. Don Matías Delgado. Chiapas no se unió a Guatemala sino a México. El 2 de julio tomó el Congreso el título de Asamblea Nacional Constituyente y dictó la Constitución Federal del 22 de noviembre de 1824.

Se dio el nombre de Provincias Unidas del Centroamérica, a las que formaban el antiguo reino de Guatemala y se declara que estas provincias son libres e independientes de la antigua España, de México y de toda otra potencia así del antiguo como del Nuevo Mundo: 1° de junio de 1823.

Honores que decretó la Representación Nacional de Centroamérica a Simón Bolívar, a fray Bartolomé de las Casas y al arzobispo de Manila.: enero 16 de 1824.

La Asamblea Nacional Constituyente decreta que tengan congresos los cinco Estados de la República, designando 18 diputados Guatemala; 11 Honduras; 13 Nicaragua; 11 el de Costa Rica. Los mismos Estados debían tener su representación en el Congreso

Federal en la proporción siguiente: Guatemala 17; El Salvador 9; Honduras 6; Nicaragua 6 y Costa Rica 2. 5 de mayo de 1824 y decreto sobre lo último de 18 de agosto de 1824.

Se instala en el mineral de Cedros la primera Asamblea Constituyente del Estado de Honduras, presidida por el licenciado don Pedro Nolasco Arriaza: 28 de agosto de 1824.

El Congreso Constituyente de Honduras verifica la elección del primer jefe del Estado en el señor don José Dionisio Herrera, 16 de septiembre de 1824.

Se firma en Bogotá un tratado o Convención de liga y confederación perpetua entre la República de Colombia y las provincias unidas de Centroamérica, siendo este el primer tratado que celebró Centroamérica como nación independiente: 15 de marzo de 1825.

Don Manuel José Arce es elegido el 21 de abril de 1825 por el Congreso Federal, primer presidente de Centroamérica, tomando posesión del Gobierno de la República el 29 de abril de ese año.

La Asamblea Constituyente de Honduras desista la demarcación de su territorio, dividiéndolo en siete departamentos, que lo eran Comayagua, Tegucigalpa, Gracias, Santa Bárbara, Olancho, Yoro y Choluteca: 23 de julio de 1825.

El 9 de diciembre de 1834 se reformó esta demarcación y se redujo a cuatro los departamentos; pero esta reforma no llegó a tener efecto.

El Estado de Honduras decretó su primera Constitución política, que rigió trece años y un mes, es decir, hasta el 11 de enero de 1839, en que la segunda Asamblea Constituyente decretó una nueva Constitución: 11 de diciembre de 1825.

En la ciudad de Tegucigalpa instaló la primera legislatura ordinaria de Honduras el 5 de abril de 1826.

Se instaló en Comayagua el primer Consejo Representativo de Honduras el 6 de abril de 1826.

El coronel don Justo Milla, a cargo de una división de tropas federales, ocupa por capitulación la plaza de Comayagua, después de 36 días de sitio y captura al jefe don Dionicio Herrera, con lo cual el Estado de Honduras quedó sometido a la autoridad del presidente de Guatemala, quien mandó practicar elecciones para la renovación total de los poderes del Estado. 10 de mayo de 1827.

Se instala la Legislatura de Honduras, disuelta en el año de 1826, con diputados nuevamente elegidos.

Esta Legislatura, elegida bajo el amparo de fuerzas federales, desapareció después del combate de Trinidad en que Morazán batió por completo a los Federales. 13 de septiembre de 1827.

Una división Federal, al mando de Milla, derrota las tropas salvadoreñas en Sábana Grande, que habían ido en auxilio de Honduras. 28 de septiembre de 1827.

Las tropas Federales que se habían apoderado de Honduras son desechas por una división leonesa y salvadoreña que mandaba el coronel don Remigio Díaz en Trinidad. Este triunfo dio a Morazán el gobierno de Honduras en concepto de Consejero más antiguo, y levantó el ejército con el cual algún tiempo después venció, en las llanuras de Gualcho y preparó los triunfos que lo llevaron a ser presidente de la República, gobernando diez años. 10 de noviembre de 1827.

La batalla de Gualcho se dio en las orillas del Lempa en el departamento de San Miguel, entre hondureños y guatemaltecos. Fue vencido el coronel Domínguez que mandaba las tropas de la Federación. Morazán mandaba como general las tropas hondureñas. El Salvador se vio libre de las huestes federales que habían invadido este territorio. 20 de septiembre y 9 de octubre de 1828.

Morazán, a la cabeza de 2,000 soldados hondureños y del Salvador, que se denominó Ejército aliado protector de la ley, sitia a Guatemala y fue rechazado en la Garita del Golfo, el 5 de febrero de 1829.

En otra salida destrozan en Mixco una división de Morazán. 18 de febrero de 1829.

Vuelven a hacer otra salida las mismas tropas, pero fueron derrotadas en San Miguelito por Morazán. 6 de marzo de 1829.

Sufren las tropas de Guatemala otro descalabro mayor que el de San Miguelito en Charcas. 15 de marzo de 1829.

La Asamblea de Honduras declara que toda resolución emanada de la Santa Sede no tendrá ejecución en ese Estado sin el previo pase del Gobierno. 27 de marzo de 1829.

La Guarnición de Guatemala, después de más de dos meses de sitio y tres días de combate dentro del recinto de la ciudad, se rinde al general Morazán; con esto terminó la revolución de 1826 a 1829 y comenzó la época llamada de la restauración. Se obtuvo la completa pacificación de Honduras por medio de un tratado que ajustó Morazán con los sublevados del departamento de Olancho en el paraje denominado Las Vueltas del Ocote. 12 de abril de 1829.

La Legislatura de Honduras mandó establecer la única contribución en todo el Estado, pero este ensayo tuvo mal éxito. 28 de abril de 1827.

El 21 de abril de 1831 tuvo que restablecer los antiguos impuestos.

La Asamblea de Guatemala condecora al general Morazán con una medalla de oro y le declara benemérito, etc. 30 de abril de 1829.

Se consiguió la completa pacificación de Honduras por medio de un tratado que ajustó el general Morazán con los sublevados en el departamento de Olancho, en el paraje llamado Vueltas del Ocote. 21 de enero de 1830.

La Asamblea Ordinaria de Honduras declara herederos forzosos a los hijos de los clérigos ordenados in sacris. Esta ley fue derogada en 1831 y se restableció otra vez el 13 de febrero de 1833. 25 de mayo de 1830.

La Legislatura de Honduras declara que los eclesiásticos seculares del Estado pueden contraer matrimonio libremente, lo mismo que cualquier otro ciudadano. Se derogó esta ley poco tiempo después, y de ella se aprovecharon solo dos individuos del clero y fue promovida esa ley por el que funcionaba en Honduras como gobernador eclesiástico del obispado. 27 de mayo de 1830.

Los ingleses se apoderaron de la isla de Roatán, perteneciente a Centroamérica, y lanzan a la pequeña guarnición y colonos que allí había, cuyas plantaciones fueron también arruinadas por los invasores. Este atentado muchas veces repetido desde 1743, en que por primera vez intentaron algunos súbditos ingleses, aunque sin éxito, establecerse en aquella isla en tiempo de la dominación española, fue reclamado por el Gobierno nacional, que tomó desde luego las providencias necesarias para recobrar, como en efecto recobró aquella posesión. Roatán, sin embargo, ha continuado expuesta a los sacrificios de los colonos del establecimiento británico de Belice, que últimamente las han renovado en 1839 con no menos escándalo que en las épocas anteriores. Hoy día, la isla de Roatán pertenece a Honduras. 3 de junio de 1830.

El 9 de marzo de 1832, tuvo lugar el combate de Tescales entre una parte de las fuerzas con que el coronel Domínguez había invadido el Estado de Honduras y las tropas de Honduras mandadas por el coronel don Francisco Ferrera. Facilitó este triunfo el recobro del puerto de Trujillo y la rendición del castillo de Omoa, del cual, el 21 de noviembre de 1831, se había apoderado de él Ramón Guzmán, a la cabeza de 200 hombres revelándose contra el Gobierno nacional. Los rebeldes se pretendían súbditos del rey de España; enarbolaron esta bandera y pidieron auxilios a Cuba. El 12 de septiembre de 1832 se rindió el rebelde.

El 14 de marzo de 1832 tuvo lugar la acción de Jocoro en el departamento de San Miguel. Allí estaban las fuerzas del Gobierno de El Salvador y se iban a oponer a las que traía Morazán de Nicaragua y Honduras y salieron estas vencedoras y llegó hasta la capital de El Salvador.

El 16 de marzo de 1832 tuvo lugar un reñido combate en Jaitique. En él pereció el coronel Gutiérrez, jefe afamado de las tropas de Honduras. El 28 de marzo de ese año el presidente de la República, señor Morazán, ocupa la plaza de El Salvador.

El 12 de abril de 1832, el coronel Ferrera recobra la ciudad y puerto de Trujillo, del que se apoderó Domínguez el 26 de enero de este año y se someten al Gobierno de Honduras.

El coronel don Vicente Domínguez, que se había levantado contra el Gobierno de Honduras y que se le había derrotado en Trujillo, se le destruye en Opoteca los restos de su tropa. Pocos días después fue capturado y se le pasó por las armas en Comayagua el 14 de septiembre de 1832. Este Domínguez había sido el asesino de Merino y Dupesus. 5 de mayo de 1832.

Fallece el licenciado don José Cecilio del Valle, hijo de Honduras, hombre de gran reputación como orador, honrado, patriota y de saber. 2 de marzo de 1834.

La Asamblea Ordinaria de Honduras declara a los regulares secularizados hábiles para heredar y en el goce de todos los derechos anexos a la ciudadanía. 30 de abril de 1834.

Se condecoró con el título de ciudad al pueblo de Juticalpa del Estado de Honduras. 16 de junio de 1835.

30 de mayo de 1838. El Congreso Federal de Guatemala declara libres a los Estados que componían la Federación Centroamericana para que se constituyan como lo crean conveniente. Se aceptó la reforma del Art. 12 de la Constitución de 1824.

Se instala en Comayagua la segunda Asamblea Constituyente del Estado de Honduras, convocada por decreto del 16 de junio de ese año. Su primer presidente lo fue el señor don José Santiago Bueso. 7 de octubre de 1838.

La Municipalidad de la ciudad de Tegucigalpa se declara separada del Gobierno del Estado de Honduras hasta tanto que la Legislatura decrete la independencia del mismo Estado y ocupe de nuevo los puestos y rentas de la Federación y destituya al jefe intendente de ese departamento. 29 de octubre de 1838.

El Estado de Honduras se declara libre e independiente del antiguo Gobierno Federal, del de los demás Estados de Centroamérica y de cualquier otro Gobierno o potencia extranjera. 5 de noviembre de 1838.

Los Estados de Honduras y Nicaragua celebraron un tratado de alianza ofensiva y defensiva, en virtud del cual las fuerzas combinadas de ambos Estados invadieron al de El Salvador. 18 de enero de 1839.

1° de febrero de 1839. En esta fecha concluyó su segundo periodo presidencial el general Morazán. Queda disuelto el pacto federal de 1824.

El 6 de abril de 1839 se da la batalla del Espíritu Santo a las orillas del Lempa, entre las fuerzas de Honduras y de Nicaragua a las órdenes del general don Francisco Ferrera y las del Estado de El Salvador, mandadas por el general Morazán. Obtuvo este último un triunfo completo, saliendo herido de gravedad el señor Morazán. Pereció aquí el coronel colombiano don Narciso Benítez y otros.

11 de mayo de 1839. Guatemala ajusta su primer tratado de amistad y alianza con Honduras.

1° de Julio de 1839. Los Estados de Honduras y Costa Rica celebraron por primera vez un tratado de amistad y alianza como Estados soberanos e independientes.

28 de agosto de 1839. El brigadier Cabañas, con tropas federales, penetra hasta la capital de Honduras y vence a las tropas de este Estado y ocupa la capital.

6 de septiembre de 1839. El mismo Cabañas derrota en Cuesta Grande una división de tropas hondureñas y se apodera al día siguiente de Tegucigalpa.

25 de septiembre de 1839. Morazán, a la cabeza de 600 salvadoreños, bate en San Pedro de Perulapán una fuerza doble de hondureños y nicaragüenses, que había penetrado hasta ese pueblo al

mando del general Ferrera y se encaminaba a San Salvador para destruir al Gobierno Federal que residía en aquella capital.

13 de noviembre de 1839. Las tropas del Gobierno de Honduras son derrotadas en La Soledad por la división federal que mandaba Cabañas, quien, por segunda vez, se apodera de Tegucigalpa.

29 de noviembre de 1839. Desde esta fecha, los jefes encargados del Poder Ejecutivo en los Estados toman el nombre de presidente del Estado.

Costa Rica no alteró su dominación al jefe del Estado. En Nicaragua tomó el nombre de Director Supremo.

30 de enero de 1840. La división federal de Cabaña es batida en la hacienda del Potrero por las fuerzas combinadas de Honduras y Nicaragua, mandadas por el coronel Quijano. Con este triunfo se puso fin a la invasión atrevida de Cabañas en Honduras, sus autoridades volvieron a la capital del Estado que habían abandonado por esa invasión.

19 de marzo de 1849. Morazán huye de Guatemala vencido por Carrera. Se embarca en el puerto denominado La Libertad con Vijil y otros el 5 de abril de ese año a bordo de la goleta Izalco, en viaje a las Repúblicas del sur.

17 de marzo de 1842. Se instala en Chinandega (ciudad de Nicaragua) la Dieta o Convención de los Estados Centroamericanos con delegados por El Salvador, Honduras y Nicaragua. Presidente de la Dieta lo fue el Ldo. Don Manuel Barberena.

11 de abril de 1842. Desembarca Morazán en el puerto de Calderas en Costa Rica. Llega a San José y se hace proclamar jefe provisorio de ese Estado y deporta a las Repúblicas del Sur al licenciado Carrillo, a quien le quitó el mando.

11 de septiembre de 1842. Varias poblaciones de Costa Rica se levantan contra Morazán y, después de 88 horas de combate, logra huir a Cartago. Es hecho prisionero en esta ciudad y se le lleva a San José y es pasado por las armas en unión del brigadier Villaseñor el 15 de ese mes.

El general de Brigada, licenciado don Miguel Saravia, secretario de Morazán, joven distinguido por su talento, se envenenó antes que ser fusilado.

7 de octubre de 1842. Se ajustó un pacto de alianza entre Guatemala, El Salvador, Honduras y Nicaragua. Por él se reconocen su mutua independencia absoluta; se obligan a no reconocer ningún

poder que se establezca de hecho en los Estados contratantes, y en caso de invasión extranjera se consideran un solo cuerpo político y se reputa como traición a la patria todo lo que tienda a restablecer la Constitución Federal de 1824.

El coronel Domínguez es fusilado en Comayagua el 14 de septiembre de 1832.

Se publica en Honduras el primer periódico titulado Semanario Oficial de Honduras en el año de 1838.

Iturbide es fusilado en Tamaulipas en 1824.

El partido de los Texiguats apareció en Honduras bajo la presidencia del señor Chávez y el Gobierno de El Salvador le presta auxilio a Honduras para combatirlo. Año de 1844.

Cabañas es derrotado en Nacaome por las tropas de Ferrera, Morales y Guardiola en el año de 1844.

Cabañas es derrotado en Montero en 1845.

Cabañas invade a Honduras por orden del Gobierno de El Salvador en 1845 y fue derrotado en Comayagua por el general Guardiola.

Las Fuerzas de Honduras toman la plaza de San Miguel que pertenecía a El Salvador y en Obrajuelo es derrotado Guardiola, que mandaba las tropas de Honduras. Año de 1845.

Se firma la paz definitiva entre Honduras y El Salvador en Sensenti. Año de 1845.

Malespín es fusilado en 1845.

Pronunciamiento de Guardiola contra el Gobierno de don Juan Lindo en 1849.

El 21 de noviembre de 1839 los gobernantes de Honduras toman el título de presidentes. Antes llevaban el título de jefes.

FUERON JEFES DE HONDURAS

Don Dionisio Herrera
Don Francisco Morazán
Don Diego Vijil
Don Antonio Márquez
Don Joaquín Rivera
Don Francisco Ferrera
Don José María Bustillos
Don Joaquín Rivera

PRESIDENTES

Don Coronado Chávez
Don Justo Herrera
Don Francisco Herrera
Don Coronado Chávez
Don Juan Lindo
General don Trinidad Cabañas
General don José Santos Guardiola
Don Victoriano Castellanos
Don Francisco Montes
Don José María Medina
Doctor don Céleo Arias
General don Ponciano Leiva
Doctor don Crescencio Gómez
Doctor don Marco Aurelio Soto
General don Luis Bográn
General don Ponciano Leiva
Don Rosendo Agüero
General don Domingo Vázquez
Doctor don Policarpo Bonilla
General don Terencio Sierra

CONSTITUCIONES DE HONDURAS

El 22 de noviembre de 1824 se promulgó en Guatemala la Constitución Federal.

La Federación duró hasta enero de 1839.

El primer Congreso hondureño se instaló en Cedros en 1824 y declaró jefe del Estado a don José Dionisio Herrera.

El Congreso Constituyente de Honduras terminó la Constitución que elaboró el 11 de diciembre de 1825 y se promulgó en esta fecha. Entró a funcionar el Congreso Ordinario.

La segunda Constitución de Honduras, bajo el Gobierno de Morazán, se promulgó el 11 de enero de 1839.

Bajo la presidencia de don Juan Lindo se promulgó la tercera Constitución, de fecha del 4 de febrero de 1848.

La cuarta Constitución se promulgó bajo la presidencia de don José María Medina el 28 de septiembre de 1865.

La quinta Constitución se promulgó en 1873, bajo la presidencia de don Céleo Arias.

La sexta Constitución se promulgó bajo la presidencia de don Policarpo Bonilla el 14 de octubre de 1894.

Terminó el señor Bonilla su periodo presidencial el 1° de febrero de 1899, y en este día entró a gobernar la República de Honduras el Excmo. Señor don Terencio Sierra.

CONTENIDO